MARKETING

Herausgegeben von Prof. Dr. Heribert Gierl, Augsburg, und Prof. Dr. Roland Helm, Jena

Band 15
Sabine Winkler
Der Aufbau von Qualitätssignalen durch Werbung – Eine empirische Studie am Beispiel eines neuen Gütezeichens
Lohmar – Köln 2000 • 280 S. • € 43,- (D) • ISBN 3-89012-819-X

Band 16
Stefan Schwanenberg
Neuronale Netze als Segmentierungsverfahren für die Marktforschung – Ein Vergleich mit traditionellen Segmentierungsansätzen auf der Basis von Daten aus Monte-Carlo-Simulationen
Lohmar – Köln 2001 • 204 S. • € 39,- (D) • ISBN 3-89012-838-6

Band 17
Michael Liebert
Methodische Entscheidungsunterstützung in der strategischen Marketingplanung – Ein systemdynamischer Ansatz am Beispiel der Automobilindustrie
Lohmar – Köln 2001 • 256 S. • € 42,- (D) • ISBN 3-89012-877-7

Band 18
Michaela Satzinger
Aktivierung von Normen durch Werbeappelle – Möglichkeiten der Aufwertung von Fast-Moving-Consumergoods durch die Kommunikation sozialer Zusatznutzen
Lohmar – Köln 2001 • 382 S. • € 49,- (D) • ISBN 3-89012-892-0

Band 19
Boris Bartikowski
Kundenzufriedenheit – Verfahren zur Messung der Indifferenzzone
Lohmar – Köln 2002 • 206 S. • € 39,- (D) • ISBN 3-89012-942-0

Band 20
Claudia Bornemeyer
Erfolgskontrolle im Stadtmarketing
Lohmar – Köln 2002 • 292 S. • € 44,- (D) • ISBN 3-89012-964-1

JOSEF EUL VERLAG

Reihe: Marketing · Band 20

Herausgegeben von Prof. Dr. Heribert Gierl, Augsburg, und Prof. Dr. Roland Helm, Jena

Dr. Claudia Bornemeyer

Erfolgskontrolle im Stadtmarketing

Mit einem Geleitwort von Prof. Dr. Reinhold Decker, Universität Bielefeld

JOSEF EUL VERLAG
Lohmar · Köln

Die Deutsche Bibliothek – CIP-Einheitsaufnahme

Bornemeyer, Claudia:
Erfolgskontrolle im Stadtmarketing / Claudia Bornemeyer. – Lohmar ; Köln : Eul, 2002.
(Reihe: Marketing ; Bd. 20)
Zugl.: Bielefeld, Univ., Diss., 2002 u.d.T.: Bornemeyer, Claudia: Entwicklung eines operationalen Ansatzes zur Erfolgskontrolle im Stadtmarketing
ISBN 3-89012-964-1

Josef Eul Verlag GmbH
Brandsberg 6
53797 Lohmar
Tel.: 0 22 05 / 90 10 6-6
Fax: 0 22 05 / 90 10 6-88
http://www.eul-verlag.de
info@eul-verlag.de

Printed in Germany
Druck: RSP Köln

Bei der Herstellung unserer Bücher möchten wir die Umwelt schonen. Dieses Buch ist daher auf säurefreiem, 100% chlorfrei gebleichtem, alterungsbeständigem Papier nach DIN 6738 gedruckt.

Geleitwort

Stadtmarketing stellt heute einen sowohl national als auch international weit verbreiteten und auch weitgehend anerkannten Ansatz zur nachhaltigen Stadtentwicklung dar. Erklärtes Ziel eines modernen Stadtmarketings ist die Förderung des Ansehens und der Wirtschaftskraft einer Stadt als Ganzes. Während es in den Anfangsjahren des Stadtmarketings aber noch vielerorts ausreichend erschien, eine „gute Stimmung“ bei den Beteiligten zu erzeugen und z.B. imageverbessernde Maßnahmen zu planen und auf den Weg zu bringen, wird heute, angesichts der zusehends schwieriger werdenden Lage öffentlicher Haushalte, der Ruf nach einer umfassenden Erfolgskontrolle bzw. einem entsprechenden Instrumentarium immer lauter.

Die vorliegende Arbeit trägt diesem Bedarf in hervorragender Weise Rechnung. Frau Bornemeyer gelingt durch eine sehr solide, auf einem umfassenden Literaturstudium basierende empirische Untersuchung die nachvollziehbare Identifikation von Erfolgsfaktoren des Stadtmarketings. Von diesen ausgehend entwickelt sie systematisch ein leistungsfähiges Instrumentarium zur datengestützten Erfolgskontrolle im Stadtmarketing. Die eingehende empirische Überprüfung desselben zeigt, dass sich hiermit auch die hinter dem Erfolg stehenden Bestimmungsgrößen transparent machen lassen.

Die von Frau Bornemeyer gewählte Vorgehensweise ist einerseits, was den Grundgedanken der Erfolgsfaktorenforschung an sich angeht, als fast schon klassisch zu bezeichnen. Andererseits bewegt sie sich aus inhaltlicher Sicht auf völlig neuem Terrain, und sie zeigt, entgegen der immer noch populären Meinung, dass mittels ökonometrischer Methoden auch im Bereich des Non-Profit-Marketings kausale Wirkungszusammenhänge quantifiziert und damit einer tieferen Erforschung zugänglich gemacht werden können. Ich wünsche dem Werk von Frau Bornemeyer die ihm gebührende hohe Verbreitung in einschlägigen Fachkreisen und dass es in fruchtbarer Weise zur Weiterentwicklung der Forschung im Stadtmarketing beitragen möge.

Prof. Dr. Reinhold Decker

Vorwort

Die vorliegende Schrift ist am 13. Februar 2002 unter dem Titel

„Entwicklung eines operationalen Ansatzes zur
Erfolgskontrolle im Stadtmarketing"

als Dissertation an der Fakultät für Wirtschaftswissenschaften der Universität Bielefeld angenommen worden. An dieser Stelle möchte ich mich bei all denjenigen sehr herzlich bedanken, die bei der Entstehung dieser Arbeit mitgewirkt haben. Mein besonderer Dank gilt zunächst Herrn Prof. Dr. Reinhold Decker für die umfassende Betreuung bei der Erstellung dieser Arbeit während meiner Tätigkeit am Lehrstuhl für Betriebswirtschaftslehre und Marketing der Universität Bielefeld. Ständige Diskussionsbereitschaft, vielfältige Anregungen und die gemeinsame Vorbereitung von Vorträgen und Publikationen haben maßgeblich zum Gelingen der Arbeit beigetragen. Darüber hinaus gilt mein Dank Herrn Prof. Dr. Joachim Frohn für die Übernahme des Zweitgutachtens sowie Herrn Prof. Dr. Thorsten Spitta für die Mitwirkung bei der mündlichen Prüfung.
Auch für die vielfältige Unterstützung durch meine Kollegen am Lehrstuhl, Katharina Monien, Dr. Thorsten Temme und Dr. Ralf Wagner, möchte ich mich herzlich bedanken. Zudem haben Antonia Hermelbracht, Petra Worms, Dr. Andreas Handl, Roman Kräussl und Veith Tiemann jeder auf seine Weise zum Gelingen der Arbeit beigetragen.
Die vorliegende Arbeit wurde im Rahmen des vom Land Nordrhein-Westfalen geförderten Marketingprojektes der Stadt Bielefeld erstellt. Für die gute Zusammenarbeit möchte ich mich bei Frau Dr. Annette Klinkert, Herrn Wolfgang Jeibmann und Herrn Hans-Rudolf Holtkamp von der Bielefeld Marketing GmbH so-

wie bei Herrn Jörg Beyer und Herrn Stefan Genth vom Einzelhandelsverband Ostwestfalen Lippe e.V. bedanken.

Der Erfolgskontrolle wird im Stadtmarketing ein hoher Stellenwert beigemessen, dennoch liegen bislang zu dieser Fragestellung nur wenige Erkenntnisse vor. Den Ausgangspunkt der vorliegenden Arbeit bildet daher eine umfassende empirische Erhebung in 280 deutschen Städten. Die hohe Mitwirkungsbereitschaft der Vertreter dieser Städte hat wesentlich dazu beigetragen, daß die Arbeit in der vorliegenden Form zustande gekommen ist.

Besondere Anerkennung gilt schließlich meinen Eltern, meiner Schwester und meinem Schwager für Anregungen „aus der Praxis“ und ihre ständige Ermutigung bei der Erstellung dieser Arbeit.

Bielefeld, im April 2002 *Claudia Bornemeyer*

Inhaltsverzeichnis

Tabellenverzeichnis

Abbildungsverzeichnis

Abkürzungsverzeichnis

AGFI	Adjusted Goodness of Fit Index
AHP	Analytic Hierarchy Process
ATCM	Association of Town Centre Management
BAG	Bundesarbeitsgemeinschaft der Mittel- und Großbetriebe des Einzelhandels e.V.
BCSD	Bundesvereinigung City- und Stadtmarketing Deutschland e.V.
BGB-Gesellschaft	Gesellschaft bürgerlichen Rechts
bzgl.	bezüglich
bzw.	beziehungsweise
CFI	Comparative Fit Index
CI	Corporate Identity
Co.	Compagnie
CSF	Critical Success Factor
d.h.	das heißt
Difu	Deutsches Institut für Urbanistik
DM	Deutsche Mark
Ed.	Editor
et al.	und andere
e.V.	eingetragener Verein
evtl.	eventuell
f.	folgende (Seite)
ff.	folgende (Seiten)
F & E	Forschung und Entwicklung
GFI	Goodness of Fit Index
GfK	Gesellschaft für Konsum-, Markt- und Absatzforschung
ggf.	gegebenenfalls
GmbH	Gesellschaft mit beschränkter Haftung
Handlungsorient.	Handlungsorientierung
Hrsg.	Herausgeber
IHK	Industrie- und Handelskammer
Inc.	Incorporated
IO	Industrial-Organizations

Jg.	Jahrgang
k.A.	keine Angabe
KG	Kommanditgesellschaft
KGSt	Kommunale Gemeinschaftsstelle
KOMM.DEMOS	Kommunale Demoskopie
LISREL	Linear Structural Relations
MASSKS	Ministerium für Arbeit, Soziales und Stadtentwicklung, Kultur und Sport
mbH	mit beschränkter Haftung
ML	Maximum Likelihood
MSA	Measure of Sampling Adequacy
NFI	Normed Fit Index
No.	Number
Nr.	Nummer
NRW	Nordrhein-Westfalen
n.s.	nicht signifikant
ÖPNV	Öffentlicher Personennahverkehr
o.Jg.	ohne Jahrgang
ORLIS	Orts-, Regional- und Landesplanung Informationssystem
o.V.	ohne Verfasser
PASS	politisch administratives System Stadt
PIMS	Profit Impact of Market Strategies
Pkte.	Punkte
qmk	quadrierte multiple Korrelationen
RMR	Root Mean Residual
RMSEA	Root Mean Squared Error of Approximation
ROI	Return on Investment
S.	Seite
SAS	Statistical Analysis System
SCP	Structure Conduct Performance
sog.	sogenannte
strateg.	strategische
SW-Analyse	Stärken-Schwächen-Analyse
SWOT	Strengths, Weaknesses, Opportunities, Threats
SV	Stadtverwaltung
TCM	Town Centre Management
TDM	Tausend Deutsche Mark
u.	und
u.a.	unter anderem
ULS	Unweighted Least Squares
UK	United Kingdom
vgl.	vergleiche
Vol.	Volume
z.B.	zum Beispiel

Kapitel 1

Einleitung

1.1 Motivation der Themenstellung und Zielsetzung der Arbeit

Stadtmarketing wird in deutschen Städten seit Mitte der 80er Jahre thematisiert und resultiert aus einer langjährigen Entwicklung, die gekennzeichnet ist vom Wandel der Stadtverwaltungen hin zu modernen, flexiblen und bürgerorientierten Dienstleistungsbetrieben sowie durch den zunehmenden Wettbewerb der Städte und Gemeinden untereinander.

Auswertungen der einschlägigen Literatur sowie konkrete Fallbeispiele zum Stadtmarketing zeigen, daß Ansätze zur Übertragung eines breiten Spektrums von Methoden und Ansätzen der unternehmerischen Marketingforschung und -planung auf städtische Belange vorhanden sind. So sind bereits die Strategiealternativen nach *Porter* (1980) sowie die Marktfeldstrategien nach *Ansoff* (1988) als Elemente der Marketingplanung im Stadtmarketingkontext ausführlich diskutiert worden (vgl. *Hörschgen/Froböse* (1991), *Schneider* (1993), *Simon* (1995)).

Weitgehend vernachlässigt wurde bisher allerdings eine Erfolgskontrolle der Marketingaktivitäten bzw. eine generelle Analyse des Stadtmarketingerfolgs. Im unternehmerischen Marketingprozeß lassen sich, in vereinfachter Form, die Phasen der Analyse, Planung und Kontrolle unterscheiden (vgl. *Meffert* (1989, S. 274), *Welge/Al-Laham* (1992, S. 15f.)). Somit ist die Erfolgskontrolle als ein wesentlicher, unabdingbarer Bestandteil eines jeden Marketingprozesses, und somit auch eines Stadtmarketingprozesses, zu betrachten. Die Notwendigkeit einer Konkretisierung und Kontrolle des Marketingerfolgs wird auch im städtischen Kontext deutlich herausgestellt (vgl. *Grabow/Hollbach-Grömig* (1998, S. 81f.)). Um langfristig die Unterstützung der Mittelgeber sicherzustellen, sind Maßnahmen zur Messung des Erfolgs der Aktivitäten unerläßlich, während das alleinige Vorhandensein von Stadtmarketing und die Umsetzung einzelner Maßnahmen, was in Einzelfällen schon als „Erfolg" gewertet wird, als Begründung für einen weiteren Mitteleinsatz unzureichend erscheinen (vgl. *Pal/Sanders* (1997, S. 73), *Junker/Wagner* (1998, S. 233), *Fehn/Vossen* (1999, S. 50)). Das hohe Interesse an dieser Thematik wird u.a. auch daran erkennbar, daß die der Arbeit zugrundeliegende empirische Studie zu Einfluß- und Maßgrößen des Stadtmarketingerfolgs als ein zentraler Aspekt des Stadtmarketingprojektes der Stadt Bielefeld vom Ministerium für Städtebau und Wohnen, Kultur und Sport des Landes Nordrhein-Westfalen (NRW) gefördert wurde.

Empirische Studien zum Stadtmarketing belegen, daß nur ein sehr geringer Anteil der Städte eine umfassende Erfolgskontrolle der Marketingaktivitäten durchführt (vgl. z.B. *Töpfer* (1993b)). Schwierigkeiten ergeben sich insbesondere aufgrund fehlender Kriterien zur Konkretisierung des Erfolgs sowie eines fehlenden Instrumentariums zur Durchführung einer Erfolgskontrolle (vgl. *Grabow/Hollbach-Grömig* (1998, S. 159), *MASSKS des Landes NRW* (Hrsg.)(1999, S. 113)). Diese Aspekte bilden den Ausgangspunkt des Dissertationsvorhabens, dessen Gegenstand die Ableitung eines operationalen Ansatzes zur Erfolgskontrolle im Stadtmarketing darstellt.

Zielsetzung der vorliegenden Dissertationsschrift ist zunächst die Identifikation von Erfolgsfaktoren des Stadtmarketings. Durch die an die betriebswirtschaftliche Erfolgsfaktorenforschung angelehnte Vorgehensweise hebt sich die Arbeit in begründeter Weise deutlich von bisherigen Untersuchungen zu Erfolgsfaktoren im Stadtmarketing ab. Diese weisen insbesondere im Vergleich mit den Erkenntnisse und Methoden der Erfolgsfaktorenforschung für Industrie-, Handels- und Dienstleistungsunternehmen auf Defizite hin. Nach Kenntnis der Verfasserin liegt bis dato keine quantitativ-empirische Studie zu den Ursache-Wirkungsbeziehungen zwischen Einfluß- und Maßgrößen des Stadtmarketingerfolgs vor.

Das Hauptziel der Arbeit umfaßt hierauf aufbauend die Ableitung von Möglichkeiten der Erfolgskontrolle im Stadtmarketing. Ausgehend von einem theoretisch und empirisch begründeten Beziehungsgeflecht von Erfolgsfaktoren und -größen wird ein Kontrollinstrument entwickelt, das nicht nur das Ausmaß des Erfolgs, sondern auch die hinter diesem Erfolg stehenden Bestimmungsgrößen deutlich werden läßt.

Bislang finden im Stadtmarketing Methoden des eher quantitativ orientierten Marketingmanagements kaum Berücksichtigung. In diesem Zusammenhang soll die vorliegende Arbeit zu einer Weiterentwicklung im Hinblick auf die Anwendungsmöglichkeiten quantitativer Methoden im Stadtmarketing beitragen.

1.2 Gang der Untersuchung

In einem ersten Schritt werden in Kapitel 2 Möglichkeiten der Übertragung der Erkenntnisse und Methoden des unternehmerischen Marketing auf städtische Belange untersucht. Ausgehend von der relevanten Literatur kann anhand des Stadtmarketingprozesses gezeigt werden, daß mittlerweile eine Vielzahl von Methoden und Instrumenten der Marketingforschung und -planung im städtischen Kontext angewendet werden, während der Bereich der Marketingerfolgskontrolle weitgehend vernachlässigt wird. Eine Diskussion der speziellen Problemstellung der Erfolgskontrolle im Stadtmarketing sowie vorhandener Lösungsansätze schließt dieses Kapitel ab.

Kapitel 3 umfaßt die Untersuchung der Übertragungsmöglichkeiten von Aspekten der betriebswirtschaftlichen Erfolgsfaktorenforschung auf die vorliegende Problemstellung. Ausgehend von einer Darstellung der begrifflichen Grundlagen sowie einer Konkretisierung des Erfolgsverständnisses für die vorliegende Arbeit werden ausgewählte empirische Studien aus der Erfolgsfaktorenforschung für Industrie-, Handels- und Dienstleistungsunternehmen im Hinblick auf ihre Relevanz für die eigene Untersuchung ausgewertet. Diese Studien bieten zum einen Anhaltspunkte für mögliche Erfolgsfaktoren, die auch im Stadtmarketingkontext relevant sein könnten. Zum anderen liefern die Studien insbesondere auch Anregungen für die eigene Vorgehensweise im Rahmen der Erfolgsfaktorenforschung für das Stadtmarketing. Dieses Kapitel abschließend erfolgt eine Zusammenstellung der bisher in der einschlägigen Literatur diskutierten Erfolgsfaktoren im Stadtmarketing sowie eine Beurteilung des Standes der Erfolgsfaktorenforschung in diesem Bereich.

Ausgehend von den Elementen des Stadtmarketingprozesses und den Erkenntnissen der Erfolgsfaktorenforschung wird in Kapitel 4 ein Bezugsrahmen zur Systematisierung potentieller Erfolgsfaktoren des Stadtmarketings vorgestellt. Entsprechende Untersuchungshypothesen über die Ursache-Wirkungsbeziehungen zwischen Einfluß- und Maßgrößen des Stadtmarketingerfolgs bilden dann den Ausgangspunkt der zugrundeliegenden empirischen Erhebung. Diese wurde im Sommer 2000 durchgeführt und kann ausgehend von den in der vorliegenden Arbeit ausgewerteten Untersuchungen zur Verbreitung des Stadtmarketings in Deutschland sowohl hinsichtlich der Anzahl befragter Städte als auch hinsichtlich des Fragebogenumfangs als die bis dato umfassendste Studie in diesem Bereich bezeichnet werden.

In Kapitel 5 werden zunächst ausgewählte deskriptive Ergebnisse der Studie diskutiert. Auf Basis der in Kapitel 3 gewonnenen Erkenntnisse werden dann mittels geeigneter multivariater Datenanalyseverfahren die Ursache-Wirkungsbeziehungen zwischen den Einfluß- und Maßgrößen des Stadtmarketingerfolgs untersucht sowie Unterschiede zwischen erfolgreichen und weniger erfolgreichen Stadtmarketingprojekten herausgearbeitet. Darauf aufbauend wird ein Kontrollinstrument entwickelt, das die Möglichkeit bietet, einzelne Stadtmarketingprojekte als erfolgreich oder weniger erfolgreich zu klassifizieren. Die entsprechende Bewertung eines Projektes kann mit Hilfe des Instrumentes ausführlich begründet werden und es können zudem Verbesserungspotentiale für die Gestaltung eines langfristig erfolgreichen Stadtmarketings aufgezeigt werden. Im Gegensatz zu einer Vielzahl der bisher im Stadtmarketingkontext vorgestellten Ansätze zur Erfolgskontrolle beschränkt sich das im Rahmen der vorliegenden Arbeit entwickelte Kontrollinstrument nicht auf einen Teilbereich des Stadtmarketings, sondern es wird eine Erfolgskontrolle für das Gesamtprojekt angestrebt. Des weiteren werden nicht nur einzelne Kennzahlen für eine Erfolgskontrolle herangezogen, sondern umfassende Bewertungsdimensionen abgeleitet.

Eine Zusammenfassung der Ergebnisse sowie ein Ausblick auf weitere Entwicklungen schließen die Arbeit ab.

Kapitel 2

Stadtmarketing und Erfolgskontrolle

2.1 Begriffsabgrenzung und Stellenwert des Stadtmarketings

Durch die zunehmende Veränderung der Rahmenbedingungen, denen die Städte ausgesetzt sind, hat das Stadtmarketing seit Mitte der 80er Jahre als ein neues Instrument der Stadtentwicklung stark an Bedeutung gewonnen. Dieser Bedeutungszuwachs hat jedoch nicht zu einer klaren Bestimmung des Begriffs Stadtmarketing geführt, sondern die vorherrschende Definitionsvielfalt vorangetrieben (vgl. *Wiechula* (2000, S. 20)). Für eine weitere Auseinandersetzung mit dem Thema Stadtmarketing ist daher zunächst eine möglichst klare Begriffsabgrenzung vorzunehmen. Tabelle 2.1 faßt ausgewählte Definitionen des Stadtmarketings von Vertretern verschiedener Wissenschaftsdisziplinen zusammen.

Ashworth/Voogd (1988) als Vertreter des Bereichs Geographie/Raumplanung heben den Prozeß der Zusammenführung städtischer Aktivitäten und der Bedürfnisse der Zielgruppen hervor. *Meffert* (1989) als Vertreter des Marketingbereichs betrachtet die Analyse, Planung und insbesondere auch die Kontrolle der entwickelten Maßnahmenprogramme als Bestandteil des Stadtmarketings. *Honert* (1991), ehemaliger Stadtdirektor der Stadt Langenfeld, betont u.a. die Berücksichtigung von Elementen privatwirtschaftlicher Marketingstrategien im städtischen Kontext. *Grabow/Hollbach-Grömig* (1998) vom Deutschen Institut für Urbanistik (Difu) beschreiben die Zielsetzung des Stadtmarketings als die Aufwertung der Stadt und ihrer Leistungen für die Zielgruppen Bürger, Wirtschaft und Auswärtige. Zudem wird die Kooperation der Akteure im Sinne einer gemeinsamen Entwicklung und Umsetzung konkreter Projekte in den Vordergrund gestellt.

Ashworth/Voogd (1988)	„City marketing can be described as a process whereby urban activities are as closely as possible related to the demands of targeted customers so as to maximise the efficient social and economic functioning of the area concerned in accordance with whatever goals have been established.“
Meffert (1989)	„Stadtmarketing umfaßt die Analyse, Planung und Kontrolle von Programmen, deren Zweck es ist, erwünschte Austauschvorgänge mit ausgewählten Märkten bzw. Zielgruppen zu bewirken.“
Honert (1991)	„Stadtmarketing ist die Methode, mit deren Hilfe alle Entscheider unter Berücksichtigung der Problemlage in den Städten und unter Berücksichtigung der wesentlichen Elemente privatwirtschaftlicher Marketingstrategien im 'politisch administrativen System Stadt' (PASS) in einem institutionalisierten, integrativen Verfahren zu kooperativem Handeln [...] veranlaßt werden sollen.“
Grabow/Hollbach-Grömig (1998)	„Umfassendes Stadtmarketing ist kooperative Stadtentwicklung mit dem Ziel der Aufwertung einer Stadt und ihrer Leistungen für Bürger, Wirtschaft und Auswärtige durch verbesserte Kommunikation und langfristige Partnerschaft zwischen allen, die an der Gestaltung des Lebensraumes Stadt mitwirken, durch die gemeinsame Entwicklung und Umsetzung konkreter Projekte auf der Grundlage von partnerschaftlich erarbeiteten Leitlinien und offensiver, konsensorientierter Diskussion von Zielkonflikten.“

Tabelle 2.1: Definitionen aus der Literatur zum Begriff Stadtmarketing

Für die vorliegende Arbeit wird Stadtmarketing definiert als die marktorientierte Führung einer Stadt durch die Analyse, Planung und Kontrolle derjenigen städtischen Aktivitäten, die auf die Erreichung der gesetzten Marketingziele unter besonderer Berücksichtigung der Bedürfnisse der städtischen Zielgruppen gerichtet sind.

Neben der Problematik eines einheitlichen Verständnisses des Stadtmarketings werden in der Literatur verschiedene weitere Konzepte der Übertragung des Marketinggedankens auf den kommunalen Bereich auch vor dem Hintergrund der in der kommunalen Praxis etablierten Stadtentwicklungsplanung diskutiert. Das Zusammenspiel dieser, im folgenden voneinander abzugrenzenden Konzepte zeigt Abbildung 2.1.

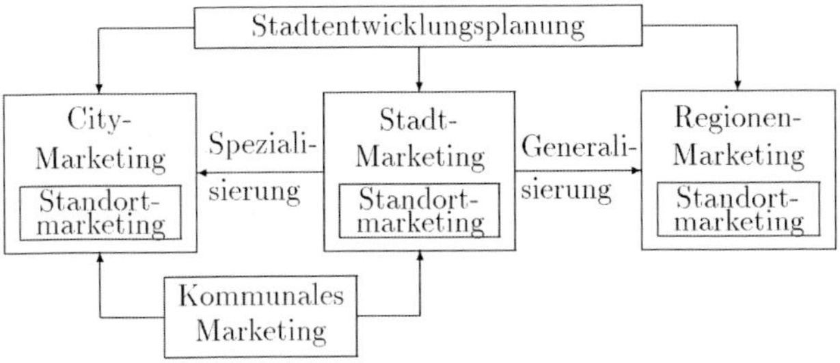

Abbildung 2.1: Abgrenzung relevanter Konzepte des Marketing im kommunalen Kontext (Quelle: *Bornemeyer et al.* (1999, S. 207))

Eine erste Definition städtischer Entwicklungsplanung geht auf *Lenort* (1960, S. 31f.) zurück. Stadtentwicklungsplanung umfaßt demnach „die Gesamtheit der Tätigkeiten, mit denen die Schaffung, nachhaltige Sicherung und ständige Verbesserung der materiellen und immateriellen Voraussetzungen für das Wohl der Gemeindemitglieder und für die Funktionsfähigkeit der Gemeindeorganisation unter Berücksichtigung der Dynamik des sozialen Lebens angestrebt wird". Die grundsätzliche Zielrichtung der Stadtentwicklungsplanung ist dementsprechend mit der des Stadtmarketings vereinbar. Die zunehmende Bedeutung des Stadtmarketings wird von *Helbrecht* (1994, S. 37) u.a. auch auf das Scheitern der bisherigen Stadtentwicklungsplanung zurückgeführt. Das Stadtmarketing soll in diesem Sinne die Stadtentwicklungsplanung nicht ersetzen, sondern sinnvoll ergänzen.

In Abgrenzung zur Stadtentwicklungsplanung bezieht das Stadtmarketing die Interessen privater Akteure in der Stadt mit ein, da die Stadtentwicklung zu einem großen Teil durch die Entscheidungen privater Akteure mit gestaltet wird (vgl. *Homann* (1997, S. 48)). Des weiteren zeichnet sich das Stadtmarketing durch eine hohe Handlungsorientierung, im Sinne der kontinuierlichen Umsetzung konkreter Maßnahmen, und die Beurteilung der Verwaltung im Hinblick auf Effizienz und Kundenfreundlichkeit aus (vgl. *Honert* (1991, S. 94), *Kemming* (1991, S. 8)).

Das City-Marketing[1] unterscheidet sich vom Stadtmarketing durch eine Beschränkung des Untersuchungsgegenstandes auf die Innenstadt und eine damit einhergehende Beschränkung der zu behandelnden Themenfelder auf innenstadtrelevante Aspekte. Im Vordergrund stehen die Steigerung der Attraktivität der Innenstadt und der damit verbundenen Verweildauer in der Innenstadt. Regionenmarketing hingegen bezieht sich auf die räumliche Ebene der Region. Im Vergleich zum Stadtmarketing gestalten sich die Aufgaben im Rahmen des Regionenmarketings u.a. aufgrund der Vielschichtigkeit und der Größe einer Region sowie der unterschiedlichen politischen Zuständigkeiten deutlich schwieriger (vgl. *Grabow/Hollbach-Grömig* (1998, S. 130)). Eine Übertragung des Stadtmarketings auf Regionen erscheint vom Konzept her möglich, jedoch ist zu beachten, daß sowohl der Kreis der zu beteiligenden Akteure als auch die Inhalte der zu bearbeitenden Themenfelder erweitert werden müssen.
Das Standortmarketing umfaßt nach *Wimmer* (1993, S. 52ff.) Ansätze zur Förderung der Ansiedlung von Unternehmen und qualifizierten Arbeitskräften sowie die Betreuung ansässiger Unternehmen. Ein wichtiger Unterschied zum Stadt-, City- und Regionenmarketing resultiert aus der Definition der Zielgruppen, die im Rahmen eines Standortmarketings im wesentlichen ansässige Unternehmen, Institutionen und Arbeitskräfte umfassen. Die Hauptaufgaben des Standortmarketings liegen in den Bereichen Wirtschaftsförderung, Ansiedlungsakquisition und Existenzgründungsförderung mit dem Ziel der Steigerung der Attraktivität der Stadt, der Region oder der Innenstadt als Wirtschaftsstandort (vgl. *Schlegel* (1993, S. 3)).
Kommunales Marketing kann als Oberbegriff verstanden werden, der nicht nur Stadt- und City-Marketing, sondern auch Marketingkonzepte für öffentliche Verwaltungen, für öffentliche Dienstleistungsbetriebe und einige Bereiche des Social Marketing umfaßt (vgl. *Meissner* (1992, S. 540)).
Die aufgezeigte Begriffsvielfalt ergibt sich analog im anglo-amerikanischen Sprachgebrauch. Auch in diesem Zusammenhang kann zwischen verschiedenen

[1] Der Begriff City-Management wird in vielen Fällen synonym zum Begriff City-Marketing verwendet. Eine Abgrenzung dieser beiden Konzepte nimmt aber z.B. *Schäflein* (1994, S. 161) vor. Aus dieser Perspektive liegt der Schwerpunkt des City-Management auf institutionell-organisatorischen Aspekten. City-Management beschreibt dann eine privatrechtliche Institution, die für die Umsetzung eines zuvor entwickelten City-Marketingkonzeptes verantwortlich ist (vgl. *Schaller* (1993, S. 10)).

Konzepten unterschieden werden. Das City bzw. Urban Marketing in der angloamerikanischen Begriffswelt ist gleichzusetzen mit dem deutschen Stadtmarketing (vgl. *Ashworth/Voogd* (1988) in Tabelle 2.1). Analog dem deutschsprachigen City-Marketing definieren *Page/Hardyman* (1996, S. 154) das Town Centre Management (TCM) als „a comprehensive response to competitive pressures, which involves development, management and promotion of both public and private areas within town centres, for the benefit of all concerned". Standortmarketing ist nach *Kotler et al.* (1994) mit dem Begriff des Place Marketing gleichzusetzen. Neben den Begrifflichkeiten sind auch wesentliche inhaltliche Unterschiede zwischen Marketingkonzepten in deutschen und britischen bzw. US-amerikanischen Städten festzustellen.[2] In Großbritannien und den Vereinigten Staaten zeichnen sich die Marketingaktivitäten der Städte durch einen deutlichen Schwerpunkt im Bereich der wirtschaftlichen Entwicklung der Städte aus, während soziale Implikationen oftmals vernachlässigt werden (vgl. *Köster* (1993, S. 201), *Paddison* (1993, S. 340)). Konsequenterweise erfolgt zumeist eine Konzentration auf die Innenstädte und andere ökonomisch bedeutende Teilräume. Eine hohe Affinität zu den Stadtmarketingaktivitäten in Deutschland weisen hingegen z.B. die Marketingaktivitäten niederländischer Städte auf, die im Rahmen des Stadtmarketings auch soziale Aspekte berücksichtigen (vgl. *Köster* (1993, S. 203)).[3]

Die Ausführungen zeigen, daß ein inhaltlicher Vergleich der Stadtmarketingbemühungen in den verschiedenen Ländern aufgrund unterschiedlicher städtischer und politischer Rahmenbedingungen nicht unproblematisch ist. Es erscheint daher notwendig, die empirische Untersuchung und den zu entwickelnden Erfolgsfaktorenansatz auf Stadtmarketingprojekte in Deutschland zu beschränken. Die Notwendigkeit der Identifikation von Erfolgsfaktoren des Stadt- bzw. des City-Marketings sowie der hohe Stellenwert der Erfolgskontrolle werden jedoch auch im internationalen Kontext herausgestellt (vgl. *ATCM* (Hrsg.)(1994), *Lockwood* (1999)).

In Deutschland haben sich Mitte der 80er Jahre die ersten Städte mit dem Thema Stadtmarketing beschäftigt. Eine Vorreiterrolle kommt hierbei den Städten

---

[2]Eine ausführliche Diskussion dieser internationalen Unterschiede liefern u.a. *Köster* (1993), *Paddison* (1993) und *Helbrecht* (1994).

[3]Einen Überblick über die Stadtmarketingaktivitäten in Europa liefern *Ave/Corsico* (Hrsg.)(1994).

Schweinfurt und Frankenthal zu, die bereits im Jahr 1986 mit der Erarbeitung von Stadtmarketingkonzepten begonnen haben.

Wesentlich zu einer Weiterentwicklung des Stadtmarketings beigetragen haben geförderte Modellprojekte auf Bundes- und Landesebene. Bereits Ende der 80er Jahre hat das Bayerische Staatsministerium für Wirtschaft und Verkehr drei Projekte im Bereich City-Management zur Erprobung dieses neuen Instrumentes der Stadtentwicklung gefördert (vgl. *Helbrecht* (1994, S. 102f.)). Ein Beispiel für ein Modellvorhaben auf Bundesebene stellt das Programm des Bundesministeriums für Raumordnung und Städtebau dar, in dessen Rahmen Ende der 80er Jahre im Forschungsfeld „Städtebau und Wirtschaft" unter dem Thema „Konzepte zur wirtschaftlichen Entwicklung der Innenstadt" City-Marketing- respektive City-Managementkonzepte unterstützt wurden (vgl. *Schaller* (1993, S. 28)). Ein besonderer Stellenwert wurde dem Stadtmarketing auch vom Ministerium für Arbeit, Soziales und Stadtentwicklung, Kultur und Sport (MASSKS) des Landes NRW beigemessen. Nach einer erfolgreichen zweijährigen Modellphase hat das Land NRW als erstes deutsches Bundesland Stadtmarketing in die Regelförderung der Stadterneuerung aufgenommen (*MASSKS des Landes NRW* (Hrsg.)(1999, S. 5)).[4]

Diese Förderprogramme tragen nicht nur durch eine finanzielle Unterstützung zu einer inhaltlichen wie auch konzeptionellen Weiterentwicklung des Stadtmarketings bei, sondern auch durch die konsequente Auswertung der Erfahrungen der Modellprojekte aus wissenschaftlicher Perspektive. Zudem können Stadtmarketingkonzeptionen nur dann gefördert werden, wenn sie entsprechenden Förderrichtlinien gerecht werden und somit a priori Elemente, die sich in Wissenschaft und Praxis als relevant erwiesen haben, berücksichtigen (vgl. *Brusis* (1997, S. 7)).

Der Stellenwert des Stadtmarketings wird anhand des hohen Anteils von Städten, die sich mit dem Thema Stadtmarketing auseinandersetzen, deutlich. Es liegen verschiedene empirische Studien vor, die den Stand der Marketingaktivitäten in deutschen Städten und Gemeinden zum Gegenstand haben. Tabelle 2.2 beschreibt einige Merkmale dieser Studien und zeigt die Entwicklung des Anteils der Städte, die Stadtmarketingaktivitäten betreiben bzw. dies in nächster Zeit zu tun beabsichtigen, auf.

[4]Heute übernimmt diese Aufgabe das Ministerium für Städtebau und Wohnen, Kultur und Sport des Landes NRW.

Studie	Erhebungs-zeitraum	Erhebungs-gebiet	Anzahl befragter Städte	Anteil Marketing betreibender Städte
Schückhaus et al. (1993)[5]	1992	D	77	69 %
Töpfer (1993b)	1991/2	D	151	89 %
Kaiser (1996) *Grabow/Hollbach-Grömig* (1998)	1995	D	241	83 %
Müller (1991)	1990	NRW	70	54 %
Zerweck (1996)	1996	NRW	39	69 %
Weber (2000)	1999	Bayern	128	53 %

Tabelle 2.2: Empirische Studien zur Bedeutung des Stadtmarketings in deutschen Städten

Die bislang umfassendste Studie zu Stadtmarketingaktivitäten in Deutschland wurde vom Difu im Jahr 1995 durchgeführt (vgl. *Kaiser* (1996), *Grabow/Hollbach-Grömig* (1998)). Wie bereits in der vorangegangenen Studie von *Töpfer* (1993b) gaben über 80 % der befragten Städte an, sich mit dem Thema Stadtmarketing auseinanderzusetzen. In einer Studie von *Lockwood* (1999, S. 24) zur Verbreitung des TCM in britischen Städten beschäftigten sich 49 % der einbezogenen Städte bereits seit mehr als 18 Monaten mit dem TCM.
Die Untersuchungen von *Töpfer* (1993b), *Zerweck* (1996) und *Grabow/Hollbach-Grömig* (1998) befassen sich zudem auch mit der Fragestellung, inwieweit die in den Städten verfolgten Stadtmarketingaktivitäten einer Kontrolle unterzogen werden.[6] So führt z.B. *Töpfer* (1993b, S. 121) aus, daß lediglich 4 % der befragten Städte eine umfassende, systematische Erfolgskontrolle durchführen und die Mehrheit von 55 % der Städte in keiner Weise die erreichten Ergebnisse überprüfen. Auch die aktuellere Studie des Difu zeigt, daß eine umfassende Erfolgskontrolle in weniger als einem Viertel der Städte implementiert ist (vgl. *Grabow/Hollbach-Grömig* (1998, S. 34)). Die Notwendigkeit einer Erfolgskontrolle

[5]Diese Studie berücksichtigt neben 46 (kreisfreien) Städten auch 31 Kreise in der Stichprobe. Da diese seltener Marketingaktivitäten betreiben bzw. planen ergibt sich für die Gesamtstichprobe ein vergleichsweise geringer Anteil Marketing betreibender „Städte".

[6]Jede der Studien umfaßt zudem die Untersuchung einer Vielzahl von Einzelaspekten des Stadtmarketings, auf die an dieser Stelle nicht näher eingegangen werden soll.

wird auch in der Studie der Association of Town Centre Management herausgestellt (vgl. *ATCM* (Hrsg.)(1994, S. 27)). Anhaltspunkte, inwieweit eine solche Erfolgskontrolle in einzelnen Projekten bereits realisiert wird, werden jedoch nicht gegeben.

2.2 Stadtmarketing als Gegenstand betriebswirtschaftlicher Forschung

2.2.1 Stadtmarketingprozeß

Im Rahmen einer wissenschaftlichen Auseinandersetzung mit dem Thema Stadtmarketing sind eine Vielzahl von Instrumenten der unternehmerischen Marketingforschung und -planung auf städtische Belange übertragen worden. Diese Ansätze sollen im folgenden ausgehend vom Marketingprozeß im städtischen Kontext diskutiert werden. Die generelle Übertragbarkeit des Marketingprozesses auf die Aktivitäten der Städte wird in der Literatur hervorgehoben (vgl. *Grabow/Hollbach-Grömig* (1998, S. 21f.), *Meyer* (1999, S. 60f.)). Wie aus Abbildung 2.2 ersichtlich, stimmen die Phasen des Marketingprozesses im unternehmerischen und im städtischen Bereich weitgehend überein.
In der Phase der Initiierung des Stadtmarketingprozesses gilt es zunächst, die relevanten Akteure für das Projekt zu gewinnen. Die Initiative kann in diesem Fall von jeder städtischen Gruppierung ausgehen, besonders hervorgehoben werden in der Literatur die Stadtverwaltung, der Stadtrat oder auch die ansässigen Wirtschaftsunternehmen (vgl. *Töpfer* (1993b, S. 116), *Zerweck* (1997, S. 42)). Eine hohe Bedeutung kommt schon in dieser Phase des Projektes der Stadtspitze (d.h. dem (Ober-)Bürgermeister bzw. dem (Ober-)Stadtdirektor) und dem Stadtrat zu, um eine Unterstützung durch die politischen Entscheidungsträger von Beginn an sicherzustellen (vgl. *Funke* (1997, S. 27)).
Im Rahmen der Situationsanalyse kommt der Marktforschung eine zentrale Rolle zu. Die Übertragung der Instrumente der Marktforschung auf das Stadtmarketing ist daher Gegenstand des Abschnitts 2.2.2.

Abbildung 2.2: Marketingprozeß im städtischen Bereich (in Anlehnung an *Meffert* (1989, S. 275))

Die Phase der Ziel- und Philosophiebestimmung umfaßt zum einen die Ableitung einer Stadtvision. Diese beschreibt unter Einbeziehung der vorhandenen Traditionen, der aktuellen Stärken und der gesellschaftlichen Zukunftstrends, was die Stadt in Zukunft sein will und sein kann (vgl. *Meffert* (1989, S. 277)). Die Stadtvision wird in Form des Leitbildes definiert und dokumentiert (vgl. *Bertram* (1995, S. 33)). Darauf aufbauend können dann konkrete Stadtmarketingziele abgeleitet werden (siehe Abschnitt 2.2.3). Die Corporate Identity im städtischen Kontext umfaßt das Selbstverständnis einer Stadt nach innen und außen auf Basis festgelegter Zielsetzungen (vgl. *Bertram* (1995, S. 34)). Sie unterstützt die Identifikation der Bürger mit ihrer Stadt (Entwicklung eines „Wir-Gefühls") und ermöglicht eine ganzheitliche Präsentation der Stadt nach außen (vgl. *Kutschinski-Schuster* (1993, S. 182)).[7]

In der Phase der Strategie- und Maßnahmenplanung werden ausgehend von den abgeleiteten Marketingzielen Wege zu deren Realisierung aufgezeigt (siehe Abschnitt 2.2.4 bis 2.2.5). Die Phase der Umsetzung und Kontrolle wird in den meisten Publikationen explizit genannt (vgl. u.a. *Funke* (1997, S. 26), *Zerweck* (1997, S. 43), *Meyer* (1999, S. 62), *Mensing/Rahn* (2000, S. 30)), konkrete Aussagen über Ansätze und Möglichkeiten der Erfolgskontrolle werden jedoch in der Regel nicht getroffen. Bisher realisierte Ansätze der Erfolgskontrolle im Stadtmarketing sind Gegenstand des Abschnitts 2.3 der vorliegenden Arbeit.

Anzumerken ist, daß der in Abbildung 2.2 dargestellte Stadtmarketingprozeß, wie auch der Marketingprozeß im unternehmerischen Bereich, durch Rückkopplungen gekennzeichnet ist (vgl. *Bruhn* (2001, S. 38)). Der Prozeß an sich hat kein vordefiniertes Ende, sondern sollte natürlich auch nach der ersten Umsetzungsphase fortgeführt werden. Ausgehend von den Erkenntnissen aus der Phase der Umsetzung und Erfolgskontrolle können ggf. weitere Aspekte im Rahmen der Situationsanalyse untersucht werden, die strategische Ausrichtung oder auch die Auswahl der Marketinginstrumente überdacht und modifiziert werden.

Parallel zu diesen Phasen des Stadtmarketingprozesses sind die Organisation und Finanzierung der Marketingaktivitäten im Prozeßablauf sicherzustellen. Diese Aspekte werden daher in Abschnitt 2.2.6 behandelt.

2.2.2 Marktforschung im städtischen Kontext

Die Marktforschung im städtischen bzw. im kommunalen Bereich unterscheidet sich in der generellen Vorgehensweise nicht wesentlich von der Marktforschung im unternehmerischen Bereich (vgl. *Meyer* (1999, S. 63)). *Malhotra* (1999, S. 11) definiert Marktforschung als „the systematic and objective identification, collection, analysis, dissemination and use of information for the purpose of improving

[7]Für eine ausführliche Diskussion der Corporate Identity für Städte vgl. *Kutschinski-Schuster* (1993).

decision making related to the identification and solution of problems (and opportunities) in marketing". Im Stadtmarketingkontext umfaßt Marktforschung nach *Meissner* (1995, S. 25) die Ermittlung der Nutzenerwartungen der Bürger mittels Primär- und Sekundärforschung als Basis für bedarfsgerechte und bürgernahe kommunale Entscheidungen. Diese Beschreibung greift jedoch etwas zu kurz, da sich die notwendigen Informationsgrundlagen für Marketingentscheidungen nicht auf die Nutzenerwartungen der Bürger beschränken, sondern weitere Bereiche, wie z.B. Informationen zu konkurrierenden Städten oder zum Umfeld einer Stadt sowie zu den Einstellungen der übrigen Zielgruppen des Stadtmarketings, umfassen (vgl. *Meyer* (1999, S. 66)).
Es kann zwischen einer externen Analyse des Umfeldes einer Stadt sowie einer internen Analyse der Stärken und Schwächen einer Stadt unterschieden werden. Die Stärken und Schwächen können den entsprechenden Umweltentwicklungen in einer SWOT-Analyse[8] zur Ermittlung der Chancen und Risiken für die Stadt gegenübergestellt werden (vgl. *Schlegel* (1993, S. 8ff.), *Simon* (1995, S. 45f.), *Meyer* (1999, S. 66ff.)). Die Stärken-Schwächen-Analyse basiert dabei auf der Untersuchung der Potentiale der eigenen Stadt sowie einer Analyse der konkurrierenden Städte. Kriterien zur Auswahl potentieller Konkurrenzstädte sind dabei u.a. die Wirtschafts- und Sozialstruktur, die landschaftlichen Charakteristika sowie die angestrebten Zielgruppen. Für einen Vergleich der eigenen Stadt mit den Konkurrenzstädten systematisiert *Meyer* (1999, S. 69) mögliche Bewertungskriterien ausgehend von den Marketinginstrumenten (u.a. angebotene Serviceleistungen, Wirtschaftsstruktur, Tourismus- und Freizeitangebote, Werbemittel; siehe Abschnitt 2.2.5). Die Aufbereitung der entsprechenden Daten zur Ermittlung von Stärken und Schwächen kann dann in Form von Profildarstellungen oder Positionierungsdiagrammen erfolgen (vgl. *Meyer* (1999, S. 79ff.)).[9]
Die Analyse des städtischen Umfeldes bezieht sich insbesondere auf das gesellschaftliche (Werte und Normen, Konsumentwicklungen), soziale (Einkommensentwicklung, Altersstruktur), technologische (neue Kommunikations- und Umwelttechnologien), wirtschaftliche (konjunkturelle Lage, Arbeitsmarkt, branchen-

[8] Analyse der Stärken („**S**trengths"), Schwächen („**W**eaknesses"), Chancen („**O**pportunities") und Risiken („**T**hreats") (vgl. *Macharzina* (1999, 233f.)).
[9] Diese Darstellungsweisen werden auch in der vorliegenden Arbeit zur Anwendung kommen (siehe Abschnitt 5.5).

spezifische Entwicklungen) und politisch-rechtliche (Gesetze/Verordnungen u.a. aus den Bereichen Tourismus, Verwaltung und Wirtschaft) Umfeld. Es ist zu prüfen, ob die Umweltentwicklungen auf Stärken oder Schwächen der Stadt treffen und somit Chancen oder Risiken für die betrachtete Stadt darstellen (vgl. *Macharzina* (1999, S. 234)).

Zur Gewinnung der für die SWOT-Analyse benötigten Informationen können, wie auch im unternehmerischen Kontext, eine Vielzahl von Quellen der Primär- und Sekundärforschung herangezogen werden (vgl. *Meyer* (1999, S. 71)). Tabelle 2.3 und 2.4 zeigen eine Zusammenstellung ausgewählter stadtinterner und -externer Quellen der Sekundärforschung im Stadtmarketing (vgl. u.a. *Volz* (1980, S. 169f.), *Jacobs* (1995, S. 147), *Meyer* (1999, S. 71f.)). Die Verfügbarkeit und damit einhergehend die Nutzbarkeit der Daten ist in vielen Fällen insbesondere von der Größe der Stadt abhängig.

Einzelhandelsgutachten
– Informationen z.B. zu Kaufkraftbindung, Kaufkraftpotential und Branchenmix – Verfügbarkeit in den meisten größeren Städten gegeben
Analysen des Wirtschaftsstandortes
– Informationen z.B. zu Stärken und Schwächen der Stadt als Unternehmensstandort, Arbeitskräfteangebot und Verkehrswegen – Verfügbarkeit in den meisten größeren Städten gegeben
Daten aus dem Verwaltungsvollzug
– Informationen z.B. zu Arbeitslosenzahlen, Wohnraumausstattung und Verkehrsbelastung – Verfügbarkeit in unterschiedlichem Umfang in allen Städten gegeben

Tabelle 2.3: Ausgewählte stadtinterne Quellen der Sekundärforschung für das Stadtmarketing

Amtliche Statistik
– Informationen liegen z.B. aus der Beherbergungsstatistik und der Laufenden Raumbeobachtung vor – teilweise nur für größere Städte nutzbar – wichtige Institutionen: Statistisches Bundesamt, Landesämter für Statistik, Bundesamt für Bauwesen und Raumordnung (Laufende Raumbeobachtung)
Kommunale Forschungs- und Beratungsunternehmen
– Informationen z.B. des Difu, von Hochschulen und einer Vielzahl kommerzieller Beratungsunternehmen – Herausgabe von Veröffentlichungen, Bereitstellung von Internetangeboten, Beratung im Stadtmarketingprozeß
Kommunale Spitzenverbände
– Informationen z.B. des Deutschen Städtetags oder des Deutschen Städte- und Gemeindebunds – Förderung des Erfahrungsaustausches, Herausgabe von Veröffentlichungen, Bereitstellung von Internetangeboten (z.B. unter der Internetadresse www.kommon.de – Informationssystem der Städte, Gemeinden, Kreise und Verbände)
(Wirtschafts-)Ministerien, Vereine, Industrie- und Handelskammern (IHK)
– Bereitstellung regionalwirtschaftlicher Analysen – Informationen über die Einbindung der Stadt in das regionale Umfeld – Untersuchungen zum Kundenverkehr (z.B. von der Bundesarbeitsgemeinschaft der Mittel- und Großbetriebe des Einzelhandels e.V. (BAG))
Externe Datenbanken
– kommunale Umfragedatenbank „KOMM.DEMOS“ des Difu – kommunale Literaturdatenbank „ORLIS“ des Difu – verschiedene Angebote weiterer kommunaler Einrichtungen

Tabelle 2.4: Ausgewählte stadtexterne Quellen der Sekundärforschung für das Stadtmarketing

Des weiteren können sowohl das Internet als auch eine Vielzahl kommunaler Publikationen sowie Selbstdarstellungen einzelner Städte und ihrer Projekte als Sekundärquellen herangezogen werden (vgl. *Meyer* (1999, S. 72)). Um jedoch die Stärken und Schwächen einer Stadt insbesondere auch im Hinblick auf subjektive Bewertungen durch die potentiellen Zielgruppen umfassend zu analysieren, ist eine Primärforschung unerläßlich. Ausgewählte, in der Stadtmarketingliteratur diskutierte Quellen der Primärforschung sind in Tabelle 2.5 zusammengefaßt (vgl. u.a. *Jacobs* (1995, S. 148), *Meyer* (1999, S. 72ff.)).

Bei der Nutzung dieser Quellen können Synergieeffekte entstehen. So können Expertengespräche einen Einblick in wichtige Aspekte liefern, die dann wiederum Gegenstand einer Zielgruppenbefragung sein sollten. Ähnliches gilt für die Stadtbegehung, die auch wichtige Hinweise auf kritische, noch zu hinterfragende Aspekte liefern kann. Eine Stadtbegehung erscheint jedoch nur sinnvoll, wenn entsprechende Experten aus der betrachteten Stadt diese moderieren und auf Problempunkte oder besondere Attraktivitätsfaktoren hinweisen. Diese beiden Formen der Primärforschung sollten sinnvollerweise einer Zielgruppenbefragung vorangestellt werden. Besondere Bedeutung kommt ihnen zu, falls die Datenerhebung und -auswertung einem externen Berater übertragen wird, da dieser zwar Fachkompetenz im Hinblick auf Marktforschungsaktivitäten mitbringt, Kenntnisse über die Gegebenheiten vor Ort in der Regel aber nicht vorhanden sind.

Expertengespräche
– Gespräche mit Experten u.a. aus Politik, Verwaltung, Wirtschaft, Wissenschaft oder Kultur – Generierung von Hintergrundinformationen über verschiedene Bereiche (Kooperationsbereitschaft, bereits durchgeführte Aktionen etc.)
Stadtbegehung
– Eindruck vom visuellen Erscheinungsbild der Stadt – Basis für die Einschätzung der Informationen aus anderen Quellen – Problem der Subjektivität
Frequenzzählungen
– Frequenzzählungen u.a. in der Innenstadt, Besucherzählungen bei Veranstaltungen, Fahrzeugfrequenzen – Möglichkeit qualitativer Aussagen nur in Verbindung mit einer Befragung
Zielgruppenbefragungen
– Ermittlung subjektiver Einschätzungen der Zielgruppen – besondere Bedeutung der Imageanalyse[10]

Tabelle 2.5: Ausgewählte Quellen der Primärforschung für das Stadtmarketing

Frequenzzählungen geben zunächst nur Aufschluß über Besucher-, Passanten- oder Fahrgastzahlen. Informationen über Besuchsmotive oder Gründe für die Nutzung verschiedener Verkehrsmittel können nur in Verbindung mit einer Befragung gewonnen werden. Zur Ermittlung der Stärken und Schwächen einer Stadt erscheinen daher Zielgruppenbefragungen eine deutlich höhere Relevanz aufzuwei-

[10] Für eine ausführliche Darstellung der Imageanalyse im kommunalen Bereich vgl. *Wimmer/Zerr* (1996) und *Meyer* (1999, S. 93ff.).

sen. Frequenzzählungen werden im Stadtmarketingkontext jedoch insbesondere auch im Rahmen der Erfolgskontrolle diskutiert (siehe Abschnitt 2.3.2).
Die aufwendigste Form der Primärerhebung stellt die Zielgruppenbefragung dar. Aufgrund des in der Regel großen Umfangs der Grundgesamtheit ist zunächst eine repräsentative Stichprobe zu ziehen.[11] Erste Orientierungen für einen aussagekräftigen und ökonomisch vertretbaren Umfang der Stichprobe für verschiedene Zielgruppen in Abhängigkeit von der Einwohnerzahl liefern *Decker/Bornemeyer* (2001a, S. 10) im Kontext der Datenerhebung für eine spätere Erfolgskontrolle. Die Wahl der Befragungsform wird in Abhängigkeit von der Befragtengruppe diskutiert (vgl. *Decker/Bornemeyer* (2001a, S. 9f.)). Während die Bürger in der Regel schriftlich befragt werden, empfiehlt sich z.B. für Besucher bzw. Nutzer eines bestimmten Angebotes eine mündliche Befragung vor Ort, d.h. an bestimmten touristischen Anziehungspunkten oder in der Innenstadt. Eine telefonische Befragung kann ggf. bei der Befragung externer potentieller Investoren oder ansiedlungswilliger Unternehmen sinnvoll sein.[12]
Im Hinblick auf die erforderliche Sachkompetenz und eine gewisse Neutralität im Marktforschungsprozeß empfehlen *Meyer* (1999, S. 93) und *Konken* (2000, S. 114) die Einbeziehung von Vertretern eines Marktforschungsinstitutes oder einer Hochschule im Rahmen der Datenerhebung und -auswertung. Aufgrund der Individualität eines jeden Stadtmarketingprojektes können „Fragebogenmuster", wie sie in der Stadtmarketingliteratur vereinzelt für verschiedene Zielgruppen zur Unterstützung bei der Datenerhebung vorgegeben werden (vgl. *Müller* (1995, S. 18ff.)), allenfalls Anregungen für die Gestaltung eines stadt- und zielgruppenindividuellen Fragebogens liefern.
Die mittels Marktforschungsaktivitäten in der Situationsanalyse erhaltenen Erkenntnisse bilden dann die Basis zur Ableitung von Marketingzielen und korrespondierenden -strategien, auf die in den folgenden Abschnitten näher eingegangen wird.

[11] Für ansässige Einzelhandelsunternehmen oder Vereine kann aber z.B. in kleineren Städten auch eine Vollerhebung sinnvoll sein.

[12] Vgl. für eine allgemeine Gegenüberstellung der Vor- und Nachteile verschiedener Befragungsformen *Hammann/Erichson* (2000, S. 96ff.).

2.2.3 Marketingziele der Städte

Die im Stadtmarketingkontext relevanten Ziele können unterschieden werden in außen- und innengerichtete Ziele (vgl. *Tietz* (1981, S. 130), *Meffert et al.* (1989, S. 3f.)). Innengerichtete Ziele beziehen sich dabei auf potentielle Zielgruppen in den Städten, d.h. Bürger und ortsansässige Unternehmen, während sich außengerichtete Ziele auf nicht-ortsansässige Unternehmen, potentielle Neu-Bürger, Besucher und Pendler beziehen.

Der in Tabelle 2.6 zusammengestellte Zielkatalog basiert auf der relevanten Stadtmarketingliteratur, wobei ein Schwerpunkt auf der Auswertung von Zielkatalogen liegt, die sich im Rahmen vorangegangener empirischer Untersuchungen bewährt haben (vgl. *Meffert* (1989, S. 277), *Wolkenstöfer* (1992, S. 16f.), *Schaller* (1993, S. 14), *Schückhaus et al.* (1993), *Töpfer* (1993b), *Zerweck* (1996), *Bona* (1997), *Pal/Sanders* (1997), *Grabow/Hollbach-Grömig* (1998)).[13]

(1)	Steigerung der Attraktivität der Stadt
	(a) als Wirtschaftsstandort
	(b) als Wohnort
	(c) als Einkaufsort
	(d) als touristischer Anziehungspunkt
(2)	Aufbau, Korrektur und Pflege eines Stadtimages
(3)	Steigerung der Wettbewerbsfähigkeit der Stadt
(4)	Steigerung des finanziellen Handlungsspielraumes der Stadt
(5)	Ausrichtung der städtischen Leistungen auf den Bürger
(6)	Erhöhung bzw. Schaffung eines überregionalen Bekanntheitsgrades
(7)	Verbesserung der Identifikation der Bürger mit ihrer Stadt
(8)	Verbesserung der Zufriedenheit unterschiedlicher Anspruchsgruppen mit der Stadt
(9)	Förderung der Zusammenarbeit wichtiger Handlungsträger in der Stadt
(10)	Erhaltung/Steigerung der Einwohnerzahl („Kundenbindung")
(11)	Verminderung der Probleme durch ruhenden und/oder fließenden Verkehr

Tabelle 2.6: Zielkatalog im Stadtmarketing

Dieser Zielkatalog umfaßt nur die wichtigsten der in der einschlägigen Literatur genannten Zielsetzungen, wobei die Wichtigkeit der Ziele anhand der Anzahl der Nennungen durch die verschiedenen Autoren beurteilt wurde. Der Zielkata-

[13] Auch im Hinblick auf die eigene empirische Untersuchung erscheint diese Schwerpunktsetzung sinnvoll (siehe Abschnitt 4.1.2).

log enthält sowohl innen- (z.B. Ausrichtung der städtischen Leistungen auf den Bürger) als auch außengerichtete Ziele (z.B. Steigerung der Attraktivität der Stadt als touristischer Anziehungspunkt), während andere Ziele nicht eindeutig einer dieser Kategorien zuzuordnen sind. So kann sich z.B. die Steigerung der Attraktivität der Stadt als Wirtschaftsstandort sowohl auf die ortsansässigen Unternehmen (Innenorientierung) als auch auf ansiedlungswillige ortsfremde Unternehmen (Außenorientierung) beziehen. Während die Ziele fast alle sehr allgemein formuliert sind, bezieht sich das Ziel (11) konkret auf ein Aktionsfeld und damit auf einen Problembereich, der im Stadtmarketing von großer Bedeutung zu sein scheint.

Im Rahmen des Stadtmarketingprozesses sollten diese allgemeinen Oberziele situativ konkretisiert und entsprechende Teilziele für unterschiedliche Aktionsfelder abgeleitet werden. Diese Teilziele sollten dann stadtindividuell formuliert und operationalisiert werden (vgl. *Schlegel* (1993, S. 13)).

2.2.4 Marketingstrategien im städtischen Kontext

Im städtischen Kontext wird die Übertragung einer Vielzahl möglicher Marketingstrategien diskutiert. Zur Strukturierung dieser Ansatzpunkte wird in der vorliegenden Arbeit auf das marketingstrategische Grundraster von *Becker* (1998, S. 147f.) zurückgegriffen. Es werden die vier inhaltlichen Dimensionen Marktfeld-, Marktstimulierungs-, Marktparzellierungs- und Marktarealstrategien unterschieden.[14]

Marktfeldstrategien determinieren die strategische Ausrichtung im Hinblick auf verschiedene Produkt-Markt-Kombinationen. Die Alternativen können anhand der Produkt-Markt-Matrix nach *Ansoff* (1988, S. 83) systematisiert werden (siehe Abbildung 2.3). Eine Übertragung dieser Strategiealternativen auf den kommunalen Bereich wird in der Literatur ausführlich diskutiert (vgl. *Ashworth/Voogd* (1988, S. 69), *Hörschgen/Froböse* (1991, S. 46ff.), *Simon* (1995, S. 53f.), *Brandner* (2000, S. 200ff.), *Heinz* (2000, S. 124f.)).[15]

[14]Eine Übertragung dieser vier Strategiedimensionen auf das Regionen- bzw. das Standortmarketing nehmen u.a. *Spieß* (1998, S. 92ff.) bzw. *Balderjahn* (2000, S. 119ff.) vor.

[15]*Kotler/Andreasen* (1987, S. 188ff.) übertragen die Produkt-Markt-Matrix auf den Nonprofit-Bereich. Das von ihnen gewählte Beispiel der Strategiealternativen für Hochschulen weist eine vergleichsweise hohe Affinität zur vorliegenden Themenstellung auf.

Produkte/Dienstleistungen Märkte	erhalten	entwickeln
erhalten	Marktdurchdringung	Produkt-/Dienstleistungsentwicklung
entwickeln	Marktentwicklung	Diversifikation

Abbildung 2.3: Strategiealternativen der Produkt-Markt-Matrix (in Anlehnung an *Ansoff* (1988, S. 83), *Meffert/Bruhn* (2000, S. 172))

Die Strategie der Marktdurchdringung zielt darauf ab, die bestehenden Leistungen eines Unternehmens bzw. einer Stadt bei den vorhandenen Kunden bzw. den Bürgern, ortsansässigen Unternehmen oder Besuchern vermehrt abzusetzen. Im städtischen Kontext könnten die Marketingaktivitäten beispielsweise verstärkt darauf gerichtet werden, die Bürger, die bisher ihre Einkäufe in Nachbarstädten oder „auf der grünen Wiese“ tätigen, zu Besuchen in der Innenstadt zu motivieren und die Besuchshäufigkeit der Bürger in der Innenstadt zu steigern (vgl. *Hörschgen/Froböse* (1991, S. 47)). Die Strategie der Marktdurchdringung (oder -entwicklung) eignet sich in besonderer Weise für die Dienstleistungen der Verwaltung, da zumindest das Angebot der Kernleistungen in diesem Bereich zu einem großen Teil gesetzlich geregelt ist (vgl. *Simon* (1995, S. 54)). Des weiteren kann diese strategische Ausrichtung als besonders geeignet für Städte mit wenigen räumlichen, sozialen und ökonomischen Problemen betrachtet werden (vgl. *Ashworth/Voogd* (1988, S. 69)).

Mittels der Strategie der Marktentwicklung wird das Ziel einer Ausweitung des Marktes für die gegenwärtig angebotenen Produkte oder Dienstleistungen verfolgt. Diese strategische Ausrichtung bietet insbesondere Städten mit latenten Ressourcen, die auch für ein breiteres Publikum von Interesse sein könnten, Entwicklungsmöglichkeiten (vgl. *Ashworth/Voogd* (1988, S. 69)).[16] Ähnlich skizzieren *Kotler/Andreasen* (1987, S. 189) die Möglichkeiten der Marktentwicklung für Hochschulen. Hier kann versucht werden, die traditionell nicht als Studenten zu betrachtenden Gruppierungen (z.B. Senioren, Hausfrauen) zur Nutzung der angebotenen Kurse zu motivieren.

[16] Solche Ressourcen könnten z.B. vorhandene Attraktionen sein, die touristisch noch nicht in vollem Umfang erschlossen sind.

Die strategischen Optionen der Produktentwicklung und der Diversifikation implizieren das Anbieten neuer Produkte oder Dienstleistungen auf bestehenden bzw. neuen Märkten. Diese Strategiealternativen erscheinen insbesondere für die im Rahmen des Stadtmarketings angebotenen innovativen Dienstleistungen sowie für Zusatzleistungen der Verwaltung relevant. Die Produktentwicklung kann im Stadtmarketing zum einen auf eine Verbesserung der Qualität des Leistungsangebotes im Sinne einer Produktmodifikation abzielen. Zum anderen ist die Etablierung neu konzipierter Veranstaltungen für die Bewohner des Einzugsgebietes und/oder für neu zu erschließende Zielgruppen (Diversifikation) denkbar.[17] Die Diversifikation kann auch im Stadtmarketing als die ehrgeizigste Strategie betrachtet werden. Mittels neuer Attraktionen (z.B. die Einrichtung von Technologie- und Gründerzentren) wird versucht, neue Zielgruppen (z.B. junge, innovative Technologieunternehmen) anzusprechen (vgl. *Brandner* (2000, S. 202)).

Die in der Produkt-Markt-Matrix nach *Ansoff* (1988, S. 83) enthaltenen Strategiealternativen implizieren zunächst eine Wachstumsorientierung (vgl. u.a. *Tomczak* (1989, S. 116)). Sowohl im unternehmerischen als auch im städtischen Kontext sind diese Alternativen um Möglichkeiten der Einschränkung des Angebotes und des Rückzugs aus einzelnen Märkten ergänzt worden. *Guiltinan/Paul* (1988, S. 33f.) stellen im unternehmerischen Kontext die Alternativen „Retrenchment", „Pruning" und „Divestment" vor, die einen Rückzug aus einzelnen Märkten und/oder eine Reduktion des Leistungsangebotes implizieren.

Eine Begründung für die Notwendigkeit einer solche Ausweitung der Alternativen insbesondere im City-Marketing liefern *Hörschgen/Froböse* (1991, S. 48). Vor dem Hintergrund zurückgehender Besucherzahlen in den Zentren können die ursprünglichen Alternativen der Produkt-Markt-Matrix als ein wenig geeigneter Bezugsrahmen für die Entwicklung einer Marketingstrategie für Innenstädte betrachtet werden.

Im Stadtmarketingkontext werden die Möglichkeiten der Einschränkung des städtischen Angebotes und des Rückzugs aus einzelnen Märkten von *Schneider* (1993, S. 76ff.) und *Dohmen* (1996, S. 12ff.) aufgegriffen. Beispiele für ent-

[17] Es ist zu beachten, daß das städtische Angebot in der Regel nicht beliebig modifizierbar ist und eine Produktentwicklung somit an den Gegebenheiten vor Ort anknüpfen muß (vgl. *Wagner/Decker* (1997, S. 125)).

sprechende Strategiealternativen stellen hier u.a. die Abschaffung obsoleter Leistungen oder die Realisierung eines Angebotsverbunds mit benachbarten Städten („Pruning“) sowie der Abbau von Subventionen oder steuerlichen Vorteilen für Unternehmen bestimmter Industrien („Divestment“) dar (vgl. *Schneider* (1993, S. 76ff.), *Dohmen* (1996, S. 15)). Als weitere Option ergänzt *Schneider* (1993, S. 83f.) die Alternative der Restrukturierung, die den Rückzug aus einem Markt bzw. die Einschränkung des Leistungsangebotes vorsieht, wobei die frei werdenden Ressourcen im ersten Fall für die Entwicklung des Leistungsangebotes und im zweiten Fall für die Entwicklung eines neuen Marktes eingesetzt werden können.
Während die Marktfeldstrategien die zu bearbeitenden Produkt-Markt-Kombinationen determinieren, bestimmen die Marktstimulierungsstrategien die Art und Weise der Marktbeeinflußung und -steuerung (vgl. *Becker* (1998, S. 179)). Ausgehend von *Porter* (1999, S. 62ff.) lassen sich die strategischen Alternativen umfassende Kostenführerschaft und Differenzierung unterscheiden, die an der Art des angestrebten Wettbewerbsvorteils anknüpfen. Eine Übertragung dieser strategischen Alternativen auf das Stadtmarketing kann in Anlehnung an *Hörschgen/Froböse* (1991, S. 49f.) vorgenommen werden.[18] Wie die Diskussion des Stadtmarketinginstrumentariums in Abschnitt 2.2.5 zeigen wird, kommt preislichen Aktionsparametern im Stadtmarketing nur eine untergeordnete Bedeutung zu, so daß die Strategie der Kostenführerschaft im Stadtmarketingkontext kaum sinnvoll verfolgt werden kann. Die Differenzierungsstrategie hingegen zielt auf eine Individualisierung der eigenen Marktstellung ab. Im Rahmen des Stadtmarketings wird versucht, eine Alleinstellung zu erreichen (vgl. *Hörschgen/Froböse* (1991)). Einen Ansatzpunkt bietet hier die eindeutige Positionierung der Stadt im Wahrnehmungsraum der Zielgruppen. Es sollen Stärken herausgestellt werden, welche die Stadt gegenüber Mitbewerbern klar abgrenzen.
Mit der Positionierung wird eine sog. Unique Selling Proposition im Sinne von Alleinstellungsmerkmalen definiert (vgl. *Schlegel* (1993, S. 16), *Bertram* (1995,

[18]*Becker* (1998, S. 180) differenziert zwischen den Marktstimulierungsstrategien Präferenz- und Preis-Mengen-Strategie und den Wettbewerbsstrategien nach *Porter* (1999). Es wird jedoch betont, daß die Präferenzstrategie der Differenzierungsstrategie nach *Porter* (1999) entspricht, während *Becker* (1998, S. 180) folgend die Kostenführerschaft zwar Voraussetzung für eine Preis-Mengen-Strategie ist, aber mit einer Kostenführerposition durchaus auch eine Präferenz- oder Differenzierungsstrategie als Wettbewerbs- bzw. Marktstimulierungsoption gewählt werden kann. Aufgrund der geringen Bedeutung der Preis-Mengen-Strategie bzw. der Kostenführerschaft im Stadtmarketing wird die Unterscheidung nach *Becker* (1998, S. 180) in der vorliegenden Arbeit nicht weiter betrachtet.

S. 34)). Bei der Bestimmung dieser Alleinstellungsmerkmale ist darauf zu achten, daß diese an den Stärken der Stadt anknüpfen, von den Zielgruppen als vorteilhaft erachtet werden, für die Zielgruppe Relevanz besitzen und nicht kurzfristig von Mitbewerbern respektive umliegenden Städten kopiert werden können (vgl. *Jacobs* (1991, S. 126), *Wagner/Decker* (1997, S. 124)).
Die dritte Strategiedimension der Marktparzellierung umfaßt Entscheidungen bzgl. des Umfangs der Marktabdeckung und der Differenzierung der Marktbearbeitung. Es kann unterschieden werden zwischen vollständiger und teilweiser Marktabdeckung bei differenzierter und undifferenzierter Marktbearbeitung (vgl. *Ashworth/Voogd* (1990, S. 49), *Becker* (1998, S. 237)). Aufgrund der Vielzahl relevanter Akteure und Interessengruppen im Stadtmarketing erscheint eine undifferenzierte Ansprache der Zielgruppen nicht sinnvoll (vgl. *Hammann* (1995, S. 1174)). Eine differenzierte Marktbearbeitung setzt Segmentierungsüberlegungen im Sinne einer Aufteilung des heterogenen Gesamtmarktes der Nachfrager in homogene Teilmärkte (Segmente) voraus (vgl. *Freter* (1983, S. 17ff.), *Hruschka* (1996, S. 59ff.)).
Hinsichtlich der Bestimmung und Auswahl der zu bearbeitenden Marktsegmente (bei teilweiser Marktabdeckung) ist im Stadtmarketing zu beachten, daß verschiedene Akteursgruppen nicht vernachlässigt werden sollten. So sind Bürger und ansässige Unternehmen vollständig als Zielgruppen zu betrachten, während ggf. im Bereich Besucher oder ortsfremde Unternehmen entsprechende Segmente ausgewählt werden können (vgl. *Spieß* (1998, S. 105)). Für den öffentlichen Bereich allgemein führen *Hasitschka/Hruschka* (1982, S. 94) aus, daß man „insbesondere bei Behörden [...] oft die Forderung [findet], alle Abnehmer gleich zu behandeln. [...] Eine solche Vorgehensweise birgt jedoch auch die Gefahr in sich, daß das Angebot beim Abnehmer zu einer relativ geringen Nutzenstiftung führt". Auch wenn bei verschiedenen städtischen Leistungsangeboten keine Segmente von der Nutzung ausgeschlossen werden können und sollten, bietet sich dennoch die Möglichkeit, die Angebote den spezifischen Bedürfnissen einzelner Segmente in besonderem Maße anzupassen (vgl. *Simon* (1995, S. 56)).[19]

[19] *Simon* (1995, S. 56) führt als Beispiel den Bereich öffentliche Sicherheit an. Ausgehend von einer Segmentierung der Einwohner auf Basis unterschiedlicher Sicherheitsbedürfnisse können z.B. die Gegebenheiten in öffentlichen Parkhäusern durch spezielle Parkzonen oder Überwachungskameras auf die Zielgruppe der sicherheitsbewußten Nachfrager zugeschnitten werden, ohne die übrigen Gruppierungen von der Nutzung der Parkhäuser auszuschließen.

Segmentierungsüberlegungen im Stadtmarketing basieren bisher zumeist nur auf geographischen Kriterien zur Identifikation potentieller Zielgruppen (vgl. *Ashworth/Voogd* (1990, S. 50f.), *Schückhaus et al.* (1993, S. 51)). Die resultierenden Zusammenstellungen umfassen in der Regel die Bürger und ortsansässige Unternehmen als interne/lokale Zielgruppen sowie z.B. ansiedlungswillige Unternehmen, Besucher und Umlandbewohner als externe/(über-)regionale Zielgruppen. Weitergehende, an verhaltens- und marktrelevanten Segmentierungskriterien orientierte Analysen liegen hingegen nur selten vor. So identifiziert z.B. *Meffert* (1991, S. 84ff.) ausgehend von einer bundesweiten Befragung spezifische Zielgruppen für das Münsterland in den Bereichen auswärtige Bürger und Unternehmen mittels Clusteranalysen. Wie bereits eingangs erwähnt, könnten bisherige Defizite in diesem Bereich auf die weitgehend fehlende Berücksichtigung der Ansätze des eher quantitativ orientierten Marketingmanagements im städtischen Kontext zurückzuführen sein.

Marktarealstrategien schließlich beziehen sich auf die Festlegung des Absatzraumes eines Unternehmens bzw. einer Stadt. Während die Marktparzellierungsstrategien die Art und Weise der Bearbeitung des Marktes und die Marktfeldstrategien mögliche Ausweitungen des Marktes im Sinne der Erschließung neuer Zielgruppen implizieren, gilt es auch für eine Stadt festzulegen, auf welchen geographischen Raum sich die Marketingaktivitäten beziehen.[20] Aus inhaltlichen Überlegungen heraus wird in der Regel der lokale und ggf. der regionale Markt im Vordergrund stehen. Dennoch besteht auch die Möglichkeit, die Aktivitäten in einzelnen Bereichen (z.B. Wirtschaft, Tourismus) an einer nationalen oder internationalen Gebietsstrategie (z.B. Positionierung als Konferenzstandort) auszurichten. Die vorgestellten Optionen in den einzelnen Strategiedimensionen sollten im Rahmen der Entwicklung eines Stadtmarketingkonzeptes sinnvoll zu einem „Strategieprofil" (vgl. *Hörschgen/Froböse* (1991, S. 46), *Becker* (1998, S. 351ff.)) kombiniert werden.

[20] *Raffée et al.* (1994) und *Spieß* (1998, S. 108) weisen auf die engen Verbindungen zwischen der Marktarealstrategie und den Optionen der Marktfeldstrategien (insbesondere der Marktentwicklung) hin.

2.2.5 Stadtmarketinginstrumente

Sowohl im unternehmerischen Bereich als auch im Stadtmarketing werden verschiedene Ansatzpunkte zur Systematisierung der Marketinginstrumente teilweise kontrovers diskutiert. Im unternehmerischen Bereich dominiert die traditionelle Einteilung in Produkt-, Preis-, Distributions- und Kommunikationspolitik („Product, Price, Place, Promotion"; „4P") zur Systematisierung der Instrumente zur Marktbearbeitung (vgl. *Bruhn* (2001)). Vereinzelt wird auch von einer Dreiteilung unter Zusammenfassung der Produkt- und der Preispolitik ausgegangen (vgl. *Becker* (1998, S. 488)). In jüngster Zeit gewinnt eine alternative Einteilung in Kundenakquisition, Kundenbindung und Kundenrückgewinnung („Recruitment, Retention, Recovery"; „3R") basierend auf den Beziehungen des Unternehmens zu seinen Kunden an Bedeutung (vgl. *Bruhn* (2001, S. 31ff.)). Diese Einteilung geht zurück auf Überlegungen im Industriegüter- und im Dienstleistungsmarketing. Im Stadtmarketingkontext wird diese Einteilung bislang nicht weiter verfolgt. Dies läßt sich vermutlich mit der besonderen Beziehung der Stadt zu ihren „Kunden" z.B. im Sinne von Bürgern oder ansässigen Unternehmen erklären. Diese sind einerseits Kunden der Stadt, stellen teilweise aber auch eine wesentliche Facette des Produktes Stadt dar (z.B. die ansässigen Einzelhandelsunternehmen). Die „3R" des unternehmerischen Marketing scheinen somit die Kundenbeziehungen im Stadtmarketing nicht vollständig abzudecken, so daß die entsprechende Systematisierung nicht direkt auf das Stadtmarketing übertragen werden kann.[21] Im Dienstleistungsmarketing wird zudem von einigen Autoren eine Ausweitung der traditionellen vier Instrumentalbereiche um die Aspekte Personal- (z.B. Motivation und Schulung der Mitarbeiter), Prozeß- (z.B. zeitliche Abstimmung von Angebot und Nachfrage) und Ausstattungspolitik (z.B. Geschäftsstättengestaltung) diskutiert (vgl. *Beaven/Scotti* (1990), *Balderjahn* (2000, S. 136f.)). Diese Ausweitung findet trotz der Nähe des Stadtmarketings zum Dienstleistungsmarketing hier bislang kaum Beachtung. Dies kann vermutlich dadurch begründet werden, daß bereits in der Literatur zum Dienstleistungsmarketing darauf hingewiesen wird, daß sich die drei genannten Aspekte auch unter den vier tradi-

---

[21] Eine Erweiterung wäre insbesondere im Hinblick auf die Kooperation/Beteiligung der „Kunden" notwendig. Vgl. für Überlegungen, die in diese Richtung zielen, z.B. *Hammann* (1995, S. 1171f.)).

tionellen Instrumentalbereichen subsumieren lassen (vgl. *Korpiun* (1998, S. 101), *Meffert/Bruhn* (2000, S. 277)).
In der Stadtmarketingliteratur wird in vielen Fällen die Systematisierung entsprechend der „4P" übernommen (vgl. *Meffert* (1989, S. 278), *Zerweck* (1997, S. 49), *Wiechula* (2000, S. 37ff.)). *Manschwetus* (1995, S. 67) kritisiert jedoch das „krampfhafte Bemühen der Übertragung der vier Instrumentalbereiche des unternehmerischen Marketing" auf den kommunalen Bereich. Entsprechend liefert *Manschwetus* (1995, S. 285ff.) einen eigenständigen Systematisierungsansatz für die städtischen Marketinginstrumente, der die folgenden drei Bereiche umfaßt:[22]

- Standortpolitik (z.B. Infrastrukturmaßnahmen, Gestaltung des Standortes),
- Leistungskernpolitik (z.B. finanzielle Förderung, Beratung, Information, Kooperation) und
- Kommunikationspolitik (z.B. Werbung, Öffentlichkeitsarbeit, Sponsoring).

Im Hinblick auf den traditionellen Systematisierungsansatz können die Standort- und die Leistungskernpolitik ggf. zum Bereich der Produktpolitik zusammengefaßt werden. Die Standortpolitik ist in diesem Kontext nicht als Element der Distributionspolitik, sondern als Teil der Produktpolitik aufzufassen, da der Standort gerade das zu vermarktende Produkt darstellt. Die Distributions- und die Preispolitik werden aufgrund ihrer noch zu begründenden geringen Relevanz nicht berücksichtigt, während die Kommunikationspolitik als Instrumentalbereich aus dem traditionellen Systematisierungsansatz übernommen worden ist.
In der vorliegenden Arbeit wird zunächst der traditionellen Einteilung gefolgt (siehe Abbildung 2.4). Es soll jedoch nicht eine unreflektierte Übertragung aller Elemente vorgenommen werden, sondern kritisch der Stellenwert der unterschiedlichen Instrumentalbereiche im städtischen Kontext hinterfragt werden.
Die Produktpolitik umfaßt Entscheidungen über die Gestaltung einzelner Produkte und Leistungen sowie über die Zusammensetzung des städtischen Produkt- und Leistungsprogramms (vgl. *Welge/Al-Laham* (1992, S. 434)). Zentrale Elemente der städtischen Produktpalette sind die städtischen Einrichtungen, städtische

[22]Die Arbeit von *Manschwetus* (1995) bezieht sich dabei auf das Regionenmarketing mit Schwerpunkt auf dem Teilaspekt des Standortmarketings.

Veranstaltungen, die Einzelhandelslandschaft, aber auch Aspekte wie die Atmosphäre in einer Stadt, die Mentalität der Bevölkerung, die Stadtarchitektur und die Wahrzeichen („Markenzeichen") einer Stadt.

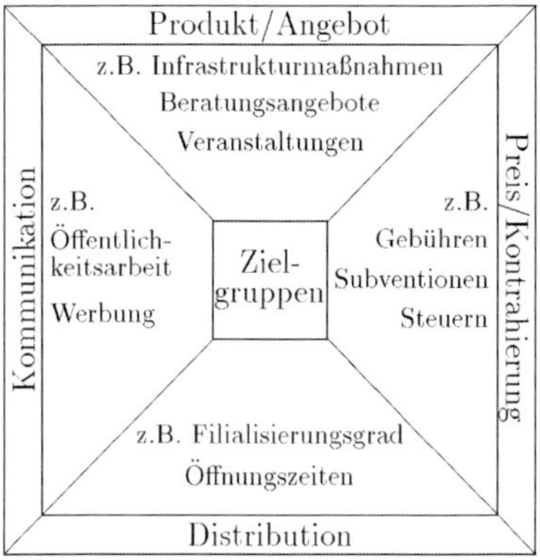

Abbildung 2.4: Marketing-Mix der Städte (in Anlehnung an *Meffert* (1989, S. 278))

Die produktpolitischen Grundentscheidungen der Produktinnovation, -variation und -eliminierung sind auch im Stadtmarketing von zentraler Bedeutung (vgl. *Brockhoff* (1999, S. 25f.)). In bezug auf die gestaltbaren Bestandteile des städtischen Produktes kann entschieden werden, welche Leistungen angeboten und welche Veranstaltungen durchgeführt werden sollen. Zu beachten ist jedoch, daß städtische Leistungen teilweise aufgrund des öffentlichen Versorgungsauftrages angeboten werden müssen, und sich somit einer Eliminierung aus dem Leistungsprogramm entziehen. Städtische Verwaltungen z.B. bieten teilweise öffentliche und meritorische Güter an, für die sich kein angemessenes privates Angebot etablieren würde (vgl. *Schneider* (1994, S. 12)). Der produktpolitische Handlungsspielraum öffentlicher Verwaltungen in bezug auf die Kernleistung wird daher insgesamt als eher gering eingestuft (vgl. *Raffée et al.* (1994, S. 203f.)). Bezüglich möglicher Zusatzleistungen bestehen jedoch auch im Bereich der Verwaltungsdienstleistung eine Vielzahl von Gestaltungsmöglichkeiten (u.a. Bearbeitungszeiten, Wartezeiten, Beschwerdemanagement).[23] Auch im Stadtmarketing insgesamt kommt den produktpolitischen Handlungsmöglichkeiten eine hohe Bedeutung zu. Die Produktpolitik im Kontext des Stadtmarketings, wie auch alle anderen Bereiche des Marketing-Mix, beschränkt sich nicht auf rein städtische Angebote. Im Sinne einer Kooperation aller relevanten Akteure in der Stadt sind die einzubeziehenden Leistungen auf Produkte und Dienstleistungen unter Beteiligung privater Akteure zu erweitern. Kooperativ im Rahmen eines Stadtmarketingprojektes angeregte, geplante und durchgeführte Veranstaltungen, wie z.B. Stadtfeste oder Weihnachtsmärkte, können die städtische Produktpalette bereichern und liegen im direkten Einflußbereich der für das Stadtmarketing Verantwortlichen.

Im Gegensatz zu den Systematisierungen bei *Meffert* (1989), *Schneider* (1993, S. 97ff.) und *Töpfer* (1993a) soll neben den bisher diskutierten Teilbereichen der Produktpolitik auch das Verkehrssystem dem Bereich der Produkt- und nicht wie in den genannten Quellen der Distributionspolitik zugeordnet werden. Die Distributionspolitik umfaßt nach *Kotler/Bliemel* (1999, S. 141) Maßnahmen respektive Instrumente, die das Produkt für die Zielgruppe leicht zugänglich und verfügbar machen. Das Verkehrssystem macht den Zielgruppen, d.h. den Bürgern und sonstigen Nutzern von Verkehrsmitteln, jedoch nicht nur städtische bzw. stadtmarketingspezifische Angebote zugänglich, sondern kann an sich als ein eigenständiges Angebot betrachtet werden, das den Nutzern Mobilität auch in anderen Bereichen ermöglicht. Handlungsoptionen im Bereich des Verkehrssystems beziehen sich z.B. auf die Gestaltung des öffentlichen Parkraumes, das Radwegenetz, die Verkehrsführung in der Innenstadt und den öffentlichen Personennahverkehr (ÖPNV).

Einer um den Themenkomplex Verkehrssystem reduzierten städtischen Distributionspolitik kommt im Instrumentalbereich des Stadtmarketings nur eine untergeordnete Rolle zu. Maßnahmen beziehen sich insbesondere auf die Variation von Öffnungszeiten städtischer Einrichtungen zur Verbesserung der Zugänglichkeit der Leistungen (vgl. *Schäflein* (1994, S. 158), *Simon* (1995, S. 60)). Langfristig betrachtet kann die Zugänglichkeit auch durch einen höheren Filialisierungsgrad von Behörden und eine entsprechende Standortwahl verbessert werden. In diesem

[23] Vgl. für die Unterscheidung in Kern- und Zusatzleistungen im Dienstleistungsbereich u.a. *Baron/Harris* (1995, S. 4), *Meffert/Bruhn* (2000, S. 280ff.)).

Kontext sind auch die Bemühungen vieler Städte zur Etablierung eines „virtuellen Rathauses“ zu betrachten (vgl. *Decker/Bornemeyer* (2001b, S. 4)). Das Internet kann dabei nicht nur als Kommunikationsinstrument, sondern zunehmend auch als Instrument der Distributionspolitik eingesetzt werden. Die Zugänglichkeit städtischer Leistungen kann durch ein interaktives Bürgerinformationssystem, das z.B. auch Online-Formulare und deren Bearbeitung ermöglicht, verbessert werden (vgl. *Lackes* (1998, S. 175ff.)).

Im Gegensatz zu ihrer Bedeutung im unternehmerischen Marketing-Mix kommt der städtischen Preispolitik eine eher untergeordnete Rolle zu (vgl. *Schlegel* (1993, S. 17), *Schneider* (1993, S. 87)). Leistungsentgelte im städtischen Bereich beschränken sich zumeist auf kostendeckende Gebühren oder Steuern, deren Höhe in der Regel vom Bund oder den Ländern bestimmt wird (vgl. *Simon* (1995, S. 60)). Eine Signalwirkung nach außen haben hingegen Gewerbesteuerhebesätze, deren Variation und die Gewährung von Subventionen, die jedoch insbesondere im Standortmarketing von Bedeutung sind.

Dem Instrumentalbereich der Kommunikationspolitik wird im Stadtmarketing die höchste Bedeutung beigemessen. Von besonderer Relevanz sind die Stadtwerbung und die Öffentlichkeitsarbeit (vgl. *Simon* (1995, S. 61)). Die Hervorhebung des Marketinginstrumentes Werbung führt häufig auch zu der falschen Vorstellung, daß Stadtmarketing im Grunde mit reiner Stadtwerbung gleichzusetzen ist (vgl. *Junker et al.* (1996, S. 283)). Zusätzlich zur Anzeigenwerbung für die Stadt in regionalen und überregionalen Zeitungen/Zeitschriften[24] sind Anzeigen in Fachzeitschriften (Wirtschaft/Tourismus), Beilagen in Zeitungen/Zeitschriften sowie Broschüren und Prospekte denkbare Erscheinungsformen (vgl. *Töpfer/Mann* (1996, S. 12)). Neben der Werbung für die Stadt als Ganzes sind natürlich auch Werbeaktivitäten für einzelne Veranstaltungen oder sonstige Maßnahmen von Bedeutung.

Das kommunikationspolitische Instrument der Öffentlichkeitsarbeit verfolgt die Zielsetzungen der Darstellung der Aktivitäten des Stadtmarketings in der Gesellschaft und der Werbung um das Vertrauen der Zielgruppen einer Stadt (vgl.

[24]Ein Beispiel für eine umfassende und langfristige Werbekampagne stellt die Kampagne „Das Ruhrgebiet. Ein starkes Stück Deutschland.“ dar (vgl. *Kommunalverband Ruhrgebiet* (Hrsg.)(1996)).

Schneider (1993, S. 93f.)). Die Öffentlichkeitsarbeit kann zudem als ein Instrument der Bürgerbeteiligung betrachtet werden. Sie bietet die Möglichkeit, die Zielgruppen schon frühzeitig umfassend zu informieren und ggf. Reaktionen hervorzurufen (vgl. *Schlegel* (1993, S. 19), *Dohmen* (1996, S. 18), *Döllekes* (2000, S. 257)). Auch in diesem Kontext können internetbasierte Bürgerinformationssysteme sinnvoll eingesetzt werden (vgl. *Lackes* (1998, S. 174)). Als weiterer bedeutender Teilbereich der Öffentlichkeitsarbeit ist das Sponsoring im Sinne finanzieller und/oder sachbezogener Zuwendungen an ausgewählte Veranstaltungen oder Institutionen zu betrachten (vgl. *Wiechula* (2000, S. 38)).

Im Bereich der persönlichen Kommunikation bietet sich die Möglichkeit, im Rahmen von Bürgerversammlungen Kontakt zu dieser Akteursgruppe aufzunehmen und auch einzelne Bürger in den Prozeß einzubinden. Des weiteren kann eine persönliche Kontaktaufnahme mit Mitarbeitern der Stadtverwaltung, der Stadtpolitik und weiteren stadtinternen Gruppierungen erfolgen („Mitarbeiterkommunikation", vgl. *Meffert/Bruhn* (2000, S. 349)). Ansässige und ansiedlungswillige Unternehmen können im Rahmen von Besuchsprogrammen angesprochen und vom Standort überzeugt werden. Weitere Aktivitäten umfassen z.B. Wirtschaftsforen oder die Präsenz auf Messen (vgl. u.a. *Meffert* (1989, S. 278), *Wiechula* (2000, S. 38)).

2.2.6 Organisation und Finanzierung der Stadtmarketingaktivitäten

Neben den Aktivitäten in den einzelnen Phasen des Stadtmarketingprozesses sind Fragen der Organisation und Finanzierung des Stadtmarketingprozesses zu klären. Im Hinblick auf organisatorische Aspekte ist zu unterscheiden zwischen der Organisation des Marketingprozesses, d.h. der Frage der Verantwortlichkeiten in den verschiedenen Phasen und der Kooperationspartner, sowie der langfristigen Institutionalisierung des Stadtmarketings im Sinne der Wahl einer Rechtsform für die für das Stadtmarketing verantwortliche Organisation.

Hinsichtlich der Kooperationspartner kommt dem Konzept des Public-Private-Partnership als „institutionalisierte Ansätze einer in der Regel projektbezogenen Kooperation zwischen Akteuren verschiedener gesellschaftlicher Systeme zur

Lösung komplexer lokaler bzw. regionaler Probleme" (*Junker et al.* (1996, S. 284)) eine große Bedeutung zu. Insbesondere unter Berücksichtigung der schlechten Finanzlage in den Städten ist die Beteiligung Privater auch an der Finanzierung von Maßnahmen im Stadtmarketing heute unerläßlich (vgl. *Schultes* (2000, S. 161)). Im Stadtmarketing können grundsätzlich alle städtischen Gruppierungen kooperieren. Besonders hervorzuheben sind von öffentlicher Seite die Stadtspitze, der Stadtrat und die Mitarbeiter der Stadtverwaltung, aber auch Vertreter (öffentlicher) kultureller Einrichtungen, und von privater Seite der Einzelhandel, die Gastronomie und Hotellerie, weitere Unternehmer sowie einzelne Bürger oder Bürgerinitiativen (vgl. *Schlegel* (1993, S. 21)).

Intensiv diskutiert wird zudem die Bedeutung externer Berater als Kooperationspartner im Stadtmarketing. Die Rolle des externen Beraters übernehmen zumeist Vertreter einer Unternehmensberatung oder Vertreter einer Universität/Fachhochschule (vgl. *Kemming* (1991, S. 9)). Gründe für die Einbeziehung externer Berater sind u.a. die zusätzliche Kompetenz in einzelnen Bereichen (z.B. Marktforschung), die neutrale Moderation von Sitzungen sowie die Förderung und Pflege von Kontakten zwischen den unterschiedlichen Akteursgruppen (vgl. *Kemming* (1991, S. 10), *Schaller* (1993, S. 119ff.), *Schückhaus et al.* (1993, S. 86f.)). Die Beteiligung externer Berater sollte jedoch eher punktuell erfolgen, um langfristig eigenständig die Stadtmarketingaktivitäten vorantreiben zu können. Übernehmen externe Berater einen zu großen Teil der Aktivitäten, so besteht die Gefahr, daß sich andere Akteure nur schwer von einer Mitwirkung überzeugen lassen (vgl. *Schaller* (1993, S. 124)). Zudem sind natürlich auch Kostenaspekte zu berücksichtigen.

Langfristig betrachtet gibt es grundsätzlich zwei übergeordnete Möglichkeiten der Institutionalisierung des Stadtmarketings. Zum einen kann das Stadtmarketing intern als Teil eines Amtes oder als eigenständiges Amt oder zum anderen extern z.B. in Form eines Arbeitskreises, einer BGB-Gesellschaft, einer GmbH, eines eingetragenen Vereins oder neuerdings auch in Form einer GmbH & Co. KG institutionalisiert werden (vgl. *Schückhaus et al.* (1993, S. 77), *Fehn/Vossen* (1999, S. 59ff.), *Wiechula* (2000, S. 40ff.)). Des weiteren sind Mischformen möglich. Eine generelle Empfehlung für eine Organisationsform kann nicht gegeben werden, da die Eignung der jeweiligen Form der Institutionalisierung unter Abwägung der im folgenden diskutierten Vor- und Nachteile dieser vor dem Hintergrund der Gegebenheiten vor Ort zu bestimmen ist (vgl. *Hatzfeld et al.* (1999, S. 17), *Wiechula* (2000, S. 43)).[25]

Bei einer internen Institutionalisierung des Stadtmarketings werden vorhandene und vertraute Strukturen genutzt, so daß sie insbesondere zu Beginn eines Stadtmarketingprojektes eine geeignete Lösung darstellt (vgl. *Grabow/Hollbach-Grömig* (1998, S. 83)). Zudem erscheint die Einbindung der Politik durch diese Organisationsform per se gegeben (vgl. *Konken* (2000, S. 374), *Wiechula* (2000, S. 41)). Als problematisch wird die mangelnde Flexibilität dieser Organisationsform betrachtet. Nach *Schaller* (1993, S. 121) widerspricht diese Art der Institutionalisierung unter alleiniger städtischer Führung dem kooperativen Grundgedanken des Stadtmarketings. Zudem besteht die Gefahr, daß private Akteure dieser Stadtmarketingorganisation eher zurückhaltend gegenübertreten.

Der Arbeitskreis kann als die unverbindlichste Form der Institutionalisierung betrachtet werden (vgl. *Wiechula* (2000, S. 42)). Sie zeichnet sich durch eine hohe Flexibilität aus. Die potentiellen Mitglieder können dem Kreis ohne größere Formalitäten beitreten und verpflichten sich zu keinem persönlichen oder finanziellen Engagement, woraus sich andererseits natürlich auch ein erkennbarer Nachteil dieser Organisationsform ergibt. Die BGB-Gesellschaft hingegen basiert auf einem klar definierten rechtlichen Rahmen. Dennoch bietet sie weitgehende Gestaltungs- und Kontrollmöglichkeiten, da der Gesellschaftsvertrag auf die spezifischen Bedürfnisse ausgerichtet werden kann. Kritisch zu sehen ist die unbeschränkte Haftung der Gesellschafter mit ihrem Privatvermögen. Der eingetragene Verein wird als die momentan am häufigsten auftretende Form der Institutionalisierung betrachtet (vgl. *Fehn/Vossen* (1999, S. 61)). Sie ermöglicht die Beteiligung einer breiten Öffentlichkeit durch einen vergleichsweise einfachen Beitritt. Ein Teil der Finanzierung der Stadtmarketingaktivitäten kann durch die Vereinsbeiträge der Mitglieder gewährleistet werden. Zur Sicherstellung der Handlungsfähigkeit des Vereins erscheint eine möglichst geringe Mitgliederfluk-

[25] Für die folgenden Ausführungen und eine ausführliche Gegenüberstellungen der Vor- und Nachteile einzelner Formen der Institutionalisierung vgl. auch *Fehn/Vossen* (1999, S. 59ff.) und *Wiechula* (2000, S. 41ff.).

tuation sowie ein ausgewogenes Verhältnis aktiver und passiver Mitglieder erstrebenswert (vgl. *Wiechula* (2000, S. 42f.)).
Einer Stadtmarketing GmbH wird im Vergleich zu anderen Organisationsformen eine stärker ausgeprägte Wirtschaftlichkeitsorientierung und höhere Professionalität zugesprochen (vgl. *Fehn/Vossen* (1999, S. 64)). Gleichzeitig stellt die Gründung einer GmbH auch deutlich höhere Anforderungen (u.a. Eintrag ins Handelsregister, Gründungskapital in Höhe von mindestens 50.000 DM) als die übrigen Organisationsformen. Eine vergleichsweise neue Erscheinungsform ist die GmbH & Co. KG, die bisher in der Literatur wenig diskutiert wird, in der Praxis aber in einigen Fällen etabliert wurde (z.B. in Frechen und in Wassenberg). Der Komplementär wird in diesem Fall eine Stadtmarketing GmbH sein, die Kommanditisten können dann von privater Seite gestellt werden und genießen ein Informationsrecht, sind aber von der Geschäftsführung in der Regel ausgeschlossen.
Eng verbunden mit der gewählten Form der Institutionalisierung sind die langfristigen Finanzierungsmöglichkeiten für das Stadtmarketing. Während zu Beginn der Aktivitäten viele Projekte von öffentlichen Fördermitteln[26] profitieren, muß langfristig eine finanzielle Eigenständigkeit erreicht werden. Die Finanzierung sollte, um auch dem Prinzip des Public-Private-Partnership Rechnung zu tragen, unter Beteiligung der öffentlichen und privaten Seite sichergestellt werden (vgl. *Funke* (1997, S. 49)). In Tabelle 2.7 werden ausgewählte Finanzierungsquellen für das Stadtmarketing zusammengestellt.

[26]Für eine Darstellung ausgewählter Förderprogramme siehe Abschnitt 2.1.

Finanzierungsquelle	Bemerkungen
Fördermittel des Landes/ des Bundes	insbesondere in der Anfangsphase des Projektes verfügbar; keine langfristige Finanzierungsquelle
Vereinsbeiträge	regelmäßige Einnahmequelle; gebunden an die Form der Institutionalisierung
kommunale Zuschüsse	zentrales Element einer Grundfinanzierung; abhängig von der Haushaltslage; sollte langfristig kalkulierbar sein
Zuschüsse ortsansässiger Unternehmen/Institutionen	zweites Element einer Grundfinanzierung; lokal unterschiedliche Bereitschaft zur finanziellen Beteiligung
Übernahme kommunaler Dienstleistungen	gewinnorientiertes Angebot kommunaler Dienstleistungen; eng verknüpft mit der Form der Institutionalisierung
eigenwirtschaftliche Tätigkeit	Angebot von Serviceleistungen gegen Entgelt; eher geringer Beitrag
Einnahmen aus Veranstaltungen	unregelmäßige Einnahmen für die Stadtmarketingorganisation als Veranstalter oder als Gebühren von privaten Veranstaltern
projektbezogenes Sponsoring	Unterstützung einzelner Projekte durch Unternehmen im Rahmen ihrer Öffentlichkeitsarbeit

Tabelle 2.7: Ausgewählte Finanzierungsquellen für das Stadtmarketing (in Anlehnung an *Hatzfeld et al.* (1999, S. 18))

Diese Quellen umfassen sowohl Beiträge von privater als auch von öffentlicher Seite. Auf privater Seite wird die Bereitschaft zur Mitfinanzierung konkreter Maßnahmen bzw. Aktionen aufgrund der deutlicheren Sichtbarkeit der Ergebnisse größer sein als zur Mitfinanzierung des Projektmanagements und konzeptioneller Arbeiten. Die Finanzierung dieser Elemente obliegt daher eher der öffentlichen Seite. Ein Stadtmarketing ohne diese gemeinsame Finanzierung wird als langfristig nicht tragfähig betrachtet (vgl. *Hatzfeld et al.* (1999, S. 17f.)).

2.3 Lösungsansätze zur Erfolgskontrolle im Stadtmarketing

2.3.1 Überblick

Die bisherige Vernachlässigung der Erfolgskontrolle in der kommunalen Praxis läßt sich auf verschiedene Gründe zurückführen (vgl. *Grabow/Hollbach-Grömig* (1998, S. 158), *Junker/Wagner* (1998, S. 232), *MASSKS des Landes NRW* (Hrsg.)(1999, S. 113)). Angeführt wird u.a., daß die Stadtmarketingaktivitäten in der Regel nicht kostendeckend realisiert werden können und somit eine Erfolgskontrolle aus ökonomischer Perspektive keine positive Aussage zulassen würde. Das zentrale Problem der Erfolgskontrolle im Stadtmarketing liegt jedoch im methodischen Bereich. Bislang fehlen zum einen Kriterien zur Beurteilung des Erfolgs im Sinne von Erfolgsgrößen und zum anderen ist eine Erfolgskontrolle für die Entscheidungsträger in den Städten aufgrund eines fehlenden Kontrollinstrumentariums nur schwer durchführbar. Die Notwendigkeit einer Erfolgskontrolle ergibt sich ausgehend von den zunehmenden Finanzierungsengpässen im kommunalen Bereich. Um dauerhaft Sponsoren und Förderer insbesondere von privater Seite gewinnen zu können, erscheint es unabdingbar, den Erfolg der Marketingaktivitäten deutlich sichtbar zu machen (vgl. *Pal/Sanders* (1997, S. 73f.)).

Bisherige Ansätze zur Beurteilung des Gesamterfolgs der Aktivitäten basieren zumeist auf Indikatoren zur Operationalisierung möglicher Erfolgsgrößen bzw. auf Kennzahlen (vgl. *Pal/Sanders* (1997), *Junker/Wagner* (1998)). In diesem Zusammenhang werden Frequenzmessungen und Fahrgastzählungen als Erhebungsmethoden für bestimmte Kennzahlen gesondert betrachtet. Die entsprechenden Werte können dann in Form von Zeitreihenbetrachtungen zur Erfolgskontrolle eingesetzt werden.

Bereits an dieser Stelle erscheint eine Abgrenzung der Begriffe Erfolgsgröße, Indikator und Kennzahl notwendig, da bei der Zusammenstellung der Ansätze zur Erfolgskontrolle im Stadtmarketing im folgenden Abschnitt 2.3.2 von den verschiedenen Autoren unterschiedliche Begriffswelten verwendet werden, die unter Bezugnahme auf entsprechende Definitionen systematisiert werden können. Im Rahmen der weiteren Ausführungen werden Erfolgsgrößen verstanden als (beobachtbare oder nicht beobachtbare) Größen zur Konkretisierung des Erfolgs (vgl. *Bornemeyer et al.* (1999, S. 210); siehe auch Abschnitt 3.1.2). Eine Kennzahl wird in Anlehnung an *Staudt et al.* (1985, S. 24) und *Decker* (1994, S. 53) definiert als eine absolute oder relative Zahl, die in bezug auf das Erkenntnisziel relevant ist und somit im Vergleich zu anderen Zahlen einen besonderen Aussagewert hat. Indikatoren hingegen stellen Hilfsgrößen dar, mittels derer in begründeter Weise Rückschlüsse auf das Vorliegen eines nicht unmittelbar beobachtbaren Phänomens gezogen werden können (vgl. *Schmidberger* (1995, S. 297ff.)). In diesem Sinne können auch Kennzahlen als Indikatoren dienen, wenn sie als Hilfsgröße für die Operationalisierung nicht unmittelbar meßbarer Konstrukte eingesetzt werden. [27] So kann z.B. zur Konkretisierung des Stadtmarketingerfolgs die Kennzahl „Einzelhandelsumsatz" als ein Indikator für die Erfolgsgröße „Attraktivität als Einkaufsort" herangezogen werden.

Neben kennzahlen- und indikatorenbasierten Ansätzen werden verschiedene Instrumente der Erfolgskontrolle für unterschiedliche Teilbereiche des Stadtmarketings herangezogen, wie z.B. die Kosten-Nutzen-Analyse zur Bewertung einzelner Veranstaltungen im Stadtmarketing sowie die Conjoint-Analyse als Instrument der Erfolgskontrolle insbesondere im Bereich Kultur und Tourismus.

Im folgenden werden ausgewählte Instrumente der Erfolgskontrolle im Stadtmarketing, die in der Literatur diskutiert werden (siehe Abschnitt 2.3.2), sowie ausgewählte Ansätze aus Beispielprojekten (siehe Abschnitt 2.3.3) zusammengestellt und im Hinblick auf einen eigenen, weiter zu verfolgenden Ansatz zur Erfolgskontrolle ausgewertet.

2.3.2 Instrumente der Erfolgskontrolle im Stadtmarketing

Die Überlegungen zur Erfolgskontrolle nach *Hanold/Honert* (1991), *Beyer* (1997) und *Junker/Wagner* (1998) setzen bei dem genannten Problem fehlender Kriterien zur Beurteilung des Stadtmarketingerfolgs an (siehe Abschnitt 2.3.1). Besonders hervorgehoben wird die Notwendigkeit einer frühzeitigen Diskussion und Einigung über die Kriterien, anhand derer der Erfolg des Stadtmarketings ex-

[27] Für eine ausführlichere Diskussion der Abgrenzung von Kennzahlen und Indikatoren im Controlling vgl. *Schmidberger* (1995, S. 299) und die dort angegebene Literatur.

post beurteilt werden soll. Während *Hanold/Honert* (1991) und *Beyer* (1997) übergreifende Größen diskutieren, stellen *Junker/Wagner* (1998) Erfolgsgrößen für die Bereiche Handel, Verkehr und Städtebau heraus (siehe Tabelle 2.8).

Referenz	Erfolgsgrößen aus der Stadtmarketingliteratur	
Hanold/Honert (1991)	„Meßgrößen" des Marketingerfolgs:	
	– Einwohnerentwicklung	– wirtschaftliches Potential
	– Steueraufkommen	– Attraktivität/Image
	– Kaufkraftbindung	– Lebensqualität
	– Kulturangebot	– Infrastruktur
	– Bekanntheitsgrad	
Beyer (1997)	Ausgewählte „Erfolgsindikatoren": – Entwicklung des Standortimages – Entwicklung der Belebungsziffern in der Innenstadt – Entwicklung der Kaufkraftbindung – Ausmaß der Fluktuation der Geschäfte in der Innenstadt – Entwicklung von Versorgungsangeboten an nichtintegrierten Standorten – Entwicklung des innerstädtischen Branchenmixes – Zahl und Akzeptanz von Veranstaltungen, Dienstleistungs-, Freizeit- und Kulturangeboten – Festlegung der einzelnen Projektziele, -daten und -verantwortlichkeiten und periodische Überprüfung des Umsetzungsstandes	
Junker/Wagner (1998)	Ausgewählte „(Hilfs-)Indikatoren" zur Erfolgskontrolle:	
	für den Bereich Handel:	
	– Umsatz	– Kundenfrequenz
	– Zentralität	– Geschäftsraummieten
	– Leerstände	– Branchenmix
	für den Bereich Verkehr:	
	– Parkplatzauslastung/ Anzahl Kfz	– Belastung – Modal Split[28]
	für den Bereich Städtebau:	
	– Expertenmeinung	– Bürgermeinung

Tabelle 2.8: Erfolgsgrößen aus der Stadtmarketingliteratur

Beyer (1997, S. 87) nennt die Entwicklung der Belebungsziffern in der Innenstadt als einen möglichen Indikator des Stadtmarketingerfolgs. Zur Ermittlung dieser können Frequenzmessungen regelmäßig oder zu besonderen Anlässen durch-

[28] Der Modal Split bezeichnet die Aufteilung des gesamten Verkehrsaufkommens auf die einzelnen Verkehrsmittel. Von besonderer Relevanz ist in vielen Fällen die Aufteilung zwischen öffentlichen und privaten Verkehrsmitteln (vgl. *Small/Witherick* (1990, S. 148)).

geführt werden, um z.B. die Auswirkungen stadtmarketingspezifischer Veranstaltungen auf die Passantenströme zu untersuchen. Hohe Bedeutung haben Frequenzzählungen als Instrument der unternehmerischen Standortplanung im Einzelhandel (vgl. *Müller-Hagedorn* (1998, S. 298ff.), *Monheim* (1999, S. 67)). Für größere Städte können entsprechende Zahlen z.B. über das Maklerbüro Kemper's (vgl. *Kemper's* (Hrsg.)(2000)) oder über die BAG (vgl. *BAG* (Hrsg.)(1997)) bezogen werden. Während die Erhebung mittels Strichlisten oder Handzählgeräten als vergleichsweise einfach bezeichnet wird, ergeben sich vielfältige Probleme z.B. im Hinblick auf die zeitliche und räumliche Differenzierung der Erhebung (vgl. *Monheim* (1999, S. 68)).

Neben der Frequenzmessung wird als Erhebungsinstrument die Fahrgastzählung gesondert diskutiert (vgl. *Lang/Schmechtig* (1995), *Schmechtig* (1996)). Im Bereich Verkehr geben Fahrgastzählungen Aufschluß über die Nutzung der öffentlichen Verkehrsmittel.[29] *Lang/Schmechtig* (1995) befassen sich in ihrer Studie zur Erfolgskontrolle im Stadtbusmarketing nicht nur mit einer Fahrgastzählung, sondern kombinieren diese mit Nutzer-, Haushalts- und Passantenbefragungen, um so umfassende Informationen über den Erfolg eines neu eingeführten Stadtbussystems und das korrespondierende Marketingkonzept zu erhalten.

Die Zusammenstellung möglicher Erfolgsgrößen in Tabelle 2.8 umfaßt sowohl nicht beobachtbare (z.B. die Lebensqualität oder das Standortimage) als auch beobachtbare (z.B. die Einwohnerentwicklung oder die Entwicklung der Belebungskennziffern in der Innenstadt) Größen. Die in die Tabelle aufgenommenen, von den jeweiligen Autoren verwendeten Überschriften spiegeln die in der Literatur auftretenden unterschiedlichen Begriffswelten wider. Im Sinne der eingangs vorgenommenen Begriffsabgrenzung werden alle in der Tabelle zusammengestellten Sachverhalte zunächst als (beobachtbare oder nicht beobachtbare) Erfolgsgrößen betrachtet. So stellt z.B. die Einwohnerentwicklung eine Erfolgsgröße dar. Die Kennzahl „Einwohnerzahl“ kann dann als Indikator für diese Erfolgsgröße dienen. Kritisch erscheint die Betrachtung des Standortimages als Erfolgsindikator (vgl. *Beyer* (1997)), da es sich bei dem Image um ein nicht beobachtbares Konstrukt handelt, das es seinerseits mittels geeigneter Meßmethoden zu erfas-

[29] Zur besonderen Bedeutung des Bereichs Verkehr im Stadtmarketingkontext siehe auch Abschnitt 2.2.3.

sen gilt (vgl. *Trommsdorff* (1975)). Für eine möglichst einfache Erfolgsbeurteilung scheint die Konkretisierung der aufgeführten Erfolgsgrößen mittels Kennzahlen und/oder Indikatoren erforderlich.
Eine weitere Schwierigkeit bei der Erfolgsbeurteilung auf Basis der in Tabelle 2.8 zusammengestellten Erfolgsgrößen stellt die Zurechenbarkeit dar (vgl. *Sandahl/Lindh* (1995, S. 51), *Bornemeyer et al.* (1999, S. 211)). Etwaige positive Entwicklungen der einzelhandelsbezogenen Erfolgsgrößen müssen nicht ausschließlich auf die jeweiligen Stadtmarketingaktivitäten zurückzuführen sein. Hervorzuheben sind an dieser Stelle z.B. die Belebungsziffern in der Innenstadt, deren mögliche Steigerung auch durch Einzelaktionen bestimmter Händler oder Dienstleister im Innenstadtbereich bedingt sein kann. Bei der Auswahl von Erfolgsgrößen zur Konkretisierung des Stadtmarketingerfolgs ist daher zu berücksichtigen, daß solche Größen verwendet werden, die überwiegend infolge der Aktivitäten im Bereich Stadtmarketing variieren.
Eine systematische Zusammenstellung von (Leistungs-)Indikatoren für den City-Marketingerfolg liefern *Pal/Sanders* (1997) im Kontext der Messung der Effektivität des TCM. Es wird auch hier der Versuch unternommen, die TCM-Aktivitäten insgesamt zu beurteilen, wobei sich diese, wie in Abschnitt 2.1 ausgeführt, auf die Innenstadt beschränken und der Ansatz somit auf eine Erfolgskontrolle der Aktivitäten im Innenstadtmarketing bzw. City-Marketing als Teilbereich eines umfassenden Stadtmarketings gerichtet ist. Zur Ableitung einer Effektivitätsmatrix des TCM werden unterschiedliche Zielgruppen und Wirkungsbereiche als Dimensionen definiert. Die Zielgruppen werden unterschieden in Besucher/Einzelhandelskunden (Externe Nutzer bzw. „User"), Gewerbetreibende („Broker") und lokale Behörden, die mit der Instandhaltung der innerstädtischen Einrichtungen betraut sind („Fixer"). An dieser Stelle wird die starke Außenorientierung der Matrix erkennbar, da die Bürgerperspektive hier vernachlässigt wird. Die zweite Dimension umfaßt die Wirkungsbereiche der TCM-Aktivitäten, d.h. die physische Umgebung (z.B. die Stadtgestaltung), das soziale Umfeld (z.B. das Vorhandensein von Behindertenparkplätzen oder die Kriminalitätsrate) und ökonomische Aspekte (z.B. Subventionen oder die allgemeinen Kosten der Gewerbetreibenden). Tabelle 2.9 zeigt einen Ausschnitt dieser Effektivitätsmatrix.

Wirkungs-bereiche	Zielgruppen		
	externe Nutzer	Gewerbetreibende	lokale Behörden
physische Umgebung	– Parkplatzkapazitäten – Sauberkeit der Straßen – Busspuren für schnellen Zugang – Anzahl und Standort der Bushaltestellen/Taxistände	– Auslastungsgrad von Parkplätzen – Beseitigung des Durchgangsverkehrs – Einführung einer Fußgängerzone – Menge neuer Nutzungsflächen	– Einführung sicherheitsbewußten Designs – leichte Reinigung/ Verwendung angemessener Materialien
soziales Umfeld	– Polizeipräsenz – Verhaftungs-/Verwarnungsquote – Vielfalt der Nutzungen	– Nutzung leerstehender Gebäude – Bindung zu den Interessengruppen (Anzahl der Versammlungen) – Aufnahmequote des Kinderhortes	– Vereinfachung von Kontrollmöglichkeiten (Konzentration von Pubs/Nachtclubs)
ökonomische Aspekte	– Park-/Buskosten – Vielfalt der Geschäfte bezogen auf den Preis – Kosten des Kinderhortes	– Schaffung neuer Arbeitsplätze – Mietkosten in der 1A-Lage	Anteil des für die Innenstadt verwendeten – Polizeibudgets – Reinigungsbudgets am Gesamtbudget

Tabelle 2.9: Mögliche Ausgestaltung einer TCM-Effektivitätsmatrix (Ausschnitt) (in Anlehnung an *Pal/Sanders* (1997, S. 76))

Pal/Sanders (1997, S. 76) weisen darauf hin, daß eine solche Matrix für jedes TCM unterschiedlich ausgestaltet werden muß. So wird z.B. die „Einführung einer Fußgängerzone“ nicht von allen City-Marketing Initiativen überhaupt angestrebt; ähnlich wird es einige Städte geben, die sich auf eine stärkere ÖPNV-Anbindung konzentrieren, während andere Initiativen den Individualverkehr in den Vordergrund stellen. Es besteht daher die Notwendigkeit der individuellen Zusammenstellung relevanter Indikatoren durch die Entscheidungsträger in den Städten. Eine Vergleichbarkeit der Bewertung unterschiedlicher Projekte ist daher nicht gegeben.

Aufgrund mangelnder Erkenntnisse aus dem Bereich des TCM wurde zur Ableitung der Matrixelemente auf die Planungs- und Managementliteratur zurückgegriffen (vgl. *Pal/Sanders* (1997, S. 76)). Ähnlich wie in der deutschsprachigen Literatur wird betont, daß es bisher wenige Arbeiten zur Messung des Erfolgs der TCM-Aktivitäten gibt. Ihren eigenen Ansatz betrachten die Autoren daher als einen ersten exploratorischen Rahmen, der die Basis für weitere Untersuchungen darstellen kann.

Positiv hervorzuheben ist zudem, daß *Pal/Sanders* (1997, S. 75) nicht nur denkbare Indikatoren liefern, sondern auch konkrete Hinweise auf mögliche Quellen für ausgewählte Indikatoren und entsprechende Kennzahlen herausstellen (z.B. Service-Statistiken aus dem ÖPNV-Bereich, Nutzerstatistiken verschiedener Einrichtungen).

Die Ausführungen haben gezeigt, daß im Stadtmarketingkontext eine Vielzahl von Kennzahlen und Indikatoren als Basis für eine Erfolgskontrolle herausgestellt werden. Eine Verknüpfung dieser zu einem Kennzahlensystem liegt im Stadtmarketing jedoch noch nicht vor, während es im Verwaltungsbereich hier bereits erste Ansätze gibt. Im Marketing für Kommunalverwaltungen ist der Aspekt der Erfolgskontrolle schon weiter entwickelt als im Bereich des Stadtmarketings. Dies zeigt sich in einer größeren Auseinandersetzung mit dem Thema in der Literatur (vgl. *Volz* (1980), *Königs* (1989), *Schmidberger* (1995)) sowie der verstärkten Diskussion neuer Steuerungsmodelle für die Kommunalverwaltung.

Ein Kontrollinstrument auf Basis von Kennzahlenvergleichen stellt der Interkommunale Leistungsvergleich[30] dar (vgl. *Adamaschek* (1997), *Adamaschek* (Hrsg.)(1998)). Durch Gegenüberstellung der Leistungen verschiedener Kommunalverwaltungen wird für das in großen Teilen monopolistische Angebot der städtischen Verwaltung eine Wettbewerbssituation geschaffen (vgl. *Adamaschek* (1997, S. 27)). Eine Besonderheit des öffentlichen Sektors, von dem auch das Stadtmarketing profitieren könnte, ist die Beobachtung, daß „Erfolgsrezepte" nicht wie in der Privatwirtschaft als „Betriebsgeheimnis" gehütet werden, sondern gute Lösungen präsentiert werden und somit andere Städte respektive Stadtverwaltungen von den positiven Ergebnissen profitieren können (vgl. *Adamaschek* (1997, S. 28)).

[30]Der Interkommunale Leistungsvergleich ist ein Projekt der Bertelsmann Stiftung, Gütersloh.

Die Erfolgskontrolle in der Stadtverwaltung ist mit ähnlichen Problemen wie im Stadtmarketing behaftet. Auch in diesem Bereich erweist sich die Bewertung der Zielerreichung aufgrund eines Mangels an geeigneten Indikatoren zur Messung der Zielerreichung sowie die Zurechenbarkeit der erzielten Ergebnisse zu den Leistungen der Stadtverwaltung als schwierig (vgl. *Adamaschek* (1997, S. 35 u. S. 54ff.)).[31] Dem Interkommunalen Leistungsvergleich liegt ein Zielsystem mit den vier Zielfeldern spezifischer Leistungsauftrag, Kundenzufriedenheit, Mitarbeiterzufriedenheit und wirtschaftlicher Einsatz der Ressourcen zugrunde (vgl. *Adamaschek* (1997, S. 45)). Diese Zielfelder gelten für die zu bearbeitenden Aufgabenbereiche der Kommunalverwaltung. Für jeden Aufgabenbereich werden die relevanten Kennzahlen bzw. Indikatoren zur Messung der Zielerreichung in einem vorstrukturierten Raster erfaßt. Tabelle 2.10 zeigt einen Ausschnitt eines Berichtes entsprechend dieses Rasters für den Bereich Einwohnerwesen.
Die Basisdaten dienen als Hintergrundinformationen und Interpretationshilfe für die übrigen in der Tabelle enthaltenen Steuerungsinformationen. Die Vergleichsdaten aus anderen Städten unterstützen die Bewertung der eigenen Zielerreichung (vgl. *Adamaschek* (1997, S. 65ff.)). Die Erhebung der für den Bericht notwendigen Daten erfordert zum einen die Zusammenstellung von Sekundärdaten, zum anderen aber auch eigene Primärerhebungen insbesondere im Hinblick auf die Zufriedenheit der Kunden und der Mitarbeiter. Für eine Erfolgskontrolle ist eine kontinuierliche Datenerhebung und -auswertung in Form dieser Managementberichte notwendig, um positive und negative Entwicklungen sichtbar zu machen. Es sind daher Zeitreihenbetrachtungen erforderlich, wie sie in einigen Städten auch im Stadtmarketingkontext zur Erfolgskontrolle angestrebt werden (siehe Abschnitt 2.3.3).

[31] Ein Beispiel für die Zurechenbarkeitsproblematik in diesem Kontext stellt die Senkung der Unfallziffer im Straßenverkehr dar, die einerseits etwas über den Erfüllungsgrad des Zieles Verkehrssicherheit im Fachbereich Verkehr aussagt, andererseits aber auch von einer Vielzahl anderer Größen beeinflußt wird (z.B. Anzahl ortsfremder Verkehrsteilnehmer, Rückgang des Verkehrsaufkommens) (vgl. *Adamaschek* (1997, S. 54f.)).

		Betrachtete Stadt	Vergleichsstädte		
			A	B	C
0.	Basisdaten				
	Einwohner (in Tausend)	96,2	79,8	95,9	74,6
	Personaleinsatz (Vollzeitkräfte)	14,2	6,9	9,6	12,5
1.	Spezifischer Leistungsauftrag				
	Auffindbarkeit/Identifizierbarkeit aller im Meldebereich lebenden Personen (wird produktspezifisch[32] berichtet)				
2.	Kundengerechte Dienstleistung				
	Durchschnittliche Wartezeit (Minuten)	5,9	1,6	1,8	2,8
	Öffnungsstunden/Woche	28,5	28,0	33,5	27,0
	Zufriedenheit der Besucher*:				
	– insgesamt	2,0	2,1	1,5	1,2
	– Wartezeit	2,6	2,1	1,4	1,4
	– Öffnungszeiten	3,5	2,9	2,1	3,2
	– Freundlichkeit der Mitarbeiter	1,7	2,1	1,4	1,1
	Zufriedenheit der Anrufer*	2,0	1,6	2,0	2,2
3.	Zufriedenheit der Mitarbeiter				
	Zufriedenheit insgesamt*	4,6	3,3	3,1	2,5
	Krankenstand	8 %	4 %	4 %	7 %
4.	Wirtschaftlicher Ressourceneinsatz				
	Zuschußbedarf (TDM)	659	581	822	990
	Kostendeckungsgrad in %	47,4 %	26,8 %	23,7 %	23,6 %

* Bewertungsskala: 1 (sehr gut) bis 6 (sehr schlecht)

Tabelle 2.10: Managementbericht Einwohnerwesen (Ausschnitt) (in Anlehnung an *Adamaschek* (1997, S. 135))

Nach *Adamaschek* (1997, S. 113) konnte der Leistungsvergleich als Kontroll- und Steuerungsinstrument in den Verwaltungen erfolgreich eingesetzt werden, die Akzeptanz des Instrumentes wird als hoch bezeichnet. Durch die Ergebnisse im Sinne eines direkten Vergleichs mit anderen Kommunalverwaltungen ist es gelungen, die Mitarbeiter zu motivieren und Veränderungen herbeizuführen (z.B. Verlängerung der Öffnungszeiten durch Flexibilisierung der Arbeitszeiten). Zu beachten ist, daß noch kein vollständiges Kennzahlensystem vorliegt, das die vier genannten Zielfelder lückenlos abbildet, so daß hier noch weitere Forschungsarbeiten notwendig erscheinen (vgl. *Adamaschek* (1997, S. 112)).

Für eine Erfolgskontrolle des Marketing für Kommunalverwaltungen wird zudem bereits die Balanced Scorecard als neue Entwicklung im Bereich der Kennzahlen-

[32]Produktbereiche des Einwohnerwesens sind z.B. die Führung des Melderegisters, die Versorgung mit Ausweisdokumenten, die Versorgung mit Lohnsteuerkarten, Melderegisterauskünfte und Bescheinigungen (vgl. *Adamaschek* (1997, S. 136ff.)).

systeme diskutiert, die auch im Stadtmarketing ggf. sinnvoll eingesetzt werden könnte (vgl. *Kaplan/Norton* (1997), *Töpfer* (2000)).
Zur Erfolgskontrolle von Großveranstaltungen im Stadtmarketing zeigt *Pfnür* (1997) Einsatzmöglichkeiten der Kosten-Nutzen-Analyse auf. Die Bedeutung von Großveranstaltungen im Stadtmarketingkontext sowie deren Auswirkungen stellt auch *Schneider* (1993) heraus.[33] Veranstaltungen sind zum einen der städtischen Produktpolitik zuzuordnen, zum anderen ist auch die kommunikationspolitische Relevanz insbesondere von Großveranstaltungen zu berücksichtigen, da diese einer Stadt die Möglichkeit eröffnen, sich einer breiteren Bevölkerung (regional und überregional) zu präsentieren (vgl. *Meffert* (1989, S. 278), *Pfnür* (1997, S. 46)).
Die Kosten-Nutzen-Analyse im Stadtmarketingkontext basiert auf der Bewertung der Kosten und Nutzen der Großveranstaltung in bezug auf die Zielsetzungen des Stadtmarketings. Neben monetären Bewertungen fließen Beschreibungen der nicht-monetären Wirkungen der Veranstaltung mit ein (vgl. *Pfnür* (1997, S. 49)).
Den Ausgangspunkt der Kosten-Nutzen-Analyse bildet zunächst eine entsprechende Datenerhebung. Mit Hilfe von Befragungen vor Ort können Ausgaben der Besucher sowie Auswirkungen der Veranstaltung auf das Image der Stadt ermittelt werden. Diese Befragungen sind zur Aufdeckung der durch die Veranstaltung entstandenen Umsatzwirkungen durch Sekundärmaterialien zu ergänzen. Bei der Bestimmung der Kosten und Nutzeneffekte sind folgende Aspekte zu berücksichtigen (vgl. *Pfnür* (1997, S. 50ff.)):

- Kosten der Stadt (Ausgaben für eine direkte finanzielle Unterstützung der Veranstaltung, Verwaltungskosten),
- Umsatzeffekte (Übersicht der durch die Veranstaltung in der Stadt verursachten Umsätze, d.h. Ausgaben der Teilnehmer und der Organisatoren),
- Einkommenseffekte (Betrachtung der Wertschöpfung auf der ersten und zweiten Umsatzstufe) und
- Haushaltseffekte (Steuereinnahmen der Stadt).[34]

[33]Großveranstaltungen sind dabei durch Seltenheit und Außergewöhnlichkeit gekennzeichnet. Ein jährlich stattfindendes Stadtfest würde daher nicht als Großveranstaltung betrachtet. Beispiele für Großveranstaltungen sind u.a. der Kirchentag (vgl. *Pfnür* (1997)), die Expo, die Bundesgartenschau oder die Olympiade (vgl. *Schneider* (1993, S. 121)).

[34]Die Ermittlung dieser monetären Größen ist teilweise problematisch. Dies gilt u.a. für die regionale Abgrenzung und die Opportunitätskosten bei den Umsatzeffekten. Für eine ausführliche Darstellung dieser Probleme vgl. *Pfnür* (1997, S. 50ff.).

Nicht-monetäre Wirkungen einer Großveranstaltung können bezogen auf Besucher und eigene Bürger betrachtet werden. Bezüglich der Besucher werden zum einen die unmittelbaren Wirkungen (Steigerung des Interesses an der Stadt, Förderung der touristischen Attraktivität) sowie mittelbare Wirkungen auch auf potentielle Besucher durch die Medien (Art, Umfang und Themenschwerpunkte der Berichterstattung) betrachtet. Sehr schwierig zu bewerten ist im Vergleich dazu die Identitätswirkung einer Großveranstaltung auf die eigenen Bürger (vgl. *Pfnür* (1997, S. 55)).

Die abschließende Beurteilung der Großveranstaltung basiert bei *Pfnür* (1997, S. 62) zunächst auf der Haushaltswirkung. Im konkreten Beispiel wurde der Haushalt der Stadt deutlich belastet, wobei diese Belastung als Marketinginvestition bezeichnet wird. Zusätzlich zu berücksichtigen ist die ökonomische Wirkung insgesamt sowie die Imagewirkung auf die Stadt. Die Kosten-Nutzen-Analyse kann dabei nur eine ökonomische Beurteilung der Großveranstaltung leisten. Während die Einsatzmöglichkeiten von Wirtschaftlichkeitskontrollen, wie bereits ausgeführt, im Stadtmarketing insgesamt als eher gering zu beurteilen sind, scheinen Großveranstaltungen als deutlich abgegrenzte Einzelprojekte, deren Wirkung in einem begrenzten Zeitraum einer Messung zugänglich ist, Einsatzpotentiale zu bieten. Ein konkretes Urteil über den Erfolg aus Marketingsicht ist mittels des vorgestellten Verfahrens jedoch auch gemäß *Pfnür* (1997, S. 64) nicht möglich.

Einen im Bereich der Erfolgskontrolle im unternehmerischen Marketing erst seit kurzer Zeit diskutierten Ansatz stellt die Conjoint-Analyse dar. Die Zielsetzung dieser Gruppe von Verfahren umfaßt die Zurückführung der Bewertung des Nutzens eines Objektes (z.B. eines Produktes oder einer Dienstleistung) auf die Nutzenbeiträge einzelner Merkmalsausprägungen (vgl. *Green/Srinivasan* (1990, S. 3), *Hair et al.* (1998, S. 392), *Baier* (1999, S. 197)). Eine Ausweitung des Anwendungsbereiches der Conjoint-Analyse auf die Erfolgskontrolle nehmen erstmals *Schellhase/Franken* (1997, S. 31) vor. Bei einer Erfolgskontrolle auf der Ebene des Marketing-Mix dienen die einzelnen Marketingmaßnahmen als Merkmale mit entsprechenden Ausprägungen. Nach Änderung einzelner Aktionsparameter kann sodann anhand der Veränderung des Gesamtnutzens der Zielgruppe der Erfolg der Variation des Marketing-Mix beurteilt werden (vgl. *Schellhase/Franken* (1998, S. 168)).

Das Einsatzpotential der Conjoint-Analyse[35] in diesem Bereich demonstrieren *Schellhase/Franken* (1997, 1998) anhand des Beispiels des Marketing-Mix des Nationaltheaters in Mannheim. Das Marketingkonzept des Theaters wurde grundlegend umgestaltet, so daß sich die Frage ergab, ob das neue Marketingkonzept den Besuchern einen höheren Nutzen stiftet als das der vorangegangenen Spielzeit (vgl. *Schellhase/Franken* (1998, S. 170)). Als Merkmale wurden u.a. die Preisgestaltung (altes/neues Preisgefüge), die Gestaltung des Informationsmaterials (klassisch dezent/jugendlich modern), die Durchführung eines Theaterbrunchs (ja/nein) und das künstlerische Niveau (regionales/nationales Niveau) herangezogen. Betrachtet man die Nutzenwerte des alten und des neuen Konzeptes, so konnte der Gesamtnutzen für den Besucher gesteigert werden, so daß die Umstellung als erfolgreich zu bezeichnen ist.
Der Einsatz der Conjoint-Analyse zur Erfolgskontrolle hat am Beispiel des Nationaltheaters Mannheim veranschaulicht, daß Erfolgskontrollen auf Basis von Nutzenerwartungen dort sinnvoll sind, wo finanzwirtschaftliche Größen keinen Aufschluß über Erfolg oder Mißerfolg von Marketingstrategien geben (vgl. *Schellhase/Franken* (1998, S. 167)). Da diese Problematik auch im Stadtmarketing vorherrscht, könnten Ansätze dieser Art Anregungen für eine Erfolgskontrolle im Stadtmarketing liefern.
Limburg (1998) zeigt am Beispiel der niederländischen Stadt 's-Hertogenbosch, daß es auch im Stadtmarketing Anwendungsmöglichkeiten für die Conjoint-Analyse gibt. Auf Basis von Sekundäranalysen konnten touristisch relevante Merkmale der betrachteten Stadt sowie deren Ausprägungen abgeleitet werden. Es ergaben sich vier Merkmale mit jeweils zwei bzw. drei Ausprägungen, die in Tabelle 2.11 zusammengefaßt sind.

[35] In diesem Fall wird die Adaptive Conjoint Analyse (ACA) angewendet. Zur besonderen Eignung der ACA in diesem Fall vgl. *Schellhase/Franken* (1997, S. 32ff.) und für eine allgemeine Darstellung vgl. *Hair et al.* (1998, S. 424f.) und *Baier* (1999).

Merkmal	Ausprägungen
Veranstaltungen	Markt, Jazzfestival, Theaterfestival
Geschichte	Kathedrale, Museum, Kanal
Einkaufen	einige Geschäfte, viele Geschäfte
Gastronomie	Pubs, Straßencafés, Restaurants

Tabelle 2.11: Merkmale und Ausprägungen für eine Conjoint-Analyse im Stadtmarketingkontext (in Anlehnung an *Limburg* (1998, S. 476))

Ausgehend von einer schriftlichen Haushaltsbefragung konnten die Wichtigkeiten der Merkmale sowie die Nutzenwerte der einzelnen Ausprägungen ermittelt werden. Die wichtigsten Merkmale sind dabei die Veranstaltungen und das Einkaufen. Favorisiert werden im Bereich Veranstaltungen Jazzfestivals deutlich vor den beiden anderen Ausprägungen. Bezüglich der Einkaufsmöglichkeiten bestehen Präferenzen für eine Vielzahl von Geschäften. *Limburg* (1998, S. 476) erachtet die Ergebnisse insbesondere im Hinblick auf die Möglichkeit der Attraktivitätssteigerung einer Stadt im touristischen Bereich für relevant. Aufgrund der kleinen Stichprobe (45 Probanden) und der Kontextabhängigkeit der Merkmale ist die Studie jedoch nach Aussage des Verfassers nur als ein erster Ansatzpunkt für den Einsatz der Conjoint-Analyse im Stadtmarketing zu betrachten.

Für die Ableitung eines allgemeinen Kontrollinstrumentariums erscheint die Conjoint-Analyse zunächst weniger geeignet, da die zu berücksichtigenden Merkmale und die entsprechenden Ausprägungen stark stadtspezifisch geprägt sind. Dennoch bietet die Conjoint-Analyse ein hohes Potential für stadtindividuell durchzuführende Erfolgskontrollen. Für die Entscheidungsträger im Stadtmarketing erscheint in diesem Zusammenhang der von *Schellhase/Franken* (1997, 1998) gewählte Ansatz der Verwendung der Marketing-Mix Instrumente als Merkmale erfolgversprechend, da die Ergebnisse direkte Ansatzpunkte für die Gestaltung des Marketingkonzeptes liefern.

Ein Ansatz zur Bewertung eines Marketingkonzeptes im Bereich Verkehr aus dem quantitativen Marketingmanagement liefern *Hauser/Wisniewski* (1982). Die Zielsetzung der durchgeführten empirischen Studie war die Bewertung der Wirksamkeit eines Marketingkonzeptes, das die Einführung eines innovativen Transportsystems[36] unterstützen sollte. Die Reaktion der Konsumenten respektive potentiellen Nutzer auf das neue Angebot und die entsprechende Marketingstrategie werden mittels eines dynamischen stochastischen Kaufverhaltensmodells beschrieben.[37] Ansätze dieser Art zeigen, daß die bislang im Stadtmarketing kaum berücksichtigten Methoden des quantitativen Marketingmanagements durchaus auch hier Anwendungsmöglichkeiten bieten.

2.3.3 Erfolgskontrolle in ausgewählten Beispielprojekten

Trotz der mit einer Erfolgskontrolle im Stadtmarketing verbundenen Probleme werden auch in der Praxis Lösungsansätze in einzelnen Projekten implementiert. Besondere Bedeutung kommt in diesem Zusammenhang einem Modellprojekt des MASSKS des Landes NRW zu. Im Rahmen dieses Projektes wurde die Erfolgskontrolle thematisiert und von einer Arbeitsgruppe bestehend aus Vertretern verschiedener Städte bearbeitet (vgl. *MASSKS des Landes NRW* (Hrsg.)(1999, S. 112ff.)).

Im City-Management Projekt der Stadt Mönchengladbach-Rheydt wird eine Erfolgskontrolle zum einen auf der Ebene der Zielerreichung und zum anderen auf der Ebene der Projektdurchführung vorgenommen. Dabei werden jeweils sowohl das Ergebnis („Wurde die Maßnahme wie geplant durchgeführt?") als auch der Effekt einzelner Maßnahmen („Hat die Maßnahme die gewünschte Wirkung erzielt?") beurteilt. Tabelle 2.12 zeigt eine Übersicht der verwendeten Indikatoren auf den unterschiedlichen Bewertungsebenen.

[36] Das System sieht vor, daß der Nutzer eine zentrale Stelle kontaktiert. Diese arrangiert dann seinen gewünschten Transport, wobei Zwischenstops entsprechend der Wünsche weiterer Nutzer geplant werden („dial-a-ride Service").

[37] Vgl. zur stochastischen und ökonometrischen Analyse des Kaufverhaltens *Decker* (1994).

Kontrolle der Zielerreichung		Kontrolle der Projektdurchführung	
Ergebniskontrolle	Effektkontrolle	Ergebniskontrolle	Effektkontrolle
u.a. – Art und Anzahl der Maßnahmen – Beteiligung bei den Maßnahmen – Häufigkeit der Medienpräsenz	Zielindikatoren, u.a. – Passantenfrequenz – Besucherherkunft – Aufenthaltsdauer	u.a. – Arbeitskreisanzahl – Bereitschaft zur Finanzierung von Maßnahmen – Beteiligung der Akteure	– Bekanntheitsgrad des Vereins – Zufriedenheit mit der Projektdurchführung

Tabelle 2.12: Bewertungsebenen der Erfolgskontrolle im City-Management Mönchengladbach-Rheydt (in Anlehnung an *MASSKS des Landes NRW* (Hrsg.)(1999, S. 128ff.))

Die Basis für die Kontrolle der Zielerreichung bildet eine abgeleitete Zielhierarchie. Ausgehend von den in der Vereinssatzung festgeschriebenen Globalzielen werden Arbeitsziele bestimmt. Die in Tabelle 2.12 aufgeführten Zielindikatoren beziehen sich dann jeweils auf eines oder mehrere der in dieser Hierarchie enthaltenen Ziele.[38] Hervorzuheben ist, daß in der Dokumentation nicht nur die zu verwendenden Indikatoren, sondern auch die jeweiligen Datenquellen angegeben sind. Als Sekundärquellen dienen dabei insbesondere Kennzahlen der BAG, im Bereich der Primärforschung werden regelmäßig Befragungen durchgeführt, so daß Zeitreihenbetrachtungen möglich werden. Die Ergebnisse dieser Befragungen liefern dann u.a. die Datenbasis für die Ermittlung der Zufriedenheit der Kooperationspartner mit der Projektdurchführung sowie des Bekanntheitsgrades und der Akzeptanz des City-Management Vereins bei potentiellen Kooperationspartnern und Mitgliedern zur Kontrolle der Projektdurchführung.

Aus dem Bereich des Regionenmarketings wird z.B. im Ruhrgebiet eine Erfolgskontrolle thematisiert. Schwerpunkt der Aktivitäten ist die Außendarstellung der Region. Eine Erfolgskontrolle der Kampagne „Das Ruhrgebiet. Ein starkes Stück Deutschland.“ erfolgt auf Basis regelmäßiger Befragungen. Im Abstand von zwei

[38]So beziehen sich z.B. die in der Tabelle 2.12 angegebenen Zielindikatoren Passantenfrequenz und Besucherherkunft auf das Globalziel der Erhöhung der Anziehungskraft und Belebung der Rheydter Innenstadt; der Indikator Aufenthaltsdauer bezieht sich auf das Globalziel der Attraktivierung der Gestaltung und des Angebotes im weitesten Sinne (insbesondere der Verbesserung der Aufenthaltsqualität und der Vielfalt des Angebotes) (vgl. *MASSKS des Landes NRW* (Hrsg.)(1999, S. 127f.)).

Jahren werden Bürger des Ruhrgebietes und Auswärtige u.a. zu der Anzeigenkampagne, zur Beurteilung der Region und zu ihrem Interesse am Ruhrgebiet befragt. Anläßlich des zehnjährigen Bestehens der Imagekampagne wurden die Ergebnisse der einzelnen Befragungen gegenübergestellt (vgl. *Andersen* (1995)).[39] Insgesamt hat sich die Beurteilung des Ruhrgebietes im Laufe der Imagekampagne zwischen 1987 und 1991 deutlich verbessert. Eine Diskrepanz zwischen der eher positiven Beurteilung durch die Einwohner des Ruhrgebietes und der eher neutralen Beurteilung durch Auswärtige ist im Zeitablauf erhalten geblieben.

Die Bildung von Zeitreihen zur Erfolgskontrolle der Marketingmaßnahmen wird auch im Rahmen des Modellprojektes der Stadt Arnsberg angestrebt (vgl. *MASSKS des Landes NRW* (Hrsg.)(1999, S. 120)). Das eigens gegründete Projektteam „Marktforschung und Erfolgskontrolle" befaßt sich mit Möglichkeiten der Erfassung einer Datenbasis und deren Pflege und laufender Erweiterung. Eine kontinuierliche Standortbeurteilung soll u.a. auf Basis von Befragungen bei Kunden und Besuchern sowie Sekundärdaten über Leerstände und den Branchenmix erfolgen.

Der Stadtmarketingverein in Hagen betreibt eine Erfolgskontrolle der Veranstaltungen im Stadtmarketing auf eine ähnliche Art und Weise. Die in diesem Kontext durchgeführten Erhebungen umfassen jeweils Fragen zu der spezifischen Veranstaltung und Fragen speziell zum Stadtmarketing (vgl. *Polthier Marktforschung & Marketingberatung* (Hrsg.)(2000, S. 4)). Ausgehend von den Ergebnissen dieser Erhebungen können dann Zeitreihenvergleiche insbesondere bei wiederholt stattfindenden Veranstaltungen vorgenommen werden. So konnte z.B. anhand einer Befragung bei einer wiederkehrenden Veranstaltung gezeigt werden, daß das Bewußtsein für die Mitarbeit des Stadtmarketingvereins Hagen bei dieser Veranstaltung im Vergleich zum Vorjahr deutlich gesteigert werden konnte.

Auch die Essen Marketing GmbH beschäftigt sich intensiv mit dem Thema Erfolgskontrolle.[40] Der Ansatz basiert dabei auf einer Vielzahl von Primärerhe-

---

[39] Im Hinblick auf eine Vergleichbarkeit der Ergebnisse der Studien ist zu beachten, daß die Untersuchungen nicht, wie bei einer Panelerhebung, auf identischen Stichproben basieren, sondern daß die Stichproben sich jeweils aus unterschiedlichen Probanden zusammensetzen (sog. Wellenerhebung) (vgl. *Berekoven et al.* (1999, S. 123)).

[40] Die folgenden Ausführungen basieren weitgehend auf einem Vortrag des für Erfolgskontrolle zuständigen Mitarbeiters der Essen Marketing GmbH auf dem „Forum Erfolgskontrolle im Stadtmarketing" der Bielefeld Marketing GmbH vom 11. Mai 2001.

bungen und der Auswertung von Sekundärdaten. Im Bereich der Primärerhebungen ist insbesondere das sog. Essener Kundenbarometer hervorzuheben, das darauf abzielt, durch regelmäßige Befragungen das Meinungsbild der Bürger u.a. in bezug auf Veranstaltungen, das Einzelhandelsangebot und die Gastronomie abzubilden (vgl. *Schröder/Berghaus* (2001)).[41] Des weiteren führt die Essen Marketing GmbH regelmäßig Untersuchungen u.a. zu Kundenfrequenzen, der Umsatzentwicklung des Einzelhandels und der Akzeptanz der Essener Kundenkarte durch. Im Bereich der Sekundärforschung werden z.B. die Beherbergungsstatistik und BAG-Untersuchungen herangezogen. Insgesamt zeichnet sich das Essener Stadtmarketing durch eine Vielzahl von Aktivitäten im Bereich der Erfolgskontrolle aus, die durch die Einführung des Essener Kundenbarometers eine gewisse Kontinuität und Systematisierung erfahren haben.

Die diskutierten Ansätze zeigen, daß eine Erfolgskontrolle häufig auf Zeitreihenbetrachtungen basiert. Des weiteren werden in vielen Fällen Einzelmaßnahmen (z.B. Veranstaltungen) oder einzelne Bereiche (z.B.Tourismus) einer Erfolgskontrolle unterzogen. Die vorliegenden Zusammenstellungen möglicher Erfolgsgrößen hingegen versuchen, möglichst viele Teilbereiche des Stadtmarketings einzubeziehen. Eine Integration dieser zu einem Kontrollinstrumentarium steht jedoch noch weitgehend aus. Das Problem fehlender Maßgrößen des Erfolgs ist mit diesen Zusammenstellungen auch aufgrund des Zurechenbarkeitsproblems noch nicht gelöst.

Arend/Wolf (1994, S. 50ff.) folgern aus der bisher wenig fruchtbaren Diskussion von Kontrollinstrumenten im Stadtmarketing, daß neue Wege beschritten werden müssen, indem „z.B. überprüft werden [kann], inwieweit bestimmte Anforderungen (im Sinne von Erfolgsvoraussetzungen) an das Marketing im kommunalen Bereich erfüllt werden". Ähnlich betonen *Fehn/Vossen* (1999, S. 49) die Notwendigkeit der Berücksichtigung der im Stadtmarketing verwendeten Vorgehensweisen bei einer Erfolgskontrolle. Auch im Bereich der Wirtschaftsförderung werden neue Wege zur Erfolgskontrolle gefordert, die bei einer Fokussierung der Ressourcen auf erfolgversprechende Maßnahmen ansetzen und ein fundiertes Be-

[41] Der zugrundeliegende Fragebogen wurde in Anlehnung an die Konzeption des Deutschen Kundenbarometers entwickelt, um auch hier eine Vergleichbarkeit zu schaffen (vgl. zum Deutschen Kundenbarometer *Meyer/Dornach* (1998)).

wertungsraster zugrundelegen (vgl. *Düchting* (2001)). Übertragen auf den unternehmerischen Bereich liefert das etablierte Gebiet der Erfolgsfaktorenforschung für derartige Problemstellungen Ansatzpunkte und Lösungsmöglichkeiten. Dieser Ansatz soll im folgenden weiterverfolgt werden.

Kapitel 3

Erfolgsfaktorenforschung als Ausgangspunkt einer Erfolgskontrolle

3.1 Begriffliche Abgrenzung

3.1.1 Erfolgsfaktorenforschung und Erfolgsfaktoren

Die Ermittlung von Faktoren, die den Unternehmenserfolg maßgeblich beeinflussen, stellt gleichermaßen ein zentrales Problemfeld der betriebswirtschaftlichen Forschung und der Unternehmenspraxis dar (vgl. *Grabner-Kräuter* (1993, S. 278)). Ausgehend von der grundlegenden Annahme, daß „trotz der Mehrdimensionalität und Multikausalität des Unternehmenserfolges einige wenige Einflußfaktoren über Erfolg oder Mißerfolg entscheiden" (*Hoffmann* (1986, S. 832)) zielt die Erfolgsfaktorenforschung darauf ab, die zentralen Determinanten des Unternehmenserfolgs („Erfolgsfaktoren") zu ermitteln. Die Grundidee der Erfolgsfaktorenforschung im Sinne einer Konzentration der Kräfte auf wenige zentrale Aspekte kann historisch betrachtet weit zurückverfolgt werden (vgl. *Forster/Rockart* (1989)).

Das Anliegen der Erfolgsfaktorenforschung wurde explizit von *Daniel* (1961, S. 116) im Kontext der Entwicklung von Managementinformationssystemen in die Diskussion eingebracht und von *Rockart* (1979) weiterentwickelt.[1] Im Zuge der Computerisierung von Informationsverarbeitungsprozessen sollten Entscheidungsträger trotz der wachsenden Dynamik und der Vielschichtigkeit der Unternehmenssituation systematisch Schlüsselinformationen geliefert bekommen. *Daniel* (1961, S. 116) führt aus, daß es in den meisten Industrien eine geringe Anzahl von Faktoren gäbe, die den Erfolg eines Unternehmens maßgeblich determinieren und auf die sich ein entsprechendes Informationssystem konzentrieren sollte. Zu beachten ist, daß die Zielsetzung der Erfolgsfaktorenforschung in diesem Kontext nicht die Erklärung des Erfolgs darstellte, sondern die Identifikation der Informationsbedürfnisse der Entscheidungsträger (vgl. *Grunert/Ellegaard* (1993, S. 248)).

Die Übertragung des Konzeptes der Erfolgsfaktoren auf die strategische Planung geht auf *Leidecker/Bruno* (1984) zurück. Die hohe Bedeutung der Erfolgsfaktorenforschung in der strategischen Planung kommt insbesondere im Kontext der Portfolio-Modelle zum Ausdruck, die sich auf wenige strategisch bedeutsame Umwelt- und Unternehmensmerkmale konzentrieren und diese zu den relevanten Dimensionen zur Bewertung der Untersuchungsgegenstände verdichten (vgl. *Hoffmann* (1986, S. 833)).[2]

Wichtige Impulse für die Erfolgsfaktorenforschung gingen zudem von der Industrial-Organizations-Theorie (IO-Theorie) und der Organisationstheorie aus (vgl. *Annacker* (2001, S. 11f.)).[3] Die statistische Analyse der Bestimmungsfaktoren des Erfolgs hat in der IO-Theorie eine lange Tradition (vgl. *Bain/Qualls* (1987, S. 2), *Grunert/Ellegaard* (1993, S. 252)). Dem sog. „Structure-Conduct-Performance" (SCP)-Paradigma folgend, beeinflußt die Marktstruktur das Verhalten der Unternehmen, welches wiederum den Markterfolg bestimmt (vgl. *Porter* (1981, S. 611), *Knyphausen-Aufseß* (1996, S. 53), *Annacker* (2001, S. 12f.)). Die IO-Theorie liefert für die Erfolgsfaktorenforschung zum einen Hypothesen

[1]Vgl. zur historischen Entwicklung der Erfolgsfaktorenforschung auch *Grunert/Ellegaard* (1993).

[2]Eine ausführliche Diskussion der Bedeutung der Erfolgsfaktorenforschung im Kontext der strategischen Planung liefern *Daschmann* (1994, S. 16ff.) und *Göttgens* (1996, S. 46ff.). Diskutiert werden neben der Portfolio-Analyse u.a. das Erfahrungskurvenkonzept (vgl. *Henderson* (1974)) und der Produktlebenszyklus (vgl. *Becker* (1998, S. 725ff.)).

[3]Für eine ausführliche Darstellung des Anliegens der IO-Theorie vgl. *Tirole* (1995). Einen Überblick empirischer Studien zur Analyse des Unternehmenserfolgs insbesondere aus dem Bereich der IO-Forschung liefern *Capon et al.* (1990).

bzgl. möglicher Erfolgsfaktoren (z.B. die Wettbewerbssituation) und zum anderen methodische Anregungen im Hinblick auf eine Überprüfung entsprechender Hypothesen (vgl. *Grunert/Ellegaard* (1993, S. 252)).

Aus dem Bereich der Organisationstheorie kommt insbesondere der Struktur-Kontingenztheorie im Hinblick auf eine Analyse von Einflußgrößen des Erfolgs eine Bedeutung zu (vgl. *Grabner-Kräuter* (1993, S. 281)).[4] Ausgehend von der Struktur-Kontingenztheorie wird eine stärkere Berücksichtigung des Unternehmensumfeldes als Orientierungspunkt für unternehmerische Entscheidungen gefordert (vgl. (vgl. *Patt* (1990, S. 32), *Jacobs* (1992, S. 82), *Grabner-Kräuter* (1993, S. 284)). Des weiteren liefert dieser Ansatz Hinweise darauf, daß nur untersuchungsobjektspezifische, nicht jedoch allgemeingültige Determinanten des Erfolgs identifiziert werden können (vgl. *Hurth* (1998, S. 74)).[5]

Das große Interesse der Praxis an den Erkenntnissen der Erfolgsfaktorenforschung läßt sich u.a. auf die Möglichkeit der Reduktion der Anzahl der Entscheidungsvariablen durch die Identifikation der zentralen Ursachen des Erfolgs zurückführen (vgl. *Schröder* (1994, S. 89)). Ausgehend von der Zielsetzung und den Inhalten der Erfolgsfaktorenforschung leitet sich der Begriff des Erfolgsfaktors ab. Tabelle 3.1 faßt die zentralen Definitionen aus der einschlägigen Literatur zusammen.

Definitionsgemäß wird den Erfolgsfaktoren langfristig ein entscheidender Einfluß auf den Unternehmenserfolg zugesprochen. Hervorzuheben ist zudem die Beschränkung auf eine überschaubare Zahl erfolgsentscheidender Einflußfaktoren (vgl. *Hoffmann* (1986, S. 833)). Zielsetzung der Erfolgsfaktorenforschung ist demnach nicht die vollständige Erfassung aller Einflußfaktoren des Erfolgs, sondern die Identifikation weniger entscheidender Stellgrößen, die den Erfolg bestimmen. Erfolgsfaktoren können nach *Grimm* (1983) und *Hildebrandt* (1986) sowohl im Unternehmen selbst als auch in der Unternehmensumwelt begründet sein. *Grunert/Ellegaard* (1993, S. 255) hingegen betrachten nur diejenigen Determinanten des Unternehmenserfolgs, die von den Entscheidungsträgern bestimmt werden können. Sie schränken jedoch ein, daß dies langfristig für eine Vielzahl von Determinanten gilt.

[4] Des weiteren wird die Transaktionskostentheorie in diesem Kontext diskutiert. Ihr Beitrag zur Erfolgsfaktorenforschung wird jedoch insgesamt als eher gering eingeschätzt (vgl. für eine ausführliche Begründung dieser Einschätzung *Grabner-Kräuter* (1993, S. 282)).

[5] Das primäre Forschungsinteresse der Struktur-Kontingenztheorie ist jedoch nicht der Unternehmenserfolg, sondern die Ableitung situativ angepaßter Organisationsstrukturen (vgl. *Wahle* (1991, S. 27)).

Rockart (1979)	„Critical success factors thus are, for any business, the limited number of areas in which results, if they are satisfactory, will ensure successful competitive performance for the organization. They are the few key areas where 'the things must go right' for the business to flourish."
Grimm (1983)	„Als strategische Faktoren werden diejenigen Elemente, Determinanten oder Bedingungen bezeichnet, die den Erfolg oder Mißerfolg unternehmerischen Handelns [...] entscheidend beeinflussen" und „[...] die in der Umwelt des Unternehmens, aber auch im Unternehmen selbst wirksam sind."
Leidecker/Bruno (1984)	„Critical success factors (CSF's) are those characteristics, conditions, or variables that when properly sustained, maintained, or managed can have a significant impact on the success of a firm competing in a particular industry."
Hildebrandt (1986)	„1. Als Erfolgsfaktoren werden Faktoren oder Charakteristiken verstanden, die den Erfolg, aber auch den Mißerfolg einer Unternehmung oder Branche, einer strategischen Geschäftseinheit, eines Produktes oder einer Marke beeinflussen. 2. Erfolgsfaktoren haben immer eine strategische Dimension, d.h. sie sind langfristig wirksam und begründen einen Wettbewerbsvorteil oder auch -nachteil gegenüber den Konkurrenten. 3. Erfolgsfaktoren sind innerbetrieblich aber auch außerbetrieblich zu suchen."
Hoffmann (1986)	„Kennzeichnend für ein 'Denken in kritischen Erfolgsfaktoren' ist, von einer überschaubaren Zahl erfolgsentscheidender Einflußfaktoren auszugehen. Unternehmungen (Teilbereiche, Manager) sind erfolgreich, wenn sie diese Haupterfolgs- bzw. Problemquellen beherrschen."
Grunert/ Ellegaard (1993)	„A key success factor is a skill or resource a business can invest in, which, in the market the business is operating on, explains a major part of the observable differences in perceived value and/or relative costs."
Schröder (1994)	Erfolgsfaktoren sind diejenigen Faktoren, „die erfolgreiche Unternehmen gemeinsam haben und die sie signifikant von weniger erfolgreichen Unternehmen unterscheiden".

Tabelle 3.1: Definitionen aus der Literatur zum Begriff Erfolgsfaktor

Ausgehend von den angeführten Definitionsansätzen werden Erfolgsfaktoren im folgenden als diejenigen Determinanten verstanden, die maßgeblich über den Erfolg oder Mißerfolg unternehmerischer bzw. kommunaler Aktivitäten entscheiden und sowohl durch die Entscheidungsträger selbst als auch durch das entsprechende Umfeld bestimmt sein können.

Neben verschiedenen Definitionen des Begriffs Erfolgsfaktor existiert eine Vielzahl weiterer Begriffe, die in der Literatur synonym verwendet werden. Dazu zählen z.B. die Begriffe „strategischer Schlüsselfaktor" (vgl. *Chrubasik/Zimmermann* (1987)), „kritischer Erfolgsfaktor" (vgl. *Hoffmann* (1986)), „Erfolgskomponente" (vgl. *Krüger* (1988)), „Einflußfaktor" (vgl. *Dunst* (1989)) und „Erfolgsdeterminante" (vgl. *Wahle* (1991)).[6] Eine ähnliche Begriffsvielfalt zeigt sich auch im anglo-amerikanischen Sprachgebrauch, wie *Leidecker/Bruno* (1984, S. 23) ausführen. Synonym zu dem Terminus „Critical Success Factor" finden hier die Begriffe „Strategic Factor", „Key Success Factor", „Key Result Area", „Key Variable" oder „Pulse Point" Verwendung.

Untersuchungen im Rahmen der Erfolgsfaktorenforschung und somit auch die in diesem Kontext extrahierten Erfolgsfaktoren lassen sich anhand verschiedener Kriterien systematisieren. Ausgehend von einer Vielzahl von Klassifikationsversuchen (vgl. *Daschmann* (1994, S. 2)) hat sich der Systematisierungsansatz nach *Trommsdorff* (1993, S. 142f.) basierend auf den Kriterien Präzision, Spezifität und Kausalität im deutschen Sprachraum weitgehend durchgesetzt (vgl. *Burmann* (1995), *Lang* (1997)).

Das Kriterium der Präzision bezieht sich auf die Genauigkeit der Untersuchungsergebnisse, die ihrerseits von der gewählten Datenerhebungs- und Auswertungsmethode abhängt. In Anlehnung an *Patt* (1990, S. 6ff.) können qualitative und quantitative Studien unterschieden werden. Im Rahmen qualitativer Studien erfolgt die Identifikation der Erfolgsfaktoren über explorative Expertengespräche, Fallstudien und Einzelfallinterpretationen auf Basis von Sekundärmaterialien. Die Repräsentativität dieser Studien ist in der Regel auch aufgrund des zumeist kleinen Stichprobenumfangs als gering einzuschätzen (vgl. *Lang* (1997, S. 47)). Beispielhaft sei an dieser Stelle die Studie von *Peters/Waterman* (1993) genannt. Auch wenn ein qualitativer Ansatz der Erfolgsfaktorenforschung in der Regel sehr allgemeine Aussagen geringer Präzision liefert, können die Ergebnisse der Studien im Rahmen exploratorischer Forschungsbemühungen auch zur Vorbereitung quantitativer und präziserer Untersuchungen dienen (vgl. *Kube* (1991, S. 6)).

[6] Inhaltlich von diesen zu unterscheiden sind die Begriffe „strategische Erfolgsposition" (vgl. *Pümpin* (1986)), „Wettbewerbsvorteil" (vgl. *Hildebrandt* (1986), *Bruhn* (2001)), „komparativer Konkurrenzvorteil" (vgl. *Backhaus* (1997)) und „strategisches Erfolgspotential" (vgl. *Grünig et al.* (1996)), wobei der letztgenannte Begriff wiederum von einigen Autoren als Synonym des Erfolgsfaktors betrachtet wird (vgl. *Wahle* (1991, S. 12)).

Erfolgt die Extraktion der Erfolgsfaktoren hingegen über eine standardisierte Erhebung von Unternehmensdaten sowie eine multivariate statistische Analyse von Wirkungszusammenhängen, so bezeichnet *Patt* (1990, S. 8) die Studie als quantitative Analyse von Erfolgsfaktoren. Das bekannteste Beispiel für diese Art der Vorgehensweise stellt das PIMS-Projekt dar, das im Kontext der Erfolgsfaktorenforschung eine sehr große Bedeutung erlangt hat (vgl. *Buzzell, Gale* (1987)).[7]
Hinsichtlich der Spezifität des Untersuchungsgegenstandes respektive des Geltungsbereichs der Untersuchung können zunächst eine partielle und eine ganzheitliche Sichtweise unterschieden werden (vgl. *Lang* (1997, S. 48ff.)). Der partiellen Sichtweise sind Studien der Erfolgsfaktorenforschung zuzurechnen, die sich auf eine Untersuchung des Erfolgs spezieller Einzelaspekte der Unternehmensführung beschränken. Beispielhaft seien in diesem Kontext die Studien von *Kotzbauer* (1992) und *Wiedemann* (1999) zu Erfolgsfaktoren der Neuprodukteinführung sowie von *Schürmann* (1993) zu Erfolgsfaktoren der Werbung genannt. Eine ganzheitliche Erfolgsfaktorenforschung hingegen widmet sich den Bestimmungsfaktoren des übergeordneten Unternehmenserfolgs respektive des Erfolgs einzelner Geschäftseinheiten.

Hinsichtlich des Geltungsbereichs der Untersuchungsergebnisse lassen sich zunächst Studien auf branchenübergreifender Ebene, wie beispielsweise das PIMS-Projekt (vgl. *Buzzell, Gale* (1987)), und branchenspezifische Studien (vgl. u.a. *Patt* (1990)) unterscheiden. Während insbesondere in den Anfängen der Erfolgsfaktorenforschung branchenübergreifende Studien vorherrschten, werden zunehmend branchenspezifische Studien, zumeist differenziert nach industrie- und handels-/dienstleistungsspezifischen Studien, durchgeführt (vgl. *Lang* (1997, S. 49)). Die steigende Bedeutung dieser Studien läßt sich darauf zurückführen, daß in verschiedenen Branchen auch unterschiedliche Einflußfaktoren für den Unternehmenserfolg relevant sind (vgl. *Jenner* (1999, S. 95)).

Einerseits strebt die Erfolgsfaktorenforschung allgemeingültige, generelle Aussagen über den Unternehmenserfolg und seine Determinanten an, die aus Studien geringer Spezifität respektive Studien mit einem weiten Geltungsbereich gewonnen werden können. Andererseits sollen Handlungsempfehlungen für konkrete

[7] Für eine ausführliche Darstellung des PIMS (Profit Impact of Market Strategies)-Projektes vgl. *Buzzell/Gale* (1987), *Annacker* (2001, S. 14ff.).

Einzelfallentscheidungen abgeleitet werden, die wiederum hochgradig spezifische Studien mit einem entsprechend geringen Geltungsbereich erfordern (vgl. *Kube* (1991, S. 4f.), *Trommsdorff* (1993, S. 142)). Für den konkreten Einzelfall gilt es daher abzuwägen, welche Spezifität für das Untersuchungsziel angemessen erscheint.

Die Erfolgsfaktorenforschung erhebt den Anspruch, die Erfolgsfaktoren im Sinne von Ursachen des Erfolgs aufzudecken. Dieser Kausalitätsanspruch kann in unterschiedlichem Maße realisiert werden. Dem Nachweis der Kausalität[8] am nächsten käme die Durchführung eines kontrollierten Experimentes, in dessen Rahmen ein potentieller Erfolgsfaktor bei Konstanthaltung aller übrigen Einflußfaktoren verändert wird und die Wirkung auf den Erfolg respektive die Erfolgsgröße (siehe Abschnitt 3.1.2) erfaßt wird (vgl. *Kube* (1991, S. 6)). Ein solches Experiment wird in der betriebswirtschaftlichen Praxis kaum durchführbar sein. Durch ein entsprechendes Untersuchungsdesign kann man sich jedoch dem Anspruch der Kausalität annähern. So wird beispielsweise eine Studie, die Kontrastgruppen im Sinne erfolgreicher und weniger erfolgreicher Untersuchungseinheiten einbezieht, diesem Anspruch eher gerecht als eine Studie, die sich auf die Untersuchung erfolgreicher Fälle beschränkt (vgl. z.B. *Peters/Waterman* (1993)). Zudem kann man sich diesem Anspruch durch die Anwendung geeigneter Datenanalyseverfahren, insbesondere der Kausalanalyse, annähern.[9]

Der grundlegende Zusammenhang in der empirischen Erfolgsfaktorenforschung kann abschließend in Anlehnung an *Hildebrandt/Trommsdorff* (1989, S. 16f.) und *Steffenhagen* (1998, S. 327) wie in Abbildung 3.1 gezeigt dargestellt werden. Die bereits im Rahmen der Diskussion verschiedener Definitionen des Begriffs Erfolgsfaktor vorgenommene Differenzierung in kontrollierbare und nicht-kontrollierbare Einflußgrößen des Erfolgs wird an dieser Stelle aufgegriffen. *Steffenhagen* (1998, S. 326) kategorisiert potentielle Erfolgsfaktoren in Handlungs-, Moderator- und Situationsvariablen.

[8] Für einer ausführlichen Diskussion des Konzeptes der Kausalität und der Grenzen der Modellierung von Kausalität vgl. *Bollen* (1989, S. 40ff.).

[9] Eine Einordnung der eigenen Studie anhand dieser Kriterien wird in Abschnitt 4.2.1 vorgenommen.

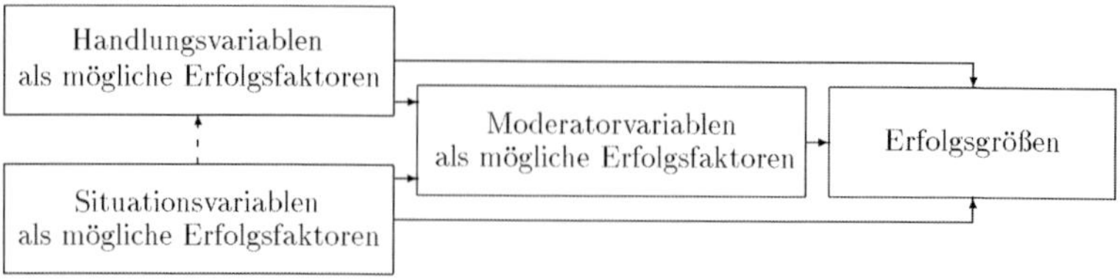

Abbildung 3.1: Grundlegender Zusammenhang in der empirischen Erfolgsfaktorenforschung (in Anlehnung an *Hildebrandt/Trommsdorff* (1989, S. 16f.), *Steffenhagen* (1998, S. 327))

Handlungsvariablen umfassen diejenigen potentiellen Erfolgsfaktoren, die durch das Management direkt kontrollierbar sind (kontrollierbare oder auch endogene Erfolgsfaktoren; vgl. *Hildebrandt/Trommsdorff* (1989, S. 16f.), *Kleinhückelskoten/Schnetkamp* (1989, S. 263)). Durch die Entscheidungsträger nicht kontrollierbar sind die Situationsvariablen (nicht-kontrollierbare oder auch exogene Erfolgsfaktoren), die im unternehmerischen Kontext insbesondere die marktstrukturellen Rahmenbedingungen (wie z.B. die Wettbewerbsintensität) umfassen. Moderatorvariablen stellen nach *Steffenhagen* (1998, S. 326) „ein Resultat des auf Erfolg ausgerichteten Handelns, [jedoch] keine Realisierung der betrachteten Erfolgsmaßgröße(n) dar". Moderatorvariablen umfassen somit Zwischenziele des unternehmerischen Handelns, die zu den Erfolgsgrößen in einem Mittel-Zweck-Verhältnis stehen. Beispiele für Moderatorvariablen sind u.a. ein hoher Stammgästeanteil als Zwischenziel und Einflußfaktor des Gewinns (als Erfolgsgröße) in der Gastronomie oder der Marktanteil als Determinante des Return on Investment (ROI) im Rahmen des PIMS-Projektes (vgl. *Buzzell/Gale* (1987), *Kube* (1991)).[10]

Die abgebildete Wirkungsstruktur enthält sowohl direkte als auch indirekte Einflüsse der möglichen Erfolgsfaktoren auf den Erfolg respektive die Erfolgsgrößen. Die Handlungs- und Situationsvariablen können einen direkten Einfluß auf den Erfolg ausüben und/oder auf diesen indirekt über die Moderatorvariablen einwirken. Eine genaue Definition des Begriffs Erfolg und der korrespondierenden Erfolgsgrößen für die vorliegende Arbeit wird im folgenden Abschnitt vorgenommen.

[10] *Hildebrandt/Trommsdorff* (1989, S. 17) verwenden für ihre Darstellung den Begriff „intervenierende (Erfolgs-)Faktoren", der sich jedoch nur auf die subjektiven Wahrnehmungen und Einstellungen der Konsumenten als Ergebnis des auf Erfolg gerichteten unternehmerischen Handelns bezieht.

3.1.2 Erfolg und Erfolgsgrößen

Bereits auf unternehmerischer Ebene ist die Frage nach einer Definition und einer darauf aufbauenden Messung des Erfolgs von Schwierigkeiten gekennzeichnet. In diesem Abschnitt soll daher zunächst der Begriff Erfolg bzw. Erfolgsgröße für die vorliegende Arbeit definiert werden (siehe auch Abschnitt 2.3.1). Verschiedene Möglichkeiten der Operationalisierung des Erfolgs werden dann im Rahmen der Auswertung empirischer Studien zur Erfolgsfaktorenforschung näher betrachtet (siehe Abschnitt 3.2.2).

Ausgehend von einem klassischen ökonomischen Erfolgsbegriff kann Erfolg als die wertmäßige Differenz zwischen Ausbringung und Mitteleinsatz oder zwischen Aufwand und Ertrag verstanden werden. Die resultierende Differenz wird dann mit der Erfolgsgröße „Gewinn“ respektive „Verlust“ bezeichnet (vgl. *Fritz* (1995, S. 217)). Um der in diesem klassischen Erfolgsverständnis vernachlässigten Multidimensionalität des Erfolgskonstruktes Rechnung zu tragen, können eine Vielzahl ökonomischer und außerökonomischer Erfolgsgrößen zur Konkretisierung des Erfolgs verwendet werden (vgl. *Bass et al.* (1978), *Chernatony et al.* (1998), *Clark* (1999)).

Der konkrete Inhalt des Erfolgsbegriffs und somit auch die Bestimmung der relevanten Erfolgsgrößen wird durch den zugrundegelegten Ansatz zur Interpretation des Erfolgs bestimmt (vgl. *Dess/Robinson* (1984, S. 265), *Urselmann* (1998, S. 55ff.)). Für den im weiteren Verlauf der Arbeit zu konkretisierenden Stadtmarketingerfolg erweisen sich der Zielansatz und der interessenpluralistische Ansatz als besonders relevant.[11]

Der Zielansatz geht davon aus, daß Unternehmen zweckgerichtete Organisationen sind, die explizit formulierte, eindeutige Zielsetzungen verfolgen. Der Erfolg wird dann als Erreichungsgrad dieser Ziele definiert (vgl. *Fessmann* (1980), *Grabatin* (1981, S. 23ff.), *Jenner* (1999, S. 239), *Schmalen/Wiedemann* (1999, S. 71)). Dieser Ansatz bietet den Vorteil der Berücksichtigung unternehmens- bzw. stadtmarketingindividueller Zielsetzungen und Arbeitsschwerpunkte im Rahmen der Erfolgsbeurteilung. Zu beachten gilt, daß bei der Erfolgsbeurteilung bereichsadäquate Ziele und somit auch adäquate Erfolgsgrößen gewählt werden, deren Aus-

[11] Einen Überblick dieser und weiterer Ansätze liefern u.a. *Fritz* (1995, S. 219f.), *Jenner* (1999, S. 238f.) und *Staehle* (1999, S. 444f.).

prägungen überwiegend infolge unternehmerischen bzw. städtischen Handelns variieren (vgl. *Steffenhagen* (1998, S. 330)).

Der Zielansatz weist jedoch Probleme auf, wenn sich die Zielsetzungen in einem dynamischen Umfeld im Zeitablauf verändern (vgl. *Welge* (1987, S. 605)). Zudem ist durch die Berücksichtigung unternehmensindividueller Ziele eine interorganisationale Vergleichbarkeit nicht in jedem Fall gegeben (vgl. *Hurth* (1998, S. 121f.)). Die Bewertung des Unternehmenserfolgs wird anhand der formulierten Zielsetzungen vorgenommen, wobei diese selbst nicht Gegenstand der Beurteilung sind. Demnach könnten bei falscher Zielsetzung Unternehmen als erfolgreich eingestuft werden, obwohl der Erfolg im Sinne der Zielerreichung nicht auf erfolgreiches unternehmerisches Handeln zurückzuführen ist (vgl. *Urselmann* (1998, S. 56)). Zudem gilt es zu beachten, daß die Ziele mit einem angemessenen Mitteleinsatz zu erreichen sind (vgl. *Dewarrat* (1984, S. 97)).

Ein Kritikpunkt an der klassischen ökonomischen Definition des Erfolgsbegriffs zielt auf die ausschließliche Ausrichtung auf die Interessen der Anteilseigner/Kapitalgeber ab (vgl. *Korpiun* (1998, S. 97)). Dies steht im Widerspruch zum interessenpluralistischen Ansatz (vgl. *Fritz* (1995, S. 219)). Erfolg läßt sich im Sinne des interessenpluralistischen Ansatzes definieren als die Zufriedenstellung der Interessen möglichst aller Mitglieder der externen und internen Bezugsgruppen des Unternehmens respektive der Stadt. Besondere Bedeutung kommt dem interessenpluralistischen Ansatz im Kontext der Nonprofit-Organisationen zu. Noch stärker als im erwerbswirtschaftlichen Bereich besteht hier die Notwendigkeit der Erweiterung des klassischen ökonomischen Erfolgsbegriffs um weitere Dimensionen. Rein ökonomische Größen, wie beispielsweise der Gewinn, der Umsatz oder der ROI, sind im Nonprofit-Bereich nicht aussagefähig. Erfolgsgrößen, die auch die Interessen anderer Bezugsgruppen der Nonprofit-Organisation repräsentieren, sind zumindest ergänzend in eine Erfolgsbeurteilung einzubeziehen.

Auch im erwerbswirtschaftlichen Kontext reicht eine alleinige Orientierung an ökonomischen Erfolgsgrößen nicht mehr aus. *Eisele* (1995, S. 85) beispielsweise betont die hohe Interessenpluralität in Joint-Ventures, die eine Erfolgsbewertung auf Basis des interessenpluralistischen Ansatzes erfordert, da eine ausschließlich monetäre Erfolgsbewertung dieser nicht adäquat Rechnung tragen kann. Der Zielansatz bietet aber gerade auch die Möglichkeit, eine Vielzahl von Zieldimensionen neben einer finanzwirtschaftlichen Betrachtung abzubilden und insbesondere auch interessenträgerbezogene Zielsetzungen einzubeziehen (vgl. *Lang* (1997, S. 148)). Eine solche Betrachtung erscheint für die vorliegende Untersuchung sinnvoll, um der Vielzahl beteiligter Interessengruppen im Rahmen des Stadtmarketings Rechnung zu tragen.

Ausgehend vom Ziel- und dem interessenpluralistischen Ansatz soll Erfolg für die vorliegende Arbeit definiert werden als die Erreichung der Ziele möglichst aller Mitglieder der Bezugsgruppen eines Unternehmens respektive einer Stadt. Für die Operationalisierung des so definierten Erfolgs sind im konkreten Anwendungsfall geeignete Erfolgsgrößen und entsprechende Indikatoren abzuleiten.

3.2 Erfolgsfaktorenforschung in traditionellen Anwendungsbereichen

3.2.1 Übersicht empirischer Studien zur Ermittlung von Erfolgsfaktoren

Im privatwirtschaftlichen Kontext liegen bereits eine Vielzahl empirischer Studien zur Erfolgsfaktorenforschung vor. Diese zeichnen sich hinsichtlich des gewählten Untersuchungsansatzes durch Heterogenität aus, so daß die Vergleichbarkeit der Studien respektive ihrer Ergebnisse eingeschränkt ist. Eine detaillierte Übersicht aller gesichteten Studien würde den Rahmen dieser Arbeit sprengen.[12] Die Durchführung einer Metaanalyse[13], wie sie beispielsweise von *Kube* (1991) für den Bereich Handel vorgenommen wird, erscheint im vorliegenden Kontext nicht sinnvoll, da für den Bereich Stadtmarketing kaum Studien vorliegen, die statistische Einzelergebnisse liefern, die im Rahmen einer Metaanalyse integriert werden

[12]Eine Zusammenstellung auf Basis einer eigenen Literaturrecherche sowie der Übersichten von *Fritz* (1990), *Diegruber* (1991), *Kube* (1991), *Jacobs* (1992), *Daschmann* (1994), *Göttgens* (1996), *Lang* (1997), *Seidel* (1997), *Hurth* (1998), *Urselmann* (1998) und *Bastian* (1999) ergab 214 Studien, die nach Ansicht der jeweiligen Autoren der Erfolgsfaktorenforschung zuzurechnen sind. Nicht berücksichtigt wird bei dieser Zusammenstellung der spezielle Bereich der Neuproduktererfolgsfaktorenforschung, da in diesem Zusammenhang nicht der Unternehmenserfolg, sondern der Erfolg einzelner Neuprodukte betrachtet wird (vgl. für eine Übersicht der relevanten Studien *Wiedemann* (1999, S. 20)).

[13]Eine Metaanalyse umfaßt „the statistical analysis of a large collection of analysis results from individual studies for the purpose of integrating the findings“ (*Wolf* (1986, S. 11)).

könnten (siehe Abschnitt 3.3). Die vorliegenden Studien zur Erfolgsfaktorenforschung aus ihren traditionellen Anwendungsbereichen, d.h. aus dem Industrie-, Handels- und Dienstleistungsbereich, weisen zwar teilweise eine Affinität zum Stadtmarketing hinsichtlich des Untersuchungsgegenstandes auf, die zugrundeliegenden Forschungsfragen unterscheiden sich jedoch deutlich von denen der eigenen Untersuchung der Erfolgsfaktoren des Stadtmarketings. Im Hinblick auf die eigene empirische Untersuchung werden daher methodische und inhaltliche Aspekte der Studien zur Erfolgsfaktorenforschung aus anderen Bereichen zusammengestellt und diskutiert, während auf eine statistische Integration der Befunde verzichtet wird.

Ein Großteil der empirischen Studien zur Erfolgsfaktorenforschung wurde Ende der 80er Jahre veröffentlicht. Abbildung 3.2 zeigt die Zeitpunkte der Veröffentlichung industriespezifischer bzw. branchenübergreifender Studien und handels- und dienstleistungsspezifischer Studien seit 1965.[14] Die überwiegende Zahl industriespezifischer bzw. branchenübergreifender Studien wurde Ende der 80er Jahre publiziert, während handels- und dienstleistungsspezifische Studien in den 90er Jahren dominieren (vgl. auch *Bornemeyer et al.* (1999, S. 214)). Für den Zeitraum seit Anfang der 80er Jahre wird die in der Literatur postulierte Entwicklung von industrie-/branchenübergreifenden Studien hin zu handels-/dienstleistungsspezifischen Studien deutlich erkennbar.

Im folgenden werden zum einen die bisherigen Vorgehensweisen unterschiedlicher empirischer Erfolgsfaktorenstudien aufgezeigt und im Hinblick auf die Gestaltung der eigenen Untersuchung ausgewertet. Es stehen in diesem Zusammenhang Studien im Vordergrund, die in methodischer Hinsicht zur Weiterentwicklung der Erfolgsfaktorenforschung beigetragen haben. Aus der Vielzahl von Studien zur Erfolgsfaktorenforschung werden zunächst diejenigen ausgewählt, die den folgenden Kriterien genügen (vgl. *Kube* (1991, S. 29)):

1. Untersuchung auf empirischer Basis,
2. simultane Analyse mehrerer Einflußgrößen des Erfolgs mittels geeigneter Analyseverfahren[15],

[14]Die Angaben erfolgen in Prozent der Gesamtzahl der Studien aus dem jeweiligen Bereich.

[15]*Fritz* (1995, S. 59ff.) geht davon aus, daß die empirische Erfolgsfaktorenforschung ausschließlich auf multivariaten Analyseverfahren basiert. Ähnlich bezieht auch *Kube* (1991) nur multivariate Erfolgsfaktorenstudien in seine Betrachtung ein.

3. Einbeziehung erfolgreicher und weniger erfolgreicher Unternehmen/Geschäftseinheiten (siehe Abschnitt 3.1.1) und

4. veröffentlichte Dokumentation und Diskussion in der einschlägigen Literatur.

Aus den diesen Kriterien genügenden Studien wurde eine Auswahl derart getroffen, daß die Vielfalt der verwendeten methodischen Ansätze erkennbar wird.

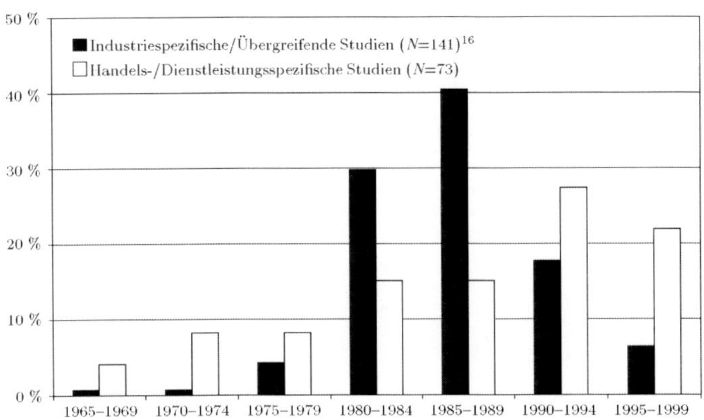

Abbildung 3.2: Branchenzuordnung von Studien der empirischen Erfolgsfaktorenforschung

Neben methodischen Überlegungen werden zum anderen die zentralen Erkenntnisse der Erfolgsfaktorenforschung in bezug auf die identifizierten Erfolgsfaktoren zusammengestellt. Es werden in diesem Sinne Studien im Vordergrund stehen, deren Untersuchungsgegenstand eine zu begründende Affinität zum Stadtmarketing bzw. zu städtischen Problemstellungen aufweist, um inhaltlich Parallelen

[16] N bezeichnet hier und im folgenden den zugrundeliegenden Stichprobenumfang. In die Betrachtung eingegangen sind 141 industriespezifische/übergreifende und 73 handels-/dienstleistungsspezifische Studien.

für die eigene Untersuchung aufzeigen zu können.[17] Tabelle 3.2 faßt die aus methodischer und inhaltlicher Sicht für die vorliegende Untersuchung als besonders relevant erachteten Studien zusammen.

Eine hohe Bedeutung kommt im vorliegenden Kontext Studien aus dem Einzelhandels- und Dienstleistungsbereich zu. Zum einen stellen Einzelhandels- und Dienstleistungsunternehmen wichtige Attraktivitätskomponenten einer Stadt dar, zum anderen wird der Standort als ein wichtiger Erfolgsfaktor dieser Unternehmen identifiziert (vgl. u.a. *Kube* (1991) für den Bereich Einzelhandel und *Korpiun* (1998) für den Bereich Dienstleistungen). Die Bedeutung der Studien aus dem Einzelhandels- und Dienstleistungsbereich im einzelnen sowie die wichtigsten Erfolgsfaktoren werden im folgenden zusammengefaßt. Abschließend werden die insbesondere methodisch relevanten Studien kurz vorgestellt. Eine detaillierte Auswertung der Studien erfolgt anschließend unter den Gesichtspunkten verwendete Erfolgsgröße und Auswertungsmethodik in den Abschnitten 3.2.2 und 3.2.3.

Inhaltlich von herausragender Bedeutung für die vorliegende Problemstellung sind die Studien von *Bühler* (1991) und *Bastian* (1999), die sich mit den Erfolgsfaktoren von Shoppingcentern auseinandersetzen. Trotz der deutlichen Unterschiede zwischen diesen Shoppingcentern und gewachsenen Einkaufszentren respektive Innenstädten (vgl. *Berekoven et al.* (1973), *Pal/Sanders* (1997, S. 71)) ist die Vielschichtigkeit des Untersuchungsgegenstandes, die sich aus der Agglomeration einer Vielzahl von Einzelhandels- und Dienstleistungsunternehmen ergibt (vgl. *Bastian* (1999, S. 12)), durchaus mit der Situation eines gewachsenen Einkaufszentrums vergleichbar. Hinsichtlich der Entscheidungsstrukturen zeichnet sich ein Shoppingcenter im Gegensatz zu einem gewachsenen Einkaufszentrum jedoch durch die Existenz eines einheitlichen Centermanagements aus.

---

[17]Neben den im folgenden diskutierten Studien existieren weitere bedeutende Erfolgsfaktorenstudien, die hier nicht berücksichtigt werden konnten. Zu nennen sind u.a. die Studien von *Jacobs* (1992) und *Göttgens* (1996), die in der Literatur als theoretisch fundiert bezeichnet werden (vgl. *Urselmann* (1998, S. 38)). *Jacobs* (1992) beschäftigt sich mit Erfolgsfaktoren der Diversifikation, *Göttgens* (1996) identifiziert Erfolgsfaktoren in stagnierenden und schrumpfenden Märkten. Aus inhaltlicher Sicht erscheinen die Studien für die vorliegende Problemstellung daher nicht relevant. Methodisch kommt in beiden Studien der LISREL (Linear Structural Relations)-Ansatz der Kausalanalyse zur Anwendung.

Referenz	Untersuchungsgegenstand	Erhebungsverfahren (Stichprobenumfang)	wichtige Auswertungsverfahren
Bastian (1999)	Einzelhandel (Einkaufszentren)	schriftliche Befragung (N=926 Einwohner)	Kausalanalyse (LISREL)
Bühler (1991)	Einzelhandel (Einkaufszentren)	mündliche Befragung (N=925 Passanten)	Faktorenanalyse
Fritz (1995)	Industrie (verarbeitendes Gewerbe)	schriftliche Befragung (N=144 Unternehmen)	Kausalanalyse (LISREL)
Hildebrandt, Trommsdorff (1989)	Einzelhandel (überwiegend Lebensmittel)	Haushaltspanel (N= 2105 Haushalte)	Kausalanalyse (LISREL)
Hise et al. (1983)	Einzelhandel	schriftliche Befragung (N=132 Filialen)	Regressionsanalyse
Hurth (1998)	Einzelhandel (Mittelstand)	schriftliche/mündliche Befragung (N=110 Unternehmen)	Clusteranalyse, Diskriminanzanalyse, Faktorenanalyse, Regressionsanalye, Varianzanalyse
Kalka (1996)	Einzelhandel (Non-Food)	schriftliche Befragung (N=155 Unternehmen)	Faktorenanalyse, Regressionsanalyse
Korpiun (1998)	Dienstleistungen (Friseurbetriebe)	schriftliche Befragung (N=241 Unternehmen; N=9.977 Kunden)	Clusteranalyse, Faktorenanalyse, Regressionsanalyse
Kube (1991)	Einzelhandel (filialisierte Vertriebssysteme)	schriftliche Befragung (N=77 Unternehmen)	Kausalanalyse (LISREL)
Lang (1997)	Dienstleistungen (private Krankenanstalten)	schriftliche Befragung (N=204 Unternehmen)	Kausalanalyse (LISREL)
Patt (1990)	Einzelhandel (Textilfachgeschäfte)	mündliche/schriftliche Befragung (N=55 Unternehmen)	Clusteranalyse, Faktorenanalyse, Regressionsanalyse
Reddy et al. (1998)	Dienstleistungen (Broadway-Shows)	Sekundärdaten (N=142 Shows)	ökonometrisches 2-Gleichungsmodell
Wiedemann (1999)[18]	Neuprodukte	schriftliche Befragung (N=40 Neuprodukte)	Neuronale Netze, Diskriminanzanalyse

Tabelle 3.2: Ausgewählte Studien zur Ermittlung von Erfolgsfaktoren

[18]Die Studie ist dem bisher nicht weiter betrachteten Bereich der Neuprodukterfolgsfaktorenforschung zuzurechnen. Sie wurde an dieser Stelle in die weitere Betrachtung aufgenommen, da sie sich durch eine innovative methodische Vorgehensweise auszeichnet, die nicht nur für die Neuprodukterfolgsfaktorenforschung relevant zu sein scheint (siehe Abschnitt 3.2.3).

Anzumerken ist, daß sowohl in der Studie von *Bühler* (1991) als auch in der Studie von *Bastian* (1999) nachfragespezifische Erfolgsfaktoren auf Basis einer Befragung von Einwohnern umliegender Städte bzw. Passanten in den Shoppingcentern ermittelt werden, während in der Erfolgsfaktorenforschung bislang anbieterspezifische Ansätze zur Identifikation von Erfolgsfaktoren auf Basis einer Befragung von Entscheidungsträgern in den Unternehmen dominieren (siehe auch Tabelle 3.2).

Die Studien aus dem Bereich des Shoppingcentermanagements scheinen Übertragungsmöglichkeiten der identifizierten Erfolgsfaktoren auf das Stadtmarketing zu bieten. *Bastian* (1999) identifiziert die drei Erfolgsfaktoren „Convenience" (u.a. mit den Indikatoren[19] streßfreie Anfahrt, kostenloses Parken und lange Öffnungszeiten), „Erlebnis" (u.a. mit den Indikatoren Sicherheit, Sauberkeit, kulturelles Angebot und bauliche Gestaltung) und „Versorgung" (u.a. mit den Indikatoren gastronomische Vielfalt, Wahlmöglichkeiten zwischen Geschäften mit ähnlichem Angebot und preisgünstige Lebensmittel). Diese drei Konstrukte beeinflussen die Gesamtattraktivität eines Shoppingcenters (als Moderatorvariable) und damit auch die Besuchshäufigkeiten. Einschränkend ist anzumerken, daß es sich hierbei um Erfolgsfaktoren auf Basis einer konsumentenorientierten Erfolgsgröße (Besuchshäufigkeit) handelt, während gewinn- oder wettbewerbsorientierte Größen unberücksichtigt bleiben (vgl. *Bastian* (1999, S. 143)). Im Hinblick auf die Relevanz für das Stadtmarketing handelt es sich bei den drei Faktoren um Themenfelder, die insbesondere im Rahmen eines City-Marketing häufig diskutiert werden und somit durchaus für die vorliegende Untersuchung relevant sein könnten. Zu beachten ist jedoch die Nachfrageorientierung dieser und auch der Studie von *Bühler* (1991), während die eigene empirische Untersuchung angebotsorientiert gestaltet wird (siehe auch Abschnitt 3.3.2).

Bühler (1991) betrachtet die vier Attraktivitätsfaktoren „Grundanforderungen" (u.a. mit den Indikatoren[20] Sauberkeit, vielfältiges Warenangebot, fachkundiges Personal und übersichtliche Anordnung der Anbieter), „Flair" (u.a. mit den Indi-

[19]Diese und die folgenden Indikatoren werden mittels fünfstufiger Ratingskalen ausgehend von der Selbsteinschätzung der Wichtigkeit der Aspekte durch die befragten Einwohner erhoben (vgl. *Bastian* (1999, S. 150f.)).

[20]Diese und die folgenden Indikatoren werden wiederum mittels fünfstufiger Ratingskalen ausgehend von der Selbsteinschätzung der Wichtigkeit der Aspekte durch die befragten Besucher erhoben (vgl. *Bühler* (1991, S. 340)).

katoren bauliche Gestaltung und kulturelles Angebot), „Parken" (mit den Indikatoren Parkmöglichkeiten und kostenlose Parkplätze) und „reines Einkaufen" (mit den Indikatoren preisgünstige Lebensmittelanbieter und Existenz großer Geschäfte), die deutliche Parallelen zu den Erkenntnissen von *Bastian* (1999) aufweisen. Im Hinblick auf die Erfolgsgrößen und die Vorgehensweise der Untersuchung erweist es sich jedoch als problematisch, daß *Bühler* (1991) die möglichen Erfolgsfaktoren nicht zu Erfolgsgrößen in Beziehung setzt, sondern die Erfolgsfaktoren über die Einschätzung durch die Probanden direkt ermittelt.

Für den Einzelhandelsbereich liegt inzwischen eine Vielzahl empirischer Studien zu Erfolgsfaktoren vor. Während im anglo-amerikanischen Raum das Interesse an Erfolgsfaktoren von Einzelhandelsunternehmen u.a. in der Studie von *Hise et al.* (1983) zu Erfolgsfaktoren von Filialgeschäften dokumentiert wird[21], stammt die erste deutschsprachige Untersuchung aus dem Jahr 1979 (vgl. *Bierbaum* (1979)). Die Vielzahl der bis heute publizierten Untersuchungen unterstreicht, daß das Forschungsinteresse in diesem Bereich seitdem deutlich zugenommen hat.

Die besondere Relevanz der Studien von *Hise et al.* (1983) und *Hildebrandt/Trommsdorff* (1989) wird an der großen Beachtung, die diese Studien in der Literatur erfahren haben, deutlich (vgl. u.a. *Fritz* (1990), *Kube* (1991), *Seidel* (1997), *Hurth* (1998), *Urselmann* (1998), *Bastian* (1999)). *Hildebrandt/Trommsdorff* (1989) betrachten erstmalig im deutschsprachigen Raum nachfragespezifische Erfolgsfaktoren (vgl. *Bastian* (1999, S. 46)). Die zugrundeliegenden Daten stammen aus einem repräsentativen Haushaltspanel mit Image- und Kaufverhaltensdaten (vgl. *Hildebrandt/Trommsdorff* (1989, S. 20)). Diese Untersuchung besitzt im Hinblick auf die Auswertung mittels Kausalanalyse hohe Relevanz, da dieses Verfahren auch in der empirischen Studie im Rahmen der vorliegenden Arbeit angewendet wird (siehe Abschnitt 3.2.3).

Die Studie von *Kube* (1991) zu Erfolgsfaktoren von Filialsystemen wird in der Literatur als ein „Meilenstein der deutschen Erfolgsfaktorenforschung" (*Bastian* (1999, S. 48)) bezeichnet, da sie auch zu einer methodischen Weiterentwicklung der Erfolgsfaktorenforschung beigetragen hat. Neben inhaltlich konkretisierten Erfolgsfaktoren liefert diese Studie eine standardisierte Vorgehensweise für eine

[21] Für eine Übersicht überwiegend älterer Studien aus dem anglo-amerikanischen Raum zu Erfolgsfaktoren im Einzelhandel vgl. *Bastian* (1999, S. 59f.).

multivariate Erfolgsfaktorenforschung in filialisierten Vertriebssystemen. Ähnlich kann auch die frühere Studie von *Patt* (1990) zu Erfolgsfaktoren textiler Bekleidungsfachgeschäfte als richtungsweisend für die Erfolgsfaktorenforschung im Handel bezeichnet werden (vgl. *Kube* (1991, S. 72)).

Die Studie von *Kalka* (1996) zu Erfolgsfaktoren des mittelständischen Facheinzelhandels ist inhaltlich insofern relevant, als daß sich die Studie auf Erfolgsfaktoren des Marketing und nicht auf Erfolgsfaktoren des allgemeinen unternehmerischen Handelns der untersuchten Einzelhandelsunternehmen konzentriert. Ausgehend von einer Darstellung der Elemente des Marketingprozesses im Einzelhandel werden Hypothesen zu potentiellen Erfolgsfaktoren zusammengestellt und auf Basis einer empirischen Untersuchung überprüft. In methodischer Hinsicht liefert diese Studie wichtige Ansatzpunkte zur Ableitung einer Erfolgsgröße auf Basis des Zielansatzes (siehe Abschnitt 3.2.2). *Hurth* (1998) untersucht Erfolgsfaktoren des mittelständischen Einzelhandels. Neben der gewählten Vorgehensweise und insbesondere der theoretischen Herleitung des verwendeten Basismodells sind auch hier die Ergebnisse auf ihre inhaltliche Relevanz für das Stadtmarketing zu prüfen. In Tabelle 3.3 werden die wichtigsten der in den genannten Studien identifizierten Erfolgsfaktoren im Handelsbereich zusammengefaßt.

Kube (1991, S. 166ff.) liefert neben den Erkenntnissen der eigenen Studie ein Basismodell der Erfolgsfaktoren im Handel ausgehend von der durchgeführten Metaanalyse. Dies kann somit als eine Zusammenfassung der Erfolgsfaktorenforschung im Handel zum Zeitpunkt der Erstellung der Studie von *Kube* (1991) betrachtet werden. Auf Basis der Metaanalyse werden das Marktpotential, die Wettbewerbsintensität und die Standortqualität als exogene und die Betriebsgröße, das Serviceniveau, das Sortiment, das Preisniveau und die Personalintensität als endogene Einflußfaktoren des (Handels-)Erfolgs ermittelt.

Insgesamt werden für die in Tabelle 3.3 zusammengestellten Erfolgsfaktoren, wie z.B. die Managementerfahrung, die Kunden- und Mitarbeiterorientierung, die strategische Ausrichtung oder die Werbeaktivitäten, Übertragungsmöglichkeiten auf das Stadtmarketing erkennbar. Diese Aspekte werden im einzelnen bei der Ableitung des Hypothesensystems in Abschnitt 4.1.3 aufgegriffen.

Referenz	identifizierte Erfolgsfaktoren
Hildebrandt/ Trommsdorff (1989)	– Ladengröße und Personaleinsatz als Leistungsfaktoren – Qualitätsimage, Ladenatmosphäre und Preisimage als Imagefaktoren (Moderatorvariablen)
Hise et al. (1983)	– Anzahl der Mitarbeiter – Lagerbestand – Anlagevermögen – Erfahrung des Managers in seiner jetzigen Position – Erfahrung des Managers mit dem jetzigen Arbeitgeber
Hurth (1998)	– hohe Kunden- und Mitarbeiterorientierung – hohe Ergebnis- und Leistungsorientierung – gute Erreichbarkeit – Standort in Agglomeration – hohe Sortimentsdynamik – intensive Weiterbildung – überdurchschnittliches Gehaltsniveau der Mitarbeiter – autoritärer Führungsstil – gute Wettbewerbsposition
Kalka (1996)[22]	– Zielgruppenstrategie – Kooperationsstrategie (Inanspruchnahme von Leistungen der Verbundgruppe) – Differenzierungsstrategie – Preisabschläge/Sonderaktionen – Zahlungserleichterungen – Nutzung regionaler Printmedien – Beteiligung an Gemeinschaftswerbung – kundenorientierte/informative Ladengestaltung – Standortqualität
Kube (1991)	– Standortqualität – Gebäudeattraktivität – Betriebsgröße – Zielgruppenstrategie – Persönlichkeit des Wirtes – Wettbewerbsintensität (Moderatorvariable) – Stammgästeanteil (Moderatorvariable)
Patt (1990)[23]	– Wettbewerbsstärke – Erlebnisorientierung – Nutzung von Informations- und Planungssystemen – Überschaubarkeit der Geschäftsstätte/des Unternehmens – Leistungs- und Öffentlichkeitsorientierung

Tabelle 3.3: Ausgewählte Erfolgsfaktoren im Handelsbereich

[22]Die angegebenen Erfolgsfaktoren ergeben sich bei Verwendung eines Erfolgsindex auf Basis des Zielansatzes als Erfolgsfaktoren. *Kalka* (1996, S. 250ff.) identifiziert zusätzlich Erfolgsfaktoren ausgehend von einer isolierten Betrachtung monetärer Ziele sowie einer Betrachtung von Imagezielen, auf die an dieser Stelle nicht näher eingegangen werden soll.

[23]Neben diesen „allgemeinen Erfolgsfaktoren" (vgl. *Patt* (1990, S. 199ff.)) werden „Wachstums- und Ertragsfaktoren" identifiziert (vgl. *Patt* (1990, S. 209ff.)).

Aus dem Dienstleistungsbereich liefern die Studien von *Lang* (1997) und *Korpiun* (1998) Ansatzpunkte für eine Erfolgsfaktorenforschung im Stadtmarketing. *Korpiun* (1998) untersucht sowohl anbieter- als auch nachfragespezifische Erfolgsfaktoren personendominanter Dienstleistungen. Als zentrale Erfolgsfaktoren werden für verschiedene Strategietypen unter Verwendung unterschiedlicher Erfolgsgrößen u.a. die fachliche Qualifikation, die Beratungs- und Sozialkompetenz, die Standort- und Einrichtungsattraktivität, das Unternehmensalter und eine zeitliche Preisdifferenzierung identifiziert. Wie auch im Handelsbereich erweist sich der Standort als ein Erfolgsfaktor.

Lang (1997) konzentriert sich auf anbieterspezifische Erfolgsfaktoren privater Krankenanstalten mit erwerbswirtschaftlichem Zielsystem. Resultierende Erfolgsfaktoren sind u.a. die mittels entsprechender Indikatoren gemessenen Konstrukte Patientenorientierung, unternehmerische Kompetenz, Qualität der Personalressourcen und Innovationsorientierung. Neben der Anwendung der Kausalanalyse zur Identifikation von Erfolgsfaktoren ist die Vorgehensweise bei der Bestimmung einer Erfolgsgröße auf Basis eines Scoring-Modells für die vorliegende Arbeit relevant (siehe Abschnitt 3.2.2).

Die Untersuchung von *Reddy et al.* (1998) umfaßt die Identifikation der Erfolgsfaktoren von Broadway-Shows oder allgemeiner von Theatern, die einen wesentlichen Bestandteil des kulturellen Angebotes einer Stadt darstellen, so daß auch diese Studie als inhaltlich hochgradig relevant eingestuft werden kann. Sie basiert im Gegensatz zu den anderen genannten Studien auf Sekundärdaten. Der Erfolg einer Show wird mittels der Besucherzahlen operationalisiert, da der als „bester" Indikator des Erfolgs bezeichnete Gewinn einer Show in der Regel nicht öffentlich verfügbar ist. Als Erfolgsfaktoren von Broadway-Shows im Hinblick auf die Spieldauer werden u.a. der Show-Typ, in dem Sinne, daß Musicals in der Regel länger laufen als andere Produktionen, und Kritiken in Zeitschriften identifiziert. Im Hinblick auf die Besucherzahlen weist die Spieldauer einen positiven Effekt auf. Zudem hat die Anzahl Broadway-Shows, in denen der/die Hauptdarsteller schon mitgewirkt haben, einen positiven Einfluß auf die Besucherzahlen, nicht aber auf die Spieldauer (vgl. *Reddy et al.* (1998, S. 378ff.)).

Die Studien von *Fritz* (1995) und *Wiedemann* (1999) sind hauptsächlich in methodischer Hinsicht für die vorliegende Arbeit von Bedeutung. *Fritz* (1995) untersucht die Wirkung einer marktorientierten Unternehmensführung auf den Unternehmenserfolg auf Basis einer empirischen Studie von Unternehmen des verarbeitenden Gewerbes. Von besonderer Relevanz für die Erfolgsfaktorenforschung im Stadtmarketing erweist sich die Vorgehensweise bei der Bestimmung zweier Erfolgsgrößen, die durchaus auch im Stadtmarketingkontext sinnvoll einsetzbar zu sein scheinen (siehe Abschnitt 3.2.2 und 5.2.1). Inhaltlich scheinen die ermittelten Erfolgsfaktoren aus der Untersuchung von *Fritz* (1995), als ein Beispiel für eine Studie aus dem Industriebereich, nur in geringem Maße für das Stadtmarketing von Bedeutung zu sein. So werden u.a. die Technologie- und die Produktionsorientierung als Erfolgsfaktoren ermittelt. Zum anderen erweisen sich jedoch die Markt- und die Mitarbeiterorientierung als relevant, die wiederum auch im Stadtmarketing von Bedeutung sein könnten. Weitere im Rahmen industriespezifischer Erfolgsfaktorenstudien identifizierte Erfolgsfaktoren sind z. B. der Preis, die Produktqualität, die Breite der Distribution und des Produktprogramms sowie die Qualität des Vertriebskanals (vgl. *Jenner* (1999, S. 98)), die insgesamt wenig Ansatzpunkte für eine Übertragung auf das Stadtmarketing bieten.

Die Studie von *Wiedemann* (1999) zur Neuprodukterfolgsfaktorenforschung stellt einen wichtigen Beitrag zur methodischen Weiterentwicklung der Erfolgsfaktorenforschung dar. Die Diskriminanzanalyse als das bisher am häufigsten in der Neuprodukterfolgsfaktorenforschung verwendete Analyseverfahren und neuronale Netze werden im Hinblick auf ihre Eigenschaften bei der Prognose und der Identifikation von Neuprodukterfolgsfaktoren gegenübergestellt.

3.2.2 Erfolgsgrößen in der empirischen Erfolgsfaktorenforschung

Ausgehend von der in Abschnitt 3.1.2 vorgenommenen Abgrenzung des Erfolgsbegriffs werden im folgenden mögliche Ansätze zur Operationalisierung des Erfolgs zusammengestellt. Abbildung 3.3 zeigt eine Übersicht über die in der empirischen Erfolgsfaktorenforschung verwendeten Operationalisierungsansätze sowie Studien, in denen der jeweilige Ansatz zur Anwendung kommt.

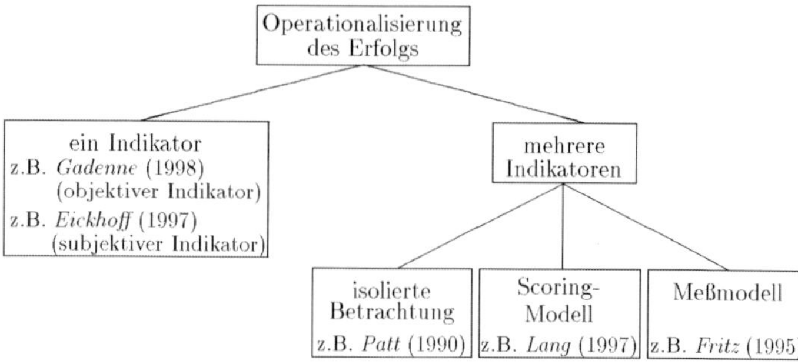

Abbildung 3.3: Ansätze zur Operationalisierung des Erfolgs in Studien zur Erfolgsfaktorenforschung

In den traditionellen Anwendungsbereichen der Erfolgsfaktorenforschung werden vielfach objektive, insbesondere ökonomische Kennzahlen zur Operationalisierung des Erfolgs herangezogen. Der ROI hat in diesem Kontext, auch aufgrund des PIMS-Projektes, hohe Bedeutung erlangt (vgl. u.a. *Buzzell/Gale* (1987), *Hildebrandt* (1992), *Gadenne* (1998)). *Kube* (1991, S. 44f.) systematisiert mögliche Erfolgsgrößen im Rahmen einer Metaanalyse von Studien zur Erfolgsfaktorenforschung im Einzelhandel in die Kategorien umsatzorientierte Erfolgsgrößen (u.a. Geschäftsvolumen, Umsatzwachstum), marktleistungsorientierte Erfolgsgrößen (Marktanteil) und ertragsorientierte Erfolgsgrößen (u.a. ROI, Deckungsbeitrag, Gewinn).

Diese Systematisierung wird von *Kalka* (1996, S. 138f.) im Sinne einer Ausweitung des klassischen ökonomischen Erfolgsbegriffs um kundenorientierte Erfolgsgrößen (Verhalten der Kunden im Geschäft, Bekanntheit, Einkaufsstättenbesuch) und subjektive Erfolgsgrößen (subjektive Erfolgsbewertung durch Entscheidungsträger) auf Basis der Auswertung von Studien zur Erfolgsfaktorenforschung im Einzelhandel ergänzt. Die letztgenannte Form der Operationalisierung des Unternehmenserfolgs kommt insbesondere in jüngeren Studien zur Erfolgsfaktorenforschung zum Einsatz (vgl. u.a. *Patt* (1990), *Wölk* (1991), *Gaskill* (1993), *Eickhoff* (1997)). Die Verwendung der subjektiven Einschätzung als alleinige Erfolgsgröße scheint zunächst zweifelhaft.[24] In der Literatur sind jedoch positive Er-

[24]Auf die Problematik der Selbsteinschätzung wird im Rahmen der Ableitung von Erfolgsgrößen für das Stadtmarketing (siehe Abschnitt 4.1.2) noch näher eingegangen.

fahrungen mit dieser Erfolgsgröße dokumentiert, wobei die Nutzung einer subjektiven Erfolgseinschätzung in diesem Kontext nur bei Abwesenheit objektiver Erfolgsgrößen empfohlen wird (vgl. *Dess/Robinson* (1984, S. 270f.), *Venkatraman/Ramanujam* (1986, S. 806)).

Während die Verwendung ausschließlich eines einzelnen objektiven Indikators oder der subjektiven Einschätzung eher selten zu beobachten ist, werden in den meisten Fällen mehrere Erfolgsindikatoren berücksichtigt (vgl. *Patt* (1990, S. 39f.), *Kube* (1991, S. 44f.)). In diesem Kontext können drei Ansätze unterschieden werden. Zunächst besteht die Möglichkeit, mehrere Erfolgsindikatoren isoliert zu betrachten. So identifiziert z.B. *Patt* (1990, S. 199ff.) allgemeine Erfolgsfaktoren (ausgehend von der subjektiven Erfolgseinschätzung durch die Befragten), Wachstumsfaktoren (ausgehend von dem Umsatzwachstum in einem Zeitraum von drei Jahren) und Ertragsfaktoren (ausgehend von der Gewinnentwicklung in einem Zeitraum von drei Jahren).

In neueren Studien erfolgt die Operationalisierung des Erfolgs zunehmend auf Basis von Scoring-Modellen (vgl. u.a. *Fritz* (1995), *Kalka* (1996), *Schäfer* (1996), *Lang* (1997)).[25] Verschiedene Indikatoren zur Messung des Erfolgs werden herangezogen, gewichtet und anhand von Verknüpfungsregeln zu einem Erfolgsindex zusammengefaßt. So verwenden *Haedrich et al.* (1990, S. 212f.) und *Fritz* (1995, S. 224ff.) die Summe der gewichteten Zielerreichungsgrade als Erfolgsindex im Sinne des vorgestellten Zielansatzes:

$$s_i^{add} = \sum_{j=1}^{J} \beta_{ij} x_{ij} \qquad \forall i \tag{3.1}$$

mit	s_i^{add}	additiver Index des Erfolgs für Unternehmen i
	β_{ij}	Gewicht des Zieles j für Unternehmen i
	x_{ij}	Erreichungsgrad des Zieles j bei Unternehmen i
	J	Anzahl der Ziele

[25] Für eine allgemeine Darstellung von Scoring-Modellen vgl. *Dreyer* (1974) und *Weber et al.* (1995) sowie *Bamberg/Coenenberg* (2000, S. 56ff.) für eine allgemeine Darstellung der Entscheidungsregeln bei multikriteriellen Entscheidungsproblemen. Die Ansätze weisen große Parallelen zu den multiattributiven Einstellungsmeßmodellen und den in diesem Kontext verwendeten Verknüpfungsregeln auf (vgl. *Freter* (1979)).

Der Erfolg wird über die Erreichungsgrade und Gewichte einer Vielzahl von Zielen gemessen. Dieser Ansatz wird somit der in Abschnitt 3.1.2 für die vorliegende Untersuchung abgeleiteten Definition des Erfolgs gerecht.

Eine Erweiterung der Verknüpfungsregel nimmt *Eisele* (1995, S. 92) vor. Anders als in dem Ansatz von *Haedrich et al.* (1990) und *Fritz* (1995) wird zusätzlich durch die Anzahl J der Ziele mit $\beta_{ij} \neq 0$ dividiert und somit das gewichtete arithmetische Mittel der Zielerreichungsgrade betrachtet. Die Notwendigkeit dieser Vorgehensweise ist jedoch offensichtlich abhängig von der zur Messung der Zielbedeutung herangezogenen Skala bzw. einer ggf. vorzunehmenden Normierung der Werte. Werden für die Gewichte normierte Werte, wie z.B. bei einer Konstantsummenskala[26], verwendet, so ergibt sich das arithmetische Mittel ohne Division durch die Anzahl der Ziele. Eine zusätzliche Division durch die Anzahl der Ziele mit positivem Gewicht würde hingegen dazu führen, daß Unternehmen, die wenige Ziele verfolgen, besser beurteilt würden. Werden die Gewichte hingegen wie bei *Eisele* (1995) für jedes Ziel mittels einer Ratingskala ermittelt und nicht normiert, erscheint eine Division durch die Anzahl der Ziele mit positivem Gewicht sinnvoll.[27]

Der Bildung dieses additiven Index des Erfolgs liegen verschiedene Annahmen zugrunde, die u.a. auch im Kontext der Bildung multiattributiver Einstellungsmodelle im Rahmen der Einstellungsforschung diskutiert werden (vgl. *Freter* (1979), *Fritz* (1995, S. 225f.)). Die multiplikative Verknüpfung von Zielgewicht und Zielerreichungsgrad basiert auf der Annahme der Unabhängigkeit dieser beiden Größen (Multiplikativitätsprämisse). Die Additivitätsprämisse geht davon aus, daß auch die Beurteilungen der einzelnen Ziele voneinander unabhängig sind. Eine vollständige Erfüllung dieser Prämissen ist nach *Fritz* (1995, S. 226) in der Forschungspraxis eher nicht zu erwarten. So wird im Widerspruch zur Multiplikativitätsprämisse ein als sehr wichtig eingestuftes Ziel ggf. auch mit höherer Intensität verfolgt und damit eher erreicht als ein weniger wichtiges Ziel. Ähnlich bestehen vielfach Interdependenzen zwischen den Zielen, so daß eine unabhängige Beurteilung entgegen der Additivitätsprämisse häufig nicht gegeben

[26] Dies ist in der eigenen empirischen Untersuchung der Fall. Für eine Motivation der Verwendung der Konstantsummenskala in diesem Kontext siehe Abschnitt 4.1.2.

[27] Für eine ausführlichere Darstellung der Berechnung des arithmetischen Mittels bei Verwendung nicht-normierter und normierter Gewichte vgl. u.a. *Rinne* (1997, S. 45f.)).

ist. Dies führt dazu, daß der Erreichungsgrad eines Zieles nicht unabhängig von dem Erreichungsgrad eines anderen Zieles beurteilt werden kann. Diese Abhängigkeiten sollten durch eine entsprechende Gestaltung des Zielkatalogs im Vorfeld der Untersuchung so weit wie möglich aufgelöst werden (vgl. *Weber et al.* (1995, S. 1623)). Trotz der in empirischen Studien häufig auftretenden Verletzung dieser beiden Prämissen wird ein entsprechend konstruierter Erfolgsindex als einfaches und nützliches Hilfsmittel zur Erfassung des Erfolgs betrachtet, das ausgehend vom momentanen Kenntnisstand in der betriebswirtschaftlichen Forschung zu zufriedenstellenden Ergebnissen führt (vgl. *Fritz* (1995, S. 226f.), *Jenner* (1999, S. 243)).

Aufgrund der Summation der gewichteten Zielerreichungsgrade ergibt sich ein linearer Zusammenhang (Linearitätsprämisse), d.h. die Veränderung eines Zielerreichungsgrades führt zu einer proportionalen Veränderung des Erfolgsindex. Die Annahme der Kompensation bedeutet zudem, daß ein hoher Erreichungsgrad eines Zieles schlechte Beurteilungen bei einem anderen Ziel ausgleichen kann (vgl. auch zu diesen Prämissen *Freter* (1979, S. 166ff.), *Fritz* (1995, S. 225f.)). Die Möglichkeit der Kompensation kann im einzelnen Anwendungsfall kritisch betrachtet werden. So besteht die Möglichkeit, das Nicht-Erreichen eines Zieles durch das Erreichen eines anderen Zieles in gewisser Weise auszugleichen bzw. zu kompensieren. Die Verwendung eines multiplikativen Erfolgsindex (s_i^{mult}) schließt die Kompensation für alle betrachteten Ziele aus.

$$s_i^{mult} = \prod_{j=1}^{J} x_{ij}^{\beta_{ij}} \qquad \forall i \tag{3.2}$$

Um in diesem Fall eine Auswirkung der unterschiedlichen Gewichtungen zu erreichen, wird eine exponentielle Gewichtung der Zielerreichungsgrade vorgenommen (vgl. *Brockhoff* (1999, S. 184)).[28] Diese Verknüpfungsregel bietet nicht mehr die Möglichkeit der Kompensation. Erhält ein Ziel einen Erreichungsgrad von Null, so nimmt der multiplikative Index insgesamt auch den Wert Null an, d.h. das schlechte Abschneiden bei einem Ziel kann durch ein gutes Abschneiden bei einem anderen Ziel nicht kompensiert werden. Inwieweit es sinnvoll ist, das Nicht-

[28] Auch in diesem Fall sollten normierte Gewichte verwendet werden, andernfalls müßte die entsprechende Wurzel des Terms gezogen werden, um der Anzahl verfolgter Ziele Rechnung zu tragen.

Erreichen eines Zieles mit Null zu kodieren, sollte im konkreten Anwendungsfall entschieden werden (siehe Abschnitt 5.2.1).
Zudem besteht die Möglichkeit, kompensatorische und nicht-kompensatorische Elemente durch die multiplikative Verknüpfung zweier Gruppen von additiv kombinierten gewichteten Zielerreichungsgraden zu dem folgenden additiv-multiplikativen Erfolgsindex ($s_i^{addmult}$) zu verbinden (vgl. *Lang* (1997, S. 171)).

$$s_i^{addmult} = \left(\sum_{j=1}^{k} \beta_{ij} x_{ij}\right)\left(\sum_{j=k+1}^{J} \beta_{ij} x_{ij}\right) \quad \forall i \tag{3.3}$$

Für $k = 1$ gibt es genau eine Zielsetzung, deren Bedeutung und Erreichungsgrad ungleich Null sein müssen, damit der Index einen Wert ungleich Null annehmen kann. Dementsprechend gibt es genau ein Ziel, das zumindest ansatzweise erreicht sein muß, um einen Erfolgsindex größer Null zu erreichen (sog. „Overriding-Variable"; vgl. *Martino* (1993, S. 150)). Dieser Ansatz findet im Kontext der Bewertung des Erfolgs privater Krankenanstalten Anwendung. *Lang* (1997, S. 174) verwendet die Auslastung sowie die Veränderung der Auslastung der Einrichtung als Overriding-Variablen. Dies impliziert, daß entweder die Auslastung oder die Veränderung der Auslastung einen positiven Wert aufweisen müssen, damit der Erfolgsindex einen Wert ungleich Null annehmen kann. Die übrigen ausgewählten Zielsetzungen bzw. deren Erreichungsgrade werden in der zweiten Gruppe zusammengefaßt und können sich gegenseitig kompensieren. Dieser Ansatz scheint jedoch nur dann sinnvoll einsetzbar, wenn es bestimmte Zielsetzungen gibt, deren Erreichung als Grundvoraussetzung für den Erfolg betrachtet werden kann. Falls z.B. bei einer Krankenanstalt eine Auslastung von Null realisiert wird, sollte unabhängig von der Erreichung anderer formulierter Zielsetzungen (wie z.B. die Zufriedenheit der Mitarbeiter) nicht von Erfolg gesprochen werden. Existieren hingegen mehrere, gleichberechtigte Zielsetzungen, so scheint die Verwendung von Overriding-Variablen nicht sinnvoll.
Für die Fragestellung der Beurteilung des Erfolgs im Stadtmarketing gilt es, im Rahmen der Konzeption der empirischen Untersuchung zu prüfen, ob es eine Zielsetzung gibt, die im Sinne einer Overriding-Variable zu definieren ist. Grundsätzlich erscheint es sinnvoll, die Aussagekraft verschiedener Indexwerte, basierend auf den unterschiedlichen Verknüpfungsregeln, im jeweiligen Kontext zu untersuchen.

Als Alternative zur Verwendung eines Indexwertes schlägt *Fritz* (1995, S. 230) die Entwicklung eines Meßmodells des Unternehmenserfolgs ausgehend vom Ansatz der Kausal-/Strukturgleichungsanalyse vor. Der Unternehmenserfolg wird als latente Variable, die Zielerreichungsgrade werden als Indikatorvariable verstanden. Es ergibt sich das folgende Meßmodell des Unternehmenserfolgs.

$$\begin{pmatrix} y_1 \\ \vdots \\ y_n \end{pmatrix} = \begin{pmatrix} \lambda_1 \\ \vdots \\ \lambda_n \end{pmatrix} \eta + \begin{pmatrix} \epsilon_1 \\ \vdots \\ \epsilon_n \end{pmatrix} \tag{3.4}$$

mit
y_j Erreichungsgrad des Zieles j
λ_j Ladung des Erreichungsgrades des Zieles j auf den Unternehmenserfolg
η Unternehmenserfolg
ϵ_j Residualvariable für den Erreichungsgrad des Zieles j

Im Vergleich zu dem vorangegangenen Ansatz der Indexbildung liegt diesem Meßmodell eine grundsätzlich andere Perspektive zugrunde. Während bei der Indexbildung die Indikatoren mathematisch zu einem Gesamterfolgswert verknüpft werden, d.h. das Konstrukt Erfolg wird als Funktion der Indikatoren gebildet („formative Indikatoren“; vgl. *Homburg/Giering* (1998, S. 115f.)), liegt diesem Meßmodell der Gedanke zugrunde, daß der Erfolg als latente Variable für die Ausprägungen der Indikatoren, d.h. die Erreichungsgrade der Ziele, ursächlich ist. Die Indikatoren werden hier als fehlerbehaftete Messungen des Konstruktes Erfolg betrachtet („reflektive Indikatoren“; vgl. *Homburg/Giering* (1998, S. 115f.)). Im Meßmodell werden nur die Zielerreichungsgrade berücksichtigt, während die Zielgewichtungen vernachlässigt werden. Diese Vorgehensweise bei der Messung des Unternehmenserfolgs bietet sich insbesondere dann an, wenn auch in der weitergehenden Analyse der Einflußfaktoren des Unternehmenserfolgs die Kausalanalyse respektive die Strukturgleichungsanalyse als Verfahren dominiert, wie dies u.a. bei *Fritz* (1995) der Fall ist. *Eisele* (1995, S. 110) schränkt jedoch ein, daß die simultane Berücksichtigung einer Vielzahl von Indikatoren des Erfolgs an dieser Stelle zu einem sehr umfangreichen Kausalmodell für die Analyse der Einflußgrößen des Erfolgs führt.[29]

[29] Auch *Fritz* (1995, S. 231) weist darauf hin, daß die Berücksichtigung aller als relevant erachteten Indikatoren des Unternehmenserfolgs die Anzahl der in die weitere Kausalanalyse einbeziehbaren Variablen aufgrund von Kapazitätsrestriktionen stark einschränkt. Dieses Problem wird von *Fritz* (1995, S. 230) umgangen, indem er im Rahmen des Meßmodells nur die vier wichtigsten der ursprünglich 24 Zielsetzungen berücksichtigt.

3.2.3 Vorgehensweise und Auswertungsmethoden in der empirischen Erfolgsfaktorenforschung

Die in den Studien zur empirischen Erfolgsfaktorenforschung verwendeten Methoden zur Identifikation von Erfolgsfaktoren variieren sehr stark. Abbildung 3.4 zeigt die Häufigkeit der Anwendung verschiedener Auswertungsmethoden in den im Rahmen der vorliegenden Arbeit zusammengestellten empirischen Studien zur Erfolgsfaktorenforschung (siehe Abschnitt 3.2.1). Die Anzahl der Nennungen der verwendeten Methoden übersteigt die Anzahl betrachteter Studien[30] deutlich, da in vielen Fällen mehr als eine Methode pro Studie verwendet wird.

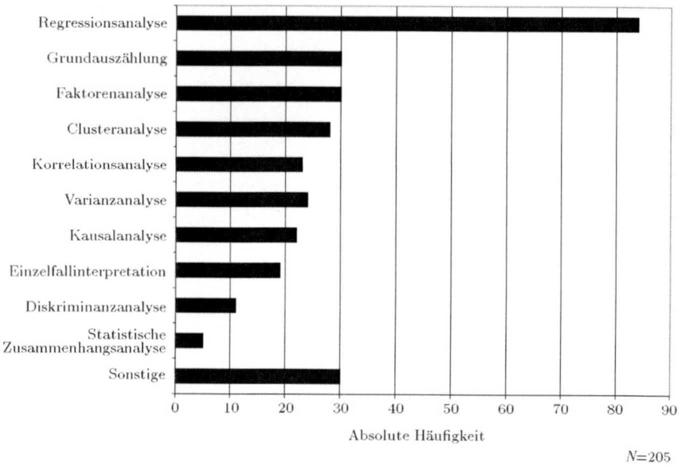

Abbildung 3.4: Anwendungshäufigkeit verschiedener Auswertungsmethoden in der empirischen Erfolgsfaktorenforschung

Die dominierende Auswertungsmethode stellt die Regressionsanalyse dar, wobei die zunehmende Kritik an diesem Verfahren zur Ermittlung von Erfolgsfaktoren

[30] Bei 9 der 214 in die Analyse einbezogenen Studien konnte die verwendete Auswertungsmethode aus den vorliegenden Quellen nicht eindeutig ermittelt werden. Diese Studien werden daher hier nicht weiter betrachtet.

mit der Diskussion kausalanalytischer Ansätze als tragfähige Alternative einhergeht (vgl. *Grunert/Ellegaard* (1993, S. 252)).
Neben Grundauszählungen[31] wird die besondere Bedeutung multivariater Analyseverfahren in der Erfolgsfaktorenforschung deutlich. Auch der Kategorie „Statistische Zusammenhangsanalyse" (vgl. auch *Daschmann* (1994, S. 202ff.)) liegen multivariate Analyseverfahren zugrunde, eine Konkretisierung war jedoch ausgehend von den vorliegenden Quellen nicht möglich. Die Kategorie „Sonstige" umfaßt u.a. Inhaltsanalysen (vgl. *Krüger* (1988)) und eine Anwendung des Analytic Hierarchy Process (AHP)[32] (vgl. *Preiß* (1992)).
Im folgenden werden uni- und bivariate Analyseverfahren nicht weiter betrachtet, da „die eigentliche empirische Erfolgsfaktorenforschung [...] auf multivariaten Auswertungen [beruht], die tatsächlich mehr als zwei Variablen gleichzeitig analysieren" (*Wiedemann* (1999, S. 18)). Abbildung 3.5 zeigt die Entwicklung des Einsatzes der am häufigsten genutzten multivariaten Analyseverfahren im Zeitablauf. Angegeben ist die Anzahl der Nennungen von Verfahren (N), wobei auch hier die Anzahl der genannten Verfahren die Anzahl der Studien, abgesehen von dem Zeitraum 1965–1969, übersteigt.
Die Dominanz der Regressionsanalyse nimmt im Zeitablauf ab, während die Bedeutung der Kausalanalyse zunimmt. Die aktuelleren Studien zur Erfolgsfaktorenforschung zeichnen sich zunehmend durch die Verwendung unterschiedlicher Verfahren aus, während in früheren Studien fast ausschließlich die Regressionsanalyse angewendet wurde.[33]

[31]Grundauszählungen werden in der Abbildung nur dann als Auswertungsmethode angegeben, wenn kein weitergehendes Analyseverfahren verwendet worden ist.

[32]Der AHP kann allgemein als Verfahren zur Entscheidungsunterstützung beschrieben werden. Das Entscheidungsproblem wird in einer Hierarchie abgebildet. Die Zielsetzung des Verfahrens ist die Bestimmung von Bedeutungsgewichten der Elemente der untersten Hierarchieebene (z.B. potentielle Erfolgsfaktoren) in bezug auf das oberste Hierarchieziel (z.B. der Unternehmenserfolg). Die notwendigen Daten werden in Form von Paarvergleichen, z.B. im Rahmen von Expertenbefragungen, erhoben (vgl. *Saaty* (1990), *Tscheulin* (2000)). Die Einsatzmöglichkeiten des AHP in der eigenen empirischen Studie scheinen, u.a. aufgrund der fehlenden Möglichkeit der Hypothesenprüfung, eher gering.

[33]Zu beachten ist bei der Interpretation die geringe Anzahl älterer Studien, die multivariate Verfahren nutzen.

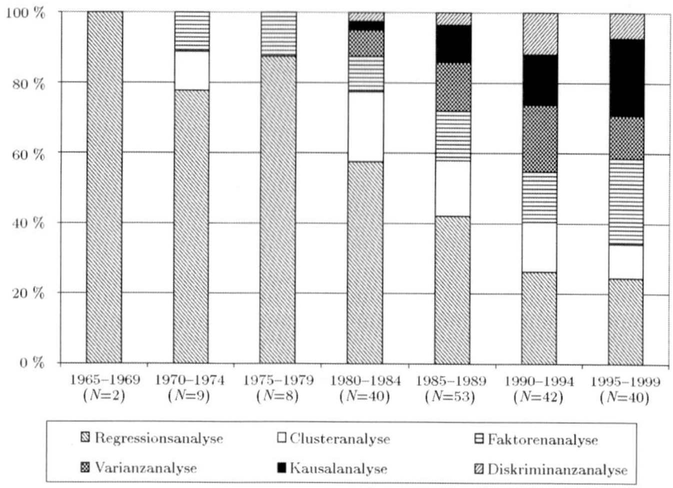

Abbildung 3.5: Prozentualer Anteil des Einsatzes verschiedener multivariater Analyseverfahren in der Erfolgsfaktorenforschung im Zeitablauf

Ausgehend von den in Tabelle 3.2 zusammengestellten Studien werden im folgenden die dort verwendeten multivariaten Analyseverfahren im Hinblick auf ihre Einsatzmöglichkeiten im Kontext der Erfolgsfaktorenforschung untersucht und bezüglich ihrer Eignung für die eigene Studie bewertet.[34] Auf eine Darstellung der allgemeinen Grundlagen der Verfahren wird hingegen weitgehend verzichtet.[35] Multivariate Datenanalyseverfahren lassen sich in Verfahren der Dependenz- und der Interdependenzanalyse unterscheiden (vgl. *Sheth* (1971, S. 14f.), *Homburg* (1989, S. 8ff.), *Hair et al.* (1998, S. 18ff.), *Homburg et al.* (2000, S. 113)). Für die Problemstellung der Erfolgsfaktorenforschung, d.h. für die Aufdeckung von Einflußgrößen des Erfolgs, erscheinen Verfahren der Interdependenzanalyse wenig

[34]Da die Methoden vielfach in Kombination angewendet werden, ist eine konsequent sequentielle Vorstellung der Methoden nicht möglich.

[35]Für eine Darstellung der Verfahren und der zugrundeliegenden Annahmen vgl. u.a. *Fahrmeir et al.* (Hrsg.)(1996), *Hair et al.* (1998), *Herrmann/Homburg* (Hrsg.)(2000).

geeignet, da hier nicht zwischen abhängigen (Erfolgsgrößen) und unabhängigen (Erfolgsfaktoren) Variablen unterschieden wird. Dennoch werden die Faktoren- und die Clusteranalyse als Verfahren der Interdependenzanalyse in der Erfolgsfaktorenforschung eingesetzt.

Die Faktorenanalyse wird im Rahmen der Erfolgsfaktorenforschung vornehmlich in Verbindung mit anderen Verfahren genutzt. Ausgangspunkt der Faktorenanalyse ist die Überlegung, daß sich die gegebenen Variablen auf eine geringere Zahl dahinter stehender, latenter Dimensionen oder Faktoren zurückführen lassen (vgl. *Überla* 1971), *Hüttner/Schwarting* (2000)).[36] In der empirischen Erfolgsfaktorenforschung wird die Faktorenanalyse nur in der Studie von *Bühler* (1991) als alleiniges Analyseverfahren (neben der Grundauszählung) herangezogen, in allen anderen Fällen kommt die Faktorenanalyse in Kombination mit anderen Methoden zum Einsatz. *Bühler* (1991) nutzt die Faktorenanalyse, um zum einen Kriterien zur Beurteilung von Einkaufszentren gemäß der wahrgenommenen Wichtigkeit zu Attraktivitätsfaktoren zu verdichten. Zum anderen werden potentielle Waren- und Dienstleistungsangebote gemäß der wahrgenommenen Wichtigkeit zu Kategorien zusammengefaßt. Die identifizierten Attraktivitätsfaktoren und die ermittelten Angebotskategorien werden jedoch nicht zu Erfolgsgrößen in Bezug gesetzt. *Kalka* (1996, S. 217) hingegen schaltet einer (schrittweisen) Regressionsanalyse eine Faktorenanalyse vor, um ggf. vorhandener Multikollinearität zwischen den ursprünglichen Variablen (vgl. *Frohn* (1995, S. 54ff.)) durch die Verwendung unabhängiger Faktoren entgegenzuwirken. Die extrahierten Faktoren dienen dann als unabhängige Variablen in der Regressionsanalyse, die als Verfahren der Dependenzanalyse zur Bestimmung von Erfolgsfaktoren eingesetzt wird. Ähnlich betrachtet *Hurth* (1998, S. 163) die Verknüpfung der Faktorenanalyse (zur Ableitung der als theoretische Konstrukte zu interpretierenden möglichen Erfolgsfaktoren) mit der Regressionsanalyse als geeignete Vorgehensweise (vgl. auch *Patt* (1990), *Korpiun* (1998)).

Auch die Clusteranalyse erscheint als alleiniges Verfahren zur Identifikation von Erfolgsfaktoren aufgrund der Betrachtung ungerichteter Zusammenhänge wenig

[36]Die Ausführungen beschränken sich zunächst auf die exploratorische Faktorenanalyse, während die konfirmatorische Faktorenanalyse als ein Spezialfall der Kausalanalyse behandelt wird.

geeignet. Daher wird auch dieses Verfahren in den meisten Fällen in Verbindung mit anderen Auswertungsmethoden angewendet. Die Zielsetzung der Clusteranalyse umfaßt die Aufteilung einer Menge von Objekten (z.B. Unternehmen oder Städte) anhand bestimmter Merkmale in Gruppen respektive Cluster, so daß sich die Objekte innerhalb der Gruppen möglichst ähnlich und die Cluster untereinander möglichst unterschiedlich sind (vgl. *Opitz* (1980), *Büschken/Thaden* (2000)). *Hurth* (1998) nutzt die Clusteranalyse zur Identifikation strategischer Gruppen im mittelständischen Einzelhandel. Mittels einer Varianzanalyse wird anschließend untersucht, ob sich die Gruppen hinsichtlich des Erfolgs unterscheiden. Die Bedeutung der zur Gruppentrennung beitragenden Dimensionen wird mittels einer Diskriminanzanalyse ermittelt. Ähnlich leitet *Korpiun* (1998) Strategietypen im Friseurhandwerk ab und vergleicht diese hinsichtlich des Erfolgs. Im Anschluß werden für jedes Cluster getrennt mittels Regressionsanalyse die Erfolgsfaktoren identifiziert. *Korpiun* (1998, S. 207) bezeichnet in diesem Zusammenhang die regressionsanalytische Betrachtung als das zentrale Element der Erfolgsfaktorenanalyse.

Die Zielsetzung der multiplen Regressionsanalyse als dem klassischen Verfahren der Erfolgsfaktorenforschung stellt die Analyse der Beziehung zwischen einer metrisch skalierten Erfolgsgröße und mehreren metrisch skalierten potentiellen Erfolgsfaktoren dar (Explikation). Mittels Regressionsanalyse können zudem Vorhersagen der Werte der abhängigen Variable vorgenommen werden (Prognose)(vgl. *Frohn* (1995), *Pindyck/Rubinfeld* (1998), *Skiera/Albers* (2000)). Die (standardisierten) Regressionskoeffizienten geben Auskunft über die Stärke und die Richtung des Einflusses der (potentiellen) Erfolgsfaktoren auf den Erfolg. Die Eignung der Regressionsanalyse als das lange Zeit dominierende Verfahren in der Erfolgsfaktorenforschung wird jedoch kritisch betrachtet (vgl. *Homburg* (1989, S. 19ff.), *Kube* (1991, S. 60ff.)). Im Widerspruch zur Interpretation eines Erfolgsfaktors als ein komplexes Konstrukt werden in der Regressionsanalyse zunächst manifeste Größen als unabhängige Variablen verwendet. Einen Ausweg bietet auch hier ggf. die Vorschaltung einer Faktorenanalyse. Ein weiterer Kritikpunkt an der Regressionsanalyse bezieht sich auf die fehlende Möglichkeit der Berücksichtigung indirekter Einflüsse über sog. „Drittvariablen“, wie sie beispielsweise die Kausalanalyse ermöglicht (vgl. *Hildebrandt/Trommsdorff* (1989,

S. 17), *Homburg* (1989, S. 21f.)). Es kann nur der direkte Einfluß eines Faktors auf die Erfolgsgröße betrachtet werden, nicht aber der indirekte Einfluß über einen weiteren Faktor („Drittvariable") auf den Erfolg. Moderatorvariablen als mögliche Erfolgsfaktoren können daher nicht angemessen berücksichtigt werden (siehe Abbildung 3.1). Die in der Erfolgsfaktorenforschung zumeist verwendete lineare multiple Regressionsanalyse unterstellt einen linearen Zusammenhang zwischen den Erfolgsfaktoren und der Erfolgsgröße. Dieses Problem stellt sich jedoch analog in der Kausalanalyse. Die der Regressionsanalyse zugrundeliegende Annahme fehlender Multikollinearität impliziert die lineare Unabhängigkeit der unabhängigen Variablen untereinander, wobei die Erfüllung dieser Annahme, wie bereits ausgeführt, durch die Vorschaltung einer exploratorischen Faktorenanalyse sicher gestellt werden kann. Die beiden letztgenannten Probleme können durch die Anwendung neuronaler Netze, deren Bedeutung in der Erfolgsfaktorenforschung noch zu diskutieren ist, umgangen werden. *Hise et al.* (1983) wenden die Regressionsanalyse zur Identifikation von Erfolgsfaktoren im filialisierten Einzelhandel als alleinige Auswertungsmethode an. Um die ursprünglich hohe Anzahl potentieller Erfolgsfaktoren zunächst auf eine handhabbare Anzahl zu reduzieren (vgl. auch *Kube* (1991, S. 64)), werden mittels schrittweiser Regression die für die weitere Analyse zu verwendenden unabhängigen Variablen ausgewählt. Das Problem der Multikollinearität wird diskutiert und die Existenz dieser anhand des Chow-Tests[37] überprüft. In den übrigen in diesem Kontext relevanten Studien aus Tabelle 3.2 wird die Regressionsanalyse jeweils in Verbindung mit weiteren multivariaten Analyseverfahren genutzt.

Die Varianzanalyse ermöglicht die Untersuchung der Beziehung zwischen einer oder mehreren metrisch skalierten abhängigen Variablen und einer oder mehreren nicht-metrisch skalierten unabhängigen Variablen (vgl. *Fahrmeir et al.* (1996)). Mittels Varianzanalyse können in der Erfolgsfaktorenforschung aufgrund der Möglichkeit der Berücksichtigung nicht-metrischer unabhängiger Variablen insbesondere Unterschiede zwischen verschiedenen Gruppen, z.B. strategischen Gruppen (vgl. *Hurth* (1998, S. 287f.)), im Hinblick auf eine (oder mehrere) metrisch skalierte Erfolgsgröße(n) untersucht werden. Im Gegensatz beispielsweise zur Regressionsanalyse ermöglicht die Varianzanalyse aber lediglich Aussagen

[37] Für eine ausführliche Darstellung vgl. *Hise et al.* (1983, S. 28) und *Frohn* (1995, S. 94f.).

darüber, ob ein Einfluß vorliegt, nicht aber darüber, wie stark dieser Einfluß ist (vgl. *Hammann/Erichson* (2000, S. 318)). Die Varianzanalyse wird in den betrachteten Studien fast ausschließlich in Verbindung mit weiteren Analyseverfahren eingesetzt (z.B. in Verbindung mit der Clusteranalyse).

Die bisher genannten multivariaten Analyseverfahren zählen zu Verfahren der „ersten Generation" der multivariaten Datenanalyse, während die Kausalanalyse bzw. die Strukturgleichungsanalyse den Verfahren der „zweiten Generation" zuzurechnen ist. Diese Gruppe von Verfahren zeichnet sich u.a. durch eine hohe Flexibilität, die explizite Berücksichtigung von Meßfehlern sowie eine Unterscheidung zwischen beobachtbaren (manifesten) und nicht-beobachtbaren (latenten) Variablen aus (vgl. *Fornell* (1982), *Homburg* (1989, S. 11)). Die Kausalanalyse kann als das bedeutendste Verfahren in der Erfolgsfaktorenforschung bezeichnet werden (vgl. *Kube* (1991, S. 53)). Diese Einschätzung beruht darauf, daß die Möglichkeiten der Kausalanalyse gerade dem Anliegen der Erfolgsfaktorenforschung entsprechen. Mit Hilfe der Kausalanalyse können ausgehend von den zu berechnenden Varianzen und Kovarianzen empirisch gemessener, beobachtbarer Indikatorvariablen durch Parameterschätzung Rückschlüsse auf die Beziehungen zwischen zugrundeliegenden latenten Variablen gezogen werden (vgl. *Homburg/Pflesser* (2000b, S. 635)). Im Kontext der Erfolgsfaktorenforschung sollen eben gerade die Beziehungen zwischen den potentiellen Erfolgsfaktoren als latenten, durch Indikatoren zu messenden Variablen und dem latenten, durch verschiedene Erfolgsgrößen bzw. deren Indikatoren zu erfassendem Konstrukt Erfolg untersucht werden (vgl. *Lang* (1997, S. 183f.), *Bastian* (1999, S. 98ff.)).[38]

Die konfirmatorische Faktorenanalyse kann als ein Spezialfall der Kausalanalyse betrachtet werden (vgl. *Bagozzi/Baumgartner* (1994, S. 417)). Ihre Zielsetzung umfaßt die Darstellung der Messung unbeobachtbarer Konstrukte durch Indikatoren sowie eine entsprechende Beurteilung der Güte der Messung dieser Konstrukte durch die Indikatoren (vgl. *Homburg/Pflesser* (2000a, S. 415)). Im Unterschied zur exploratorischen Faktorenanalyse stellt die konfirmatorische Faktorenanalyse ein strukturprüfendes und kein strukturentdeckendes Verfahren dar, da die Zuordnung zwischen latenten und beobachtbaren Variablen vor Durchführung der

---

[38]Insbesondere die Studie von *Kube* (1991) zeigt die Bedeutung der Kausalanalyse für die empirische Erfolgsfaktorenforschung auch im Vergleich zur Regressionsanalyse auf.

Analyse festgelegt wird. Im Kontext der Erfolgsfaktorenforschung wird die konfirmatorische Faktorenanalysen u.a. von *Jenner* (1999, S. 286ff.) angewendet. Der Einfluß der mittels konfirmatorischer Faktorenanalyse untersuchten Konstrukte auf den Erfolg wird anschließend anhand einer Regressionsanalyse überprüft.

Die Diskriminanzanalyse wurde in den untersuchten Studien bislang vergleichsweise selten im Rahmen der Erfolgsfaktorenforschung eingesetzt. Dies läßt sich im Vergleich zur intensiven Nutzung der Regressionsanalyse vermutlich auf die weitgehende Verwendung metrisch skalierter abhängiger Variablen zur Operationalisierung des Erfolgs zurückführen. Die Diskriminanzanalyse kann zum einen, wie z.B. bei *Hurth* (1998), unterstützend in Verbindung mit einer Clusteranalyse eingesetzt werden, um die Güte der Clusterlösung zu beurteilen und die Bedeutung der clusterbildenden Dimensionen abzuschätzen. Das eigentliche Einsatzpotential der Diskriminanzanalyse in der Erfolgsfaktorenforschung liegt jedoch in der Herausarbeitung von Unterschieden zwischen den Gruppen erfolgreicher und weniger erfolgreicher Unternehmen bzw. Städte sowie in der Prognose der Zugehörigkeit eines Unternehmens bzw. einer Stadt zu der Gruppe erfolgreicher oder weniger erfolgreicher Objekte (vgl. *Klecka* (1980), *Decker/Temme* (2000)). Der Diskriminanzanalyse kommt in der Neuprodukterfolgsfaktorenforschung[39] von den multivariaten Analyseverfahren die höchste Bedeutung zu (vgl. *Wiedemann* (1999, S. 21)). Im Gegensatz zur Regressionsanalyse wird in der Diskriminanzanalyse eine nicht-metrisch skalierte abhängige Variable (Erfolgsgröße) verwendet. Die stärkere Nutzung der Diskriminanzanalyse im Vergleich zur Regressionsanalyse in der Neuprodukterfolgsfaktorenforschung kann daher über die Verwendung überwiegend nicht-metrisch skalierter Erfolgsgrößen in der Neuprodukterfolgsfaktorenforschung begründet werden.[40]

Eine Alternative zur Anwendung der Diskriminanzanalyse in der Neuprodukterfolgsfaktorenforschung sieht *Wiedemann* (1999) in neuronalen Netzen. Diese können nach *Corsten/May* (1996, S. 1)) als informationsverarbeitende Systeme

[39]Studien aus dem Bereich der Neuprodukterfolgsfaktorenforschung, in denen die Diskriminanzanalyse angewendet wird, liegen u.a. von *Cooper* (1979), *Kotzbauer* (1992) und *Schmalen/Wiedemann* (1999) vor.

[40]So werden z.B. bei *Kotzbauer* (1992, S. 200) und *Schmalen/Wiedemann* (1999, S. 77) die Entscheidungsträger gebeten, Auskünfte zu einem bzw. mehreren erfolgreichen und einem bzw. mehreren erfolglosen Produktinnovationen zu geben. Entsprechend liegt in diesen Fällen eine nicht-metrisch skalierte Erfolgsgröße vor.

beschrieben werden, die sich am Aufbau und der Funktionsweise des menschlichen Gehirns orientieren.[41] Insbesondere im Hinblick auf die Berücksichtigung möglicher nicht linearer Zusammenhänge zwischen Erfolgsfaktoren und dem Erfolg im Kontext der Neuprodukterfolgsfaktorenforschung (vgl. u.a. *Kotzbauer* (1992, S. 119ff.)) betrachtet *Wiedemann* (1999) neuronale Netze bzw. konkret das Multi Layer Perceptron als tragfähige Alternative zur Diskriminanzanalyse. Ausgehend von einer Monte-Carlo Simulation[42] wurde die Eignung dieser beiden Methoden anhand ihrer Fähigkeiten, Erfolgsfaktoren zu identifizieren und zukünftige Projekte korrekt zu klassifizieren, beurteilt.[43] Insgesamt weisen die Ergebnisse darauf hin, daß neuronale Netze eine Alternative zur Diskriminanzanalyse darstellen. Eine generelle Überlegenheit neuronaler Netze im Kontext der Neuprodukterfolgsfaktorenforschung konnte jedoch nicht nachgewiesen werden (vgl. *Wiedemann* (1999, S. 198)).

Zur Identifikation von Erfolgsfaktoren des Stadtmarketings in der eigenen empirischen Studie werden als Auswertungsverfahren für die erhobenen Daten die Kausalanalyse und die Diskriminanzanalyse herangezogen. Die obigen Ausführungen haben verdeutlicht, daß der Einsatz der Kausalanalyse in der Erfolgsfaktorenforschung mittlerweile geboten scheint. Die von *Kube* (1991, S. 73) formulierten Anforderungen an künftige Studien zur Erfolgsfaktorenforschung, wie z.B. die Behandlung von Erfolgsfaktoren als Konstrukte und die Verwendung differenzierter Meßansätze, können unter Einsatz der übrigen multivariaten Analyseverfahren nicht erfüllt werden.

In Ergänzung zum Einsatz der Kausalanalyse wird die Diskriminanzanalyse verwendet, um insbesondere die prognostischen Möglichkeiten dieses Verfahrens, d.h. die Prognose, ob die Marketingaktivitäten einer Stadt der Gruppe erfolgreicher

---

[41] Für eine detaillierte Darstellung neuronaler Netze vgl. *Hruschka* (2000).

[42] Für eine Darstellung der Grundgedanken der Monte-Carlo Simulation vgl. *Sobol* (1991), *Kleijnen/Groenendaal* (1992).

[43] Zur Beurteilung der Prognosefähigkeit wird eine Trefferquote respektive die Klassifikationsrate herangezogen. Hinsichtlich der Identifikation der Erfolgsfaktoren werden u.a. der Anteil korrekt extrahierter Faktoren und der Anteil korrekt extrahierter, nicht linear wirkender Faktoren herangezogen (vgl. *Wiedemann* (1999, S. 139ff.)). Die entsprechenden Kriterien werden für die einzelnen Verfahren in Abhängigkeit von den Simulationsfaktoren „Art des Wirkungszusammenhangs", „Berücksichtigung von Unschärfe" und „Stichprobenumfang" mittels Varianzanalyse untersucht. Auf die Betrachtung von Unschärfe nach *Wiedemann* (1999) wird im Rahmen der eigenen Auswertung in Abschnitt 5.2.3 noch näher eingegangen .

oder weniger erfolgreicher Projekte zuzuordnen sind, nutzen zu können. Dieser Aspekt wird im Hinblick auf die Ableitung eines Kontrollinstrumentes von Bedeutung sein (siehe Abschnitt 5.3).

3.3 Erfolgsfaktorenforschung im Stadtmarketing

3.3.1 Literaturbasierte Zusammenstellung bekannter Erfolgsfaktoren im Stadtmarketing

Basierend auf einer Auswertung der relevanten Literatur zum Stadtmarketing sollen im folgenden erste Ansätze zur Identifikation von Erfolgsfaktoren im Stadtmarketing aufgezeigt werden.[44] In der zugrundeliegenden Literaturauswertung wurden insgesamt 25 Arbeiten erfaßt, die Erfolgsfaktoren im Stadtmarketing oder in verwandten Bereichen (wie beispielsweise dem Kurortmanagement) herausstellen.[45] Der Begriff Erfolgsfaktor wird nicht in allen diesen Arbeiten explizit genannt, sondern kommt zum Teil nur implizit zum Ausdruck. *Ashworth/Voogd* (1990) identifizieren beispielsweise „Erfolgsvoraussetzungen", *Hanold/Honert* (1991) nennen „zentrale Bedingungen für erzielte Erfolge". Die in den angesprochenen Arbeiten gewonnenen Erkenntnisse basieren zumeist auf Erfahrungswissen aus der Durchführung bzw. Begleitung von Einzelprojekten (vgl. z.B. *Amberger/Grandke* (1995), *Karutz* (1995)) und Literaturrecherchen (vgl. z.B. *Junker et al.* (1996)). In diesem Zusammenhang scheint auch die Tatsache erwähnenswert, daß Erfolgsfaktoren bisher nur in wenigen Fällen den eigentlichen Schwerpunkt der Untersuchung bilden (vgl. *Schmalen/Stallmeier* (1992), *Töpfer* (1993a)).

[44]In die Auswertung einbezogen wurden nur Studien zu Stadtmarketingaktivitäten in Deutschland. Wie in Kapitel 2 ausgeführt, unterscheiden sich die Stadtmarketingaktivitäten hinsichtlich ihrer Schwerpunkte und Rahmenbedingungen in den Ländern, so daß Erfolgsfaktoren zunächst für deutsche Stadtmarketingprojekte identifiziert werden sollen. Erfolgsfaktoren des Town Centre Managements werden z.B. von der *ATCM* (Hrsg.)(1994) und *Lockwood* (1999) diskutiert.

[45]Einen Überblick über diese Studien liefert Anhang A.

Tabelle 3.4 faßt diejenigen der gesichteten Studien zusammen, die im Unterschied zu den übrigen Quellen eine empirische Basis für die Ermittlung der Erfolgsfaktoren erkennbar werden lassen.

Referenz	Basis	Auswertungsmethode
Hanold/Honert (1991)	8 Städte	Einzelfallinterpretationen auf Basis von Expertengesprächen
Schmalen/Stallmeier (1992)	137 Kurorte	bivariate Analyse und Clusteranalyse
Schaller (1993)	8 Städte	Einzelfallinterpretationen auf Basis von Expertengesprächen und Literaturauswertung
Beyer (1997)	60 Städte	Einzelfallinterpretationen und Grundauszählung
Beibst/Heyne (1998)	56 Städte	uni- und bivariate Analyse
Grabow/Hollbach-Grömig (1998)	241 Städte	Einzelfallinterpretationen und Grundauszählung

Tabelle 3.4: Studien unter Berücksichtigung von Erfolgsfaktoren im Stadtmarketingkontext (in Anlehnung an *Bornemeyer et al.* (1999, S. 212))

Beyer (1997) untersucht in seinem Beitrag die Institutionalisierung von Stadtmarketing und beschränkt sich somit auf einen Teilaspekt des Stadtmarketings. Die abschließend identifizierten Erfolgsfaktoren beziehen sich jedoch auch auf andere Bereiche des Stadtmarketings. Besonders hervorzuheben ist die stärkere Fokussierung auf inhaltliche als auf organisatorische Aspekte des Stadtmarketings. Als wichtige „Erfolgsfelder“ betrachtet *Beyer* (1997, S. 92) u.a. die Stabilisierung der Zentrenhierarchie, die dauerhafte Sicherung der wirtschaftlichen Existenzgrundlagen von Unternehmen sowie die Sicherung und Steigerung der Aufenthalts- und Angebotsqualität für die Bürger.

Schmalen/Stallmeier (1992) konzentrieren sich in ihrer Studie auf Erfolgsfaktoren des Kurortmanagements. Aufgrund ihrer Vorgehensweise und ihrer Nähe zum Stadtmarketing wurde die Studie dennoch zunächst in die Untersuchung aufgenommen. Sie weist vor dem Hintergrund der in Abschnitt 3.2 vorgestellten Ansätze der Erfolgsfaktorenforschung in ihren traditionellen Anwendungsbereichen hinsichtlich der verfolgten Methodik Parallelitäten zu den etablierten Erfolgsfaktorenstudien auf. Als Ausgangspunkt für die Identifikation von Erfolgsfaktoren werden zunächst verschiedene Kennzahlen zur Messung des Erfolgs definiert und beschrieben. Ausgehend von einer Befragung von Entscheidungsträgern in 137 Kurorten werden auf Basis von Kreuztabellierungen mögliche Zusammenhänge zwischen anbieterspezifischen Erfolgsfaktoren und Erfolgsgrößen dargestellt und diskutiert. Eine Ergänzung um die Nachfragerperspektive erfolgt durch eine Befragung zum Freizeitverhalten der Kurgäste in drei ausgewählten Kurorten. Mittels Clusteranalyse werden Freizeitgruppen identifiziert und hinsichtlich der Bewertung des Freizeitangebotes analysiert. Bei der folgenden inhaltlichen Auswertung der Erkenntnisse der Erfolgsfaktorenforschung im Stadtmarketing wird die Studie von *Schmalen/Stallmeier* (1992) aufgrund ihrer Fokussierung auf das Kurortmanagement und die daraus resultierende Identifikation von Erfolgsfaktoren, die für das Kurortmanagement relevant, für das Stadtmarketing im allgemeinen aber nicht übertragbar erscheinen, aus der Betrachtung ausgeschlossen.[46]

Neben den im folgenden näher betrachteten Studien zu Erfolgsfaktoren des Stadtmarketings liegt eine Untersuchung der Marketingorientierung als Erfolgsfaktor für eine Stadt vor (vgl. *Beibst/Heyne* (1998)). Ausgehend von einer empirischen Erhebung in 56 Städten wurde der Einfluß der Marketingaktivitäten auf den Erfolg einer Stadt, erfaßt u.a. durch die Indikatoren Arbeitslosenquote, Saldo aus Einwohnerzu- und -wegzug und die Geburtenrate, untersucht. Ausgangspunkt dieser Untersuchung sind, wie auch für die vorliegende Arbeit, die Erkenntnisse der Erfolgsfaktorenforschung aus ihren traditionellen Anwendungsbereichen. Aufgrund der unterschiedlichen inhaltlichen Ausrichtung sowie der ausschließlich auf uni- und bivariaten Analysen basierenden Auswertung[47] liefert die Studie jedoch kaum Anregungen für die vorliegende Arbeit und wird daher im folgenden nicht weiter betrachtet.

Eine Zusammenstellung der in den unterschiedlichen Arbeiten herausgestellten Erfolgsfaktoren des Stadtmarketings zeigt deutlich, daß sich die Ergebnisse weitgehend überschneiden. Dennoch werden stark unterschiedliche, wenig präzise und

[46] *Schmalen/Stallmeier* (1992) identifizieren u.a. die Erfolgsfaktoren ruhige Lage des Kurgebietes, moderne Gebäude, Durchsetzungsvermögen des Kurdirektors und gezielter Einsatz der Werbemittel.

[47] Aufgrund des geringen Umfangs der Teilstichprobe der erfolgreichen Projekte (N=8) konnten bei der Untersuchung des Zusammenhangs zwischen dem Erfolg einer Stadt und der Existenz von Marketingaktivitäten keine Aussagen bzgl. der statistischen Signifikanz des Zusammenhangs getroffen werden (vgl. *Beibst/Heyne* (1998, S. 86)).

vom subjektiven Begriffsverständnis geprägte Formulierungen gewählt, die eine Systematisierung der bislang identifizierten Erfolgsfaktoren erschweren. Im folgenden sollen dennoch die genannten Erfolgsfaktoren nach inhaltlichen Gesichtspunkten zusammengefaßt und konkretisiert werden. Eingang in die Betrachtung haben alle Erfolgsfaktoren gefunden, die zumindest von zwei Autoren genannt wurden.

Professionelle Planung und Durchführung eines umfassenden Stadtmarketings: Nach *Fehn/Vossen* (1999, S. 103) erlaubt nur ein umfassendes Gesamtkonzept ein erfolgreiches Stadtmarketing. Besonders hervorgehoben wird hierbei das Durchlaufen der einzelnen Phasen des Stadtmarketingprozesses (vgl. *Hanold/Honert* (1991, S. 107), *Töpfer* (1993a, S. 50)) sowie die Existenz eines Maßnahmenkatalogs zur Konkretisierung der im Rahmen des Stadtmarketings durchzuführenden Maßnahmen einschließlich der Verantwortlichkeiten und der notwendigen Ressourcen (vgl. *Honert* (1993, S. 402), *Schlösser/Westermann* (1997, S. 186)). Erste empirische Erkenntnisse zur Bedeutung dieses potentiellen Erfolgsfaktors liefern *Grabow/Hollbach-Grömig* (1998, S. 167). Eine Analyse des Zusammenhangs zwischen Stadtmarketingkonzeptionen mit verschiedenen Ausrichtungen und den erzielten Teilerfolgen[48] des Projektes zeigt, daß ein umfassendes Stadtmarketing bestimmte Teilerfolge „deutlich häufiger"[49] erreichen kann als andere Erscheinungsformen des Stadtmarketings (siehe Tabelle 3.5). Ein umfassendes Stadtmarketing nach *Grabow/Hollbach-Grömig* (1998, S. 39f.) ist dabei u.a. gekennzeichnet durch die Berücksichtigung aller Elemente des idealtypischen Stadtmarketingprozesses, die Betrachtung der Stadt als Ganzes (d.h. es erfolgt keine Beschränkung auf Teilräume, wie z.B. die Innenstadt) und die Zusammenarbeit einer Vielzahl von Akteuren.

[48]Die Erzielung der Teilerfolge im Stadtmarketing wurde in dem zugrundeliegenden Fragebogen über eine subjektive Selbsteinschätzung durch die Befragten erfaßt.

[49]Die Aussage, daß die Erfolge „deutlich häufiger" realisiert werden konnten, wird bei *Grabow/Hollbach-Grömig* (1998, S. 163) anhand von Zahlenbeispielen demonstriert. So haben z.B. 100 % der Städte mit einem umfassenden Marketingkonzept angegeben, daß das Projekt auf Dauer fortgeführt wird, während nur 80 % aller befragten Städte diese Absicht geäußert haben. Eine nähere Konkretisierung der Aussage „deutlich häufiger" bzw. „deutlich seltener" wird nicht vorgenommen.

	Umfassendes Stadtmarketing	Einzelhandels-marketing	Stadtwerbung	Individuelles Stadtmarketing	Rudimentäres Stadtmarketing
Die Kommunikation zwischen den Gruppen wurde/wird gefördert.	↑				↓
Die Erwartungen zu Beginn des Projektes wurden/werden erfüllt.	↑	↓			↓
Es wurden/werden realisierbare Maßnahmen entwickelt.		↓			↓
Zentrale Maßnahmen wurden bereits durchgeführt.	↑			↓	
Das Klima in der Stadt hat sich verbessert.	↑				↓
Die Zusammenarbeit mit dem externen Berater war/ist erfolgreich.		↓	↓	↑	
Die Verwaltung hat neue Ideen für die Stadtentwicklung erhalten.	↑				↓
Die einzelnen Projektgruppen arbei(te)ten sehr konstruktiv.	↑	↓			
Die Bürger konnten/können für ihre Stadt motiviert werden.	↑	↓	↓		↓
Die Kooperation mit dem Rat verlief/verläuft positiv.					
Das Projekt wird in der Kommune auf Dauer weiterlaufen.	↑				↓
Die Erfahrungen mit dem Instrument sind insgesamt positiv.	↑				↓

↑ Entsprechende Erfolge wurden deutlich *häufiger* als im Durchschnitt aller Stadtmarketing-Fälle genannt.
↓ Entsprechende Erfolge wurden deutlich *seltener* genannt als im Durchschnitt aller Stadtmarketing-Fälle.

Tabelle 3.5: Zusammenhang zwischen Stadtmarketingtyp und Einschätzung des Erfolgs (Quelle: *Grabow/Hollbach-Grömig* (1998, S. 167))

Die übrigen in Tabelle 3.5 genannten Stadtmarketingtypen betrachten jeweils nur einen Teilbereich des umfassenden Stadtmarketings. So beschränkt sich z.B. die Stadtwerbung zu einem großen Teil auf die kommunikativen Aktionsparameter, wohingegen das Einzelhandelsmarketing Schwerpunkte im Bereich Innenstadtaufwertung und Einzelhandelsförderung setzt. Individuelles Stadtmarketing umfaßt ein eingeschränktes Stadtmarketing mit einer Reihe von Stadtmarketingelementen, ohne daß jedoch eindeutige Schwerpunkte erkennbar werden. Im rudimentären Stadtmarketing sind erste Ansatzpunkte eines Stadtmarketings bereits erkennbar (Versuch der Situationsanalyse und Ableitung eines Leitbildes), das Konzept insgesamt bleibt aber unvollständig (vgl. *Grabow/Hollbach-Grömig* (1998, S. 39)). Die Analyse der Erfolgsunterschiede zwischen diesen unterschiedlichen Stadtmarketingtypen führt aber vermutlich zwangsläufig zu den in Tabelle 3.5 zusammengestellten Erkenntnissen. Eine Stadt, die gerade am Anfang des Prozesses steht und erste Versuche in Richtung Marketing unternimmt (rudimentäres Stadtmarketing), hat unter diesen Umständen konsequenterweise zunächst einige der aufgeführten Teilerfolge seltener erreicht als ein Projekt, in dessen Rahmen bereits alle, im idealtypischen Stadtmarketingprozeß vorgesehenen Aspekte bearbeitet wurden (umfassendes Stadtmarketing).

Das Verfolgen eines umfassenden Stadtmarketings impliziert die Langfristigkeit des Prozesses. Auch wenn im Sinne der Handlungsorientierung möglichst zu Beginn erste einfache Maßnahmen umgesetzt werden sollten, so ist das Stadtmarketing an sich als langfristiger Gestaltungsprozeß, der eine langfristige Denkweise der Akteure erfordert, zu verstehen (vgl. *Hanold/Honert* (1991, S. 108), *Schaller* (1993, S. 115), *Fehn/Vossen* (1999, S. 104)).

Handlungsorientierung: Die als potentieller Erfolgsfaktor herausgestellte Handlungsorientierung des Stadtmarketings stellt grundsätzlich ein wesentliches Merkmal dar, durch welches sich das Stadtmarketing von der Stadtentwicklungsplanung unterscheidet (siehe auch Abschnitt 2.1). Die frühzeitige Umsetzung einfacher Maßnahmen kann Signalwirkung haben und somit die Motivation zur Mitarbeit und die Akzeptanz in der Öffentlichkeit steigern (vgl. *Grinot* (1997, S. 123), *Fehn/Vossen* (1999, S. 103)). Die kontinuierliche Umsetzung einzelner Maßnahmen bringt das Stadtmarketing zudem in das Bewußtsein der Bürger und macht Aktivitäten sichtbar. Als potentieller Erfolgsfaktor lassen sich diese Aspekte zusammenfassen unter der Forderung nach einer deutlichen Handlungsorientierung der Stadtmarketingaktivitäten, die sich insbesondere in der frühzeitigen, aber auch kontinuierlichen Umsetzung konkreter Maßnahmen manifestiert.

Kontinuierlicher Aufbau einer Datenbasis: Um zielgerichtete, auf die Ansprüche der jeweiligen Zielgruppen ausgerichtete Strategien und Maßnahmen entwickeln zu können, ist eine Analyse der Stärken, Schwächen, Chancen und Risiken einer Stadt vorzunehmen (vgl. *Töpfer* (1993a, S. 51), *Fehn/Vossen* (1999, S. 102)). Als potentieller Erfolgsfaktor ergibt sich damit eine umfangreiche, kontinuierlich zu erweiternde Datenbasis als Grundlage für Stadtmarketingentscheidungen. Fraglich erscheint, ob der Aufbau einer entsprechenden Datenbasis im Rahmen des Stadtmarketings von den Akteuren selbständig vorgenommen werden kann, oder ob in diesem Bereich die Einbeziehung eines externen Beraters geboten ist.

Überzeugung und Mitwirkungsbereitschaft kommunaler Akteure: *Schaller* (1993, S. 113) argumentiert, daß Stadtmarketingaktivitäten nur dann erfolgreich zu realisieren sind, wenn die beteiligten Mitglieder der kommunalen Gruppierungen (insbesondere Stadtspitze, Stadtrat, Stadtverwaltung und Bürger) von den Inhalten und der Leistungsfähigkeit des Instrumentes Stadtmarketing überzeugt sind. Diese Überzeugung ist insbesondere auch hinsichtlich der Mitwirkungsbereitschaft dieser Akteure von großer Bedeutung, die wiederum einen Teilaspekt dieses potentiellen Erfolgsfaktors darstellt (vgl. *Bertram* (1997, S. 22)). Es zeigen sich bereits an dieser Stelle Interdependenzen zwischen den potentiellen Erfolgsfaktoren, da die Mitwirkungsbereitschaft der Akteure vor Ort und insbesondere der Bürger wiederum stark davon abhängen könnte, inwieweit eine hohe Handlungsorientierung realisiert werden kann. Die Überzeugung und Mitwirkungsbereitschaft der Akteure sollte daher ggf. als eine Moderatorvariable interpretiert werden (siehe Abbildung 3.1).

Zielgerichteter Einsatz der Instrumente der Kommunikationspolitik: Der zielgerichtete Einsatz der Instrumente der Kommunikationspolitik kann als potentieller Erfolgsfaktor des Stadtmarketings bezeichnet werden (vgl. *Hanold/Honert* (1991, S. 108), *Schaller* (1993, S. 115)). Neben der hohen Bedeutung der Öffentlichkeitsarbeit, im Sinne einer offenen Gestaltung des Stadtmarketingprozesses und einer engen Kooperation mit den örtlichen Medien, und der Stadtwerbung kommt der Förderung der Kommunikation zwischen den beteiligten Akteuren eine hohe Bedeutung zu. Aspekte wie die Fähigkeit zur konstruktiven Auseinandersetzung in Gremien und die verwendeten Ansätze zur Erreichung eines Interessenausgleichs zwischen den verschiedenen Gruppierungen werden in diesem Zusammenhang als Voraussetzungen des Stadtmarketingerfolgs diskutiert (vgl. *Grabow/Hollbach-Grömig* (1998, S. 165)). Inwiefern ein externer Moderator dazu beitragen kann, Kommunikationsstrukturen zwischen den am Stadtmarketing beteiligten Akteuren aufzubauen, ist strittig (vgl. *Honert* (1993, S. 403), *Zollinger* (1995, S. 63)).

Der Aufbau von Kommunikationsstrukturen wird einerseits als zentraler Erfolgsfaktor des Stadtmarketings diskutiert, andererseits kann der Aufbau dieser jedoch auch als (Zwischen-)Ziel des Stadtmarketings betrachtet werden. So formulieren *Grabow/Hollbach-Grömig* (1998, S. 164) einerseits den Erfolgsfaktor Kommunikation, bezeichnen andererseits aber auch die Förderung der Kommunikation zwischen den Gruppen als einen Teilerfolg des Stadtmarketings.

Die beiden Facetten des potentiellen Erfolgsfaktors Kommunikation sollten daher getrennt betrachtet werden, damit der Aufbau von Kommunikationsstrukturen ggf. als Moderatorvariable und die Nutzung der Instrumente der Kommunikationspolitik als Handlungsvariable betrachtet werden kann.

Einbeziehung der Interessen und Akteure aller Zielgruppen: Eine Grundanforderung an das Stadtmarketing nach *Junker et al.* (1996, S. 287) stellt die Berücksichtigung der Interessenlagen aller städtischen Akteure dar. Im Unterschied zur Stadtentwicklungsplanung werden im Stadtmarketing insbesondere auch die Interessen der privaten Akteure einbezogen, da die Stadtentwicklung zu einem großen Teil von gerade diesen Akteuren gestaltet wird (vgl. *Kemming* (1991, S. 8)). Besonders problematisch erscheint die Einbeziehung der Bürgerinteressen. *Schaller* (1993, S. 114) betrachtet die Beteiligung der Bürger am Stadtmarketingprozeß als eine wichtige Erfolgsvoraussetzung für das Stadtmarketing. Bei der konkreten Ausgestaltung der Bürgerbeteiligung bieten sich verschiedene Möglichkeiten (vgl. *Döllekes* (2000, S. 257f.)). Ein Mindestmaß an Bürgerbeteiligung kann durch die Durchführung regelmäßiger Bürgerbefragungen erreicht werden. Eine intensivere Einbindung interessierter Bürger kann beispielsweise im Rahmen von Workshops (u.a. zur Entwicklung eines Stadtleitbildes) oder projektbezogenen Arbeitsgruppen erfolgen.

Als weitere lokale Interessengruppen sind der Stadtrat und die Stadtspitze in den Stadtmarketingprozeß einzubinden. Die lokale Politik hat einen starken Einfluß auf das Stadtmarketing. Ohne Einbindung des Stadtrates ist der Handlungsspielraum im Stadtmarketing stark begrenzt, da insbesondere mittel- und langfristige Projekte, wie z.B. städtebauliche Veränderungen oder die Einrichtung neuer städtischer Institutionen, der Zustimmung des Rates bedürfen (vgl. *Schaller* (1993, S. 112)). Eine frühzeitige Einbindung des Stadtrates und der Stadtspitze empfiehlt sich zudem, um möglichen Vorbehalten seitens der Politik zu begegnen. Durch die neuartige Zusammenarbeit wird die bisherige Rollenverteilung zwischen privaten und öffentlichen Akteuren in der Stadt nachhaltig verändert. Gegenüber dem Stadtrat gilt es, durch frühzeitige Information und Einbindung in den Prozeß zu verdeutlichen, daß die Entscheidungskompetenzen weiterhin auf seiten der Stadtpolitik liegen, während das Stadtmarketing Entscheidungshilfen liefert (vgl. *Helbrecht* (1994, S. 199), *Werthmöller* (1995, S. 18)). Die hohe Bedeutung der Stadtspitze hebt zudem Schlegel (1993, S. 6) hervor, da „erfolgreiche Marketingkonzepte [...] nicht von Amtsleitern, sondern von engagierten Stadtoberhäuptern initiiert und forciert [werden]".

Finanzielle und organisatorische Absicherung des Stadtmarketings:

Als Voraussetzung für erfolgreiches Stadtmarketing und somit als potentieller Erfolgsfaktor wird ferner die finanzielle und organisatorische Absicherung des Stadtmarketings formuliert (vgl. *Hatzfeld/Junker* (1994, S. 17), *Junker et al.* (1996, S. 287)). Besonders hervorgehoben wird in diesem Kontext die Qualifikation der für das Stadtmarketing verantwortlichen Person(en) (vgl. *Hanold/Honert* (1991, S. 107), *Bertram* (1997, S. 23)). Inwiefern es vor diesem Hintergrund erforderlich ist, einen externen Berater im Sinne eines kompetenten Projektbegleiters kontinuierlich oder zumindest in einzelnen Phasen in das Projekt einzubeziehen, ist unklar (vgl. *Grabow/Hollbach-Grömig* (1998, S. 177)). Es besteht Einigkeit darüber, daß für ein Stadtmarketingprojekt ausreichende personelle Kapazitäten erforderlich sind und es somit nicht möglich erscheint, erfolgreiches Stadtmarketing neben den bisherigen Aufgaben ohne personelle Umstrukturierungen durchzuführen. Zudem ist eine personelle Kontinuität wünschenswert. Bezüglich der zu wählenden Organisationsform können keine allgemeingültigen Aussagen getroffen werden, da diese in der Regel von den Gegebenheiten in der Stadt abhängt. Der daraufhin gewählten Organisationsform wird von *Fehn/Vossen* (1999, S. 104) auch eine indirekte Erfolgswirksamkeit zugesprochen, da diese u.a. den Aufbau von Kommunikationsstrukturen begünstigen kann.

Nach *Bertram* (1997, S. 22) beeinflussen neben den personellen auch die für das Stadtmarketing zur Verfügung stehenden finanziellen Ressourcen entscheidend den Erfolg des Projektes. Stadtmarketing braucht von Beginn an eine mittel- bis langfristig gesicherte finanzielle Basis. Im Sinne eines Public-Private-Partnership und vor dem Hintergrund der knappen Finanzlage der Haushalte kommt hier auch den privaten Akteuren eine hohe Bedeutung zu (vgl. *Hanold/Honert* (1991, S. 108), *Grinot* (1997, S. 123)).

Die bislang in der Literatur diskutierten Erfolgsfaktoren des Stadtmarketings beziehen sich eher auf organisatorische und konzeptionelle Aspekte, während konkrete inhaltliche Fragestellungen weitgehend vernachlässigt werden. Dies erscheint sinnvoll, da die inhaltliche Ausgestaltung eines Stadtmarketingprojektes, wie z.B. die Einrichtung einer Fußgängerzone oder die Begrünung einzelner Plätze, direkt von den Gegebenheiten vor Ort abhängt.

3.3.2 Implikationen der Erfolgsfaktorenforschung für die Ableitung eines Kontrollinstrumentes im Stadtmarketing

Ausgehend von den Erkenntnissen der Erfolgsfaktorenforschung in ihren traditionellen Anwendungsbereichen und dem Stand der Erfolgsfaktorenforschung im Stadtmarketing kann die weitere Vorgehensweise bei der Entwicklung eines Kontrollinstrumentes im Stadtmarketing begründet werden.
Ähnlich wie in den traditionellen Anwendungsbereichen der Erfolgsfaktorenforschung (siehe Abschnitt 3.2.1) dominieren im Stadtmarketing zunächst anbieterspezifische Erfolgsfaktoren. Diese Perspektive wird auch in der vorliegenden Studie den Ausgangspunkt der Untersuchung bilden, da eine entsprechende Berücksichtigung der Nachfragerperspektive, z.B. durch Bürgerbefragungen in den entsprechenden Städten, zum einen eine sehr umfangreiche Datenbasis erfordern würde. Zum anderen wird eine Befragung dieser Art durch das bislang weitgehend mangelnde Bewußtsein der Bürger oder Besucher für die Existenz eines Stadtmarketings erschwert (vgl. *ATCM* (Hrsg.)(1994)). Die Identifikation anbieterspezifischer Erfolgsfaktoren für das Stadtmarketing erscheint zunächst sinnvoll, da aus den so ermittelten Erfolgsfaktoren konkrete Handlungsempfehlungen für die Entscheidungsträger abgeleitet werden können.
Insbesondere im Vergleich zu den Methoden und Erkenntnissen der Erfolgsfaktorenforschung in ihren traditionellen Anwendungsgebieten weisen die im vorangegangenen Abschnitt vorgestellten Untersuchungen zu Erfolgsfaktoren des Stadtmarketings auf den Bedarf an systematischen Fortentwicklungen in diesem Forschungsgebiet hin. Die Erfolgsfaktoren des Stadtmarketings an sich stellen in der Regel nicht den Hauptuntersuchungszweck der jeweiligen Studie dar. Zudem wird nur in wenigen Fällen auf eine entsprechende Datenbasis zurückgegriffen. Statt dessen basieren die Erkenntnisse in den meisten Fällen auf Einzelfallinterpretationen und dem Erfahrungswissen von Experten. Eine systematische empirisch-quantitative Analyse der Ursache-Wirkungsbeziehungen zwischen Erfolgsfaktoren und Erfolgsgrößen des Stadtmarketings steht daher noch aus.

Die Ergebnisse der Erfolgsfaktorenforschung dienen in der vorliegenden Arbeit als Ausgangspunkt für die Ableitung eines Kontrollinstrumentes im Stadtmarketing.[50] Neben der Messung des Erfolgs anhand von Erfolgsgrößen respektive deren Indikatoren als abhängige Variablen liefern die zu identifizierenden Erfolgsfaktoren Hinweise darauf, worin die Entwicklung der Erfolgsgrößen begründet liegt. Darauf aufbauend können Ansatzpunkte für die Gestaltung eines langfristig erfolgreichen Stadtmarketings abgeleitet werden. Die Erkenntnisse der Erfolgsfaktorenforschung sind somit nicht nur rein deskriptiver Natur, sondern können auch die Basis für die Entwicklung erfolgreicher Strategien respektive die Positionierung der Stadt in Übereinstimmung mit den identifizierten Erfolgsfaktoren bilden (vgl. *Vasconcellos/Hambrick* (1989, S. 381), *Müller-Hagedorn/Greune* (1992, S. 124), *Annacker* (2001, S. 11)).

Die in diesem Kapitel vorgestellten Studien der empirischen Erfolgsfaktorenforschung weisen einerseits eine starke Heterogenität der gewählten Untersuchungsmethodik auf. Andererseits ist jedoch die folgende Konvergenz in bezug auf das prinzipielle Vorgehen erkennbar (vgl. *Lang* (1997, S. 51)). Auf Basis der Ergebnisse bisheriger empirischer Studien sowie theoretischer Erkenntnisse im Bereich der Erfolgsfaktorenforschung werden anhand einer empirischen Untersuchung zu prüfende Untersuchungshypothesen hinsichtlich der Erfolgswirksamkeit potentieller Erfolgsfaktoren aufgestellt, die ausgehend von spezifischen Eigenschaften des jeweiligen Untersuchungsgegenstandes konkretisiert werden. Abschließend werden die konkretisierten Untersuchungshypothesen anhand geeigneter Analyseverfahren überprüft.

Diese Vorgehensweise wird auch in der eigenen Untersuchung verfolgt. Ausgehend von den allgemeinen Ausführungen zum Stadtmarketing in Kapitel 2 und den Erkenntnissen der Erfolgsfaktorenforschung in diesem Kapitel werden im folgenden Kapitel 4 entsprechende Untersuchungshypothesen aufgestellt. In diesem Kontext können zum einen die im Handels- und Dienstleistungsbereich und in etwas geringerem Maße die für Industrieunternehmen bzw. branchenübergreifend identifizierten Erfolgsfaktoren Anregungen liefern (siehe Abschnitt 3.2.1). Zum

[50] Auch *Kube* (1991) und *Seidel* (1997) verfolgen das Ziel, nach der Identifikation von Erfolgsfaktoren in den jeweiligen Untersuchungsbereichen, die gewonnenen Erkenntnisse zu einem Kontrollinstrumentarium zu integrieren. In diesem Zusammenhang greifen beide Autoren auf die Portfolio-Analyse zurück.

zweiten kann auf die im Stadtmarketing angestellten Überlegungen hinsichtlich möglicher Erfolgsfaktoren (siehe Abschnitt 3.3.1) zurückgegriffen werden.
Zur Identifikation von Erfolgsfaktoren des Stadtmarketings werden als Auswertungsverfahren für die erhobenen Daten die Kausalanalyse und die Diskriminanzanalyse herangezogen (siehe Abschnitt 3.2.3). Aufbauend auf den neu gewonnenen Erkenntnissen zu Erfolgsfaktoren des Stadtmarketings kann dann ein entsprechendes Kontrollinstrument entwickelt werden (siehe Kapitel 5).

Kapitel 4

Ableitung eines neuen konzeptionellen Rahmens zur Erfolgsfaktorenforschung im Stadtmarketing

4.1 Grundkonzept zur Analyse von Erfolgsfaktoren des Stadtmarketings

4.1.1 Bezugsrahmen zur Erfolgsfaktorenforschung im Stadtmarketing

Für die Analyse der Erfolgsfaktoren des Stadtmarketings wird im vorliegenden Abschnitt ein Bezugsrahmen zur grundlegenden Systematisierung möglicher Einflußgrößen des Stadtmarketingerfolgs abgeleitet.

Ausgehend von dem in Abbildung 3.1 dargestellten grundsätzlichen Zusammenhang in der Erfolgsfaktorenforschung, den Überlegungen aus bisherigen empirischen Studien zur Erfolgsfaktorenforschung (siehe Abschnitt 3.2.1) und den Elementen des Stadtmarketingprozesses (siehe Abschnitt 2.2) läßt sich der in Abbildung 4.1 vorgestellte Bezugsrahmen für die empirische Untersuchung begründen.

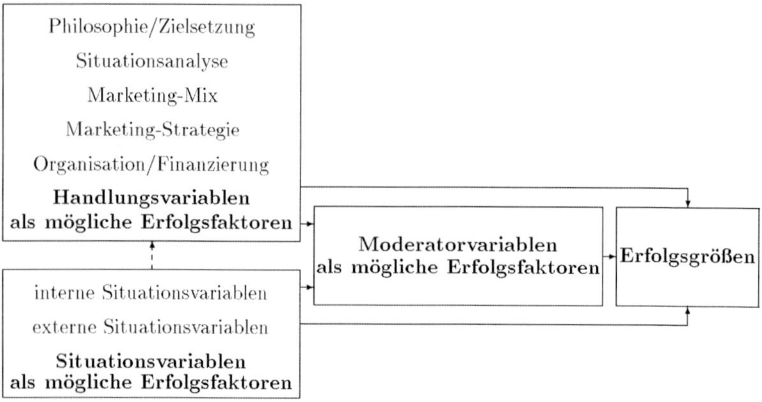

Abbildung 4.1: Grundlegender Bezugsrahmen zur Systematisierung von Erfolgsfaktoren des Stadtmarketings

Die Situationsvariablen können in Anlehnung an *Patt* (1990, S. 43ff.) in interne und externe potentielle Erfolgsfaktoren unterschieden werden. Interne Situationsvariablen umfassen, übertragen auf das Stadtmarketing, Erfolgsfaktoren, die auf feststehende Gegebenheiten in der Stadt bzw. im Rahmen des Stadtmarketings zurückgehen und allenfalls langfristig von den Verantwortlichen zu beeinflussen sind. Für das Stadtmarketing wären hier beispielsweise die Größe der Stadt, die gewählte Form der Institutionalisierung oder das Anfangsjahr der Stadtmarketingaktivitäten zu nennen. Externe Situationsvariablen umfassen Einflußgrößen aus dem Umfeld der Stadt, die im Rahmen des Stadtmarketings nicht steuerbar sind, gleichwohl aber einen Einfluß auf die Handlungsvariablen und die Erfolgsgrößen ausüben können. Für das Stadtmarketing könnte hier u.a. die Wettbewerbsintensität relevant sein.

Auch bezüglich der Handlungsvariablen ist eine weitergehende Konkretisierung erforderlich. *Steffenhagen* (1998, S. 326) charakterisiert Handlungsvariablen als diejenigen potentiellen Erfolgsfaktoren, „die dem Managementhandeln unmittelbar zugänglich sind". Eine Systematisierung dieser im Hinblick auf den in Abschnitt 2.2.1 dargestellten Stadtmarketingprozeß erscheint vor diesem Hintergrund sinnvoll. Ähnliche Ansätze sind zudem in Studien der Erfolgsfaktorenforschung im Handels- (vgl. u.a. *Patt* (1990, S. 36)) und im Dienstleistungsbereich (vgl. u.a. *Korpiun* (1998, S. 155f.)) zu finden.

Während beispielsweise *Korpiun* (1998, S. 155f.) die Handlungsvariablen ausschließlich entsprechend der Marketing-Mix Bereiche des Dienstleistungsmarketings systematisiert[1], stellen im folgenden alle Handlungsbereiche des Stadtmarketingprozesses die Basis für die Systematisierung potentieller Erfolgsfaktoren dar.[2] Zusätzlich werden vor dem Hintergrund des Bezugsrahmens von *Patt* (1990, S. 32) Aspekte der Organisation und Finanzierung als Handlungsvariable einbezogen. Bezüglich der in der vorliegenden Studie geringen Anzahl von Moderatorvariablen erscheint hier eine weitergehende Konkretisierung nicht erforderlich (siehe auch Abschnitt 3.3.1).

In den folgenden Abschnitten 4.1.2 und 4.1.3 gilt es zunächst, Erfolgsgrößen für das Stadtmarketing zu definieren, potentielle Erfolgsfaktoren zusammenzustellen und in Form eines Hypothesenkatalogs zu integrieren. Für die Gestaltung des Hypothesenkatalogs wurde zudem auf Anregungen aus Expertengesprächen in ausgewählten Städten zurückgegriffen, deren Inhalte und Ergebnisse an entsprechenden Stellen in die Ausführungen einfließen.[3]

Insgesamt ist zu beachten, daß es nicht Aufgabe der Erfolgsfaktorenforschung ist, ein Totalmodell sämtlicher Einflußgrößen des Stadtmarketingerfolgs zu generieren, sondern vielmehr sich auf wesentliche potentielle Erfolgsfaktoren zu konzentrieren (vgl. *Trommsdorff* (1990, S. 1)). Die Orientierung an dem in diesem Abschnitt vorgestellten Bezugsrahmen ermöglicht dabei eine systematische Vorgehensweise. Neben der Formulierung von Hypothesen bzgl. der bereits in Abschnitt 3.3.1 herausgestellten Erfolgsfaktoren des Stadtmarketings ist zu über-

---

[1]Auch diese Vorgehensweise läßt sich begründen, da u.a. *Hildebrandt* (1986, S. 39) eine enge Übereinstimmung zwischen den Marketing-Mix Instrumenten und den Erfolgsfaktoren aufzeigt. Er merkt jedoch auch an, daß das Erfolgsfaktorenkonzept über die absatzpolitischen Instrumente hinaus geht.

[2]Ausgeschlossen wird an dieser Stelle die Anschubphase, da die zu diesem Zeitpunkt getroffenen Entscheidungen in bereits laufenden Stadtmarketingprojekten als gegeben hingenommen werden müssen.

[3]Es wurden Experten im Stadtmarketing aus Bielefeld, Düsseldorf, Essen, Krefeld und Passau zu Zielen, Zielindikatoren und möglichen Erfolgsfaktoren befragt. Der Leitfaden für die Expertengespräche ist in Anhang B.1 enthalten, der gemäß dieser Gespräche überarbeitete Hypothesenkatalog wird in Abschnitt 4.1.3 vorgestellt.

prüfen, inwiefern weitere wichtige potentielle Erfolgsfaktoren vor dem Hintergrund dieses Bezugsrahmens und der Ergebnisse der Erfolgsfaktorenforschung in ihren traditionellen Anwendungsbereichen abgeleitet werden können.

4.1.2 Stadtmarketingerfolg als abhängige Variable

Die Analyse des Erfolgs von Stadtmarketingaktivitäten hat bisher nicht zur Identifikation einer operationalen Größe „Stadtmarketingerfolg" geführt. Nur wenige der in Abschnitt 3.3.1 vorgestellten Studien zu Erfolgsfaktoren des Stadtmarketings umfassen auch Ansatzpunkte zur Operationalisierung des Stadtmarketingerfolgs. Da die ermittelten Erfolgsfaktoren zumeist auf Einzelfallstudien und Erfahrungswissen basieren, war eine Konkretisierung des Erfolgs im Sinne einer abhängigen Variable nicht zwingend notwendig. Für die vorliegende Problemstellung der Identifikation von Erfolgsfaktoren des Stadtmarketings und damit für die Zielsetzung der Arbeit ist dies jedoch unerläßlich.
Die Ausführungen des Abschnitts 3.2.2 und die gewählte Definition des Erfolgs aufgreifend, wird der Stadtmarketingerfolg in der empirischen Untersuchung anhand

- von Scoring-Modellen ausgehend von den Erreichungsgraden und der Bedeutung der Stadtmarketingziele,
- eines kausalanalytischen Meßmodells ausgehend von den Erreichungsgraden der Stadtmarketingziele und
- der subjektiven Einschätzung des Gesamterfolgs durch die befragten Entscheidungsträger

operationalisiert. Die Anwendung der beiden ersten Ansätze setzt eine Auseinandersetzung mit den im Stadtmarketing formulierten Zielen voraus (siehe Abschnitt 2.2.3). Die der Beurteilung im Rahmen der empirischen Untersuchung zugrundeliegenden Zielsetzungen sollten ausreichend allgemein formuliert werden, um für alle zu betrachtenden Projekte, jeweils mit unterschiedlichen Schwerpunkten, zutreffend zu sein.

Der in Tabelle 2.6 zusammengestellte Zielkatalog bildete zunächst einen Gegenstand der der empirischen Erhebung vorgeschalteten Expertenbefragung.[4] Diese hat die Notwendigkeit einer deutlichen Reduktion des Zielkatalogs aufgrund vorhandener Überschneidungen der Zielsetzungen aufgezeigt. Eine Bewertung der Bedeutung der Ziele im Sinne einer Gewichtung erscheint nur dann sinnvoll, wenn keine Überschneidungen zwischen den Zielen bestehen.[5] Diese Überschneidungen werden u.a. bei den Zielsetzungen „Steigerung der Attraktivität der Stadt als Wohnort" und „Erhaltung/Steigerung der Einwohnerzahl" deutlich. Eine Steigerung der Attraktivität der Stadt als Wohnort wird langfristig eben gerade zu einer Bindung der Bevölkerung und somit zur Erhaltung bzw. Steigerung der Einwohnerzahl führen. Das viel zitierte Stadtmarketingziel der Steigerung der Wettbewerbsfähigkeit (vgl. *Meffert* (1989, S. 277), *Wolkenstöfer* (1992, S. 16f.), *Schaller* (1993, S. 14), *Schückhaus et al.* (1993, S. 27ff.), *Bona* (1997, S. 4)) wurde aufgrund seiner sehr allgemeinen Formulierung isoliert betrachtet von den Experten als wenig bedeutsam eingeschätzt. Erst mit Bezug zu der Frage, wie die Stadt sich im Wettbewerb positionieren möchte (z.B. als Wirtschaftsstandort, Wohnort, Einkaufsort oder touristischer Anziehungspunkt), gewinnt dieser Aspekt an Aussagekraft und Bedeutung.

Auch die Steigerung des Bekanntheitsgrades als eine viel diskutierte Zielsetzung im Stadtmarketing (vgl. u.a. *Tietz* (1981, S. 130), *Meffert* (1989, S. 277), *Hammann* (1995, S. 1172), *Zerweck* (1997, S. 46f.)) wird in der vorliegenden Untersuchung nicht explizit einbezogen. Es kann argumentiert werden, daß durch eine Steigerung der Attraktivität der Stadt, z.B. im touristischen Bereich, in vielen Fällen auch eine Steigerung des Bekanntheitsgrades erreicht werden kann. In den Expertengespräche wurde diese Zielsetzung isoliert betrachtet als weniger bedeutend eingeschätzt. Tabelle 4.1 zeigt den im weiteren Verlauf der Studie zugrundegelegten finalen Zielkatalog. Ausgehend von den Expertengesprächen wurde die Zielsetzung der Verankerung des Marketinggedankens im Bewußtsein der kommunalen Akteure im Sinne einer Sensibilisierung dieser Akteure für das Marketing ergänzt. Die übrigen in Tabelle 2.6 aufgeführten Ziele können jeweils einem der hier genannten Ziele, wie bereits ausgeführt, zugeordnet werden.

---

[4] Das Schema zur Bewertung des Zielkatalogs befinden sich in Anhang B.2.

[5] Zur Notwendigkeit der Überschneidungsfreiheit der Ziele siehe auch Abschnitt 3.2.2.

Für eine Operationalisierung des Stadtmarketingerfolgs mittels der Scoring-Modelle und des Meßmodells sind die Erfassung der Erreichungsgrade dieser Ziele sowie speziell für die Scoring-Modelle die Bestimmung von Bedeutungsgewichten erforderlich.

1. Steigerung der Attraktivität der Stadt als Wirtschaftsstandort
2. Steigerung der Attraktivität der Stadt als Wohnort
3. Steigerung der Attraktivität der Stadt als Einkaufsort
4. Steigerung der Attraktivität der Stadt als touristischer Anziehungspunkt
5. Förderung der Zusammenarbeit wichtiger Handlungsträger in der Stadt
6. Verankerung des Marketinggedankens im Bewußtsein der kommunalen Akteure

Tabelle 4.1: Finaler Zielkatalog im Stadtmarketing

In der empirischen Untersuchung wird die Gewichtung des jeweiligen Zieles anhand der Einschätzung der Entscheidungsträger für jedes einbezogene Projekt individuell ermittelt (vgl. zu dieser Vorgehensweise *Kalka* (1996, S. 288)). Alternativ wäre eine Ermittlung identischer Gewichte für alle Projekte z.B. auf Basis einer Voruntersuchung denkbar (vgl. zu dieser Vorgehensweise *Lang* (1997, S. 277)). Da die im Stadtmarketing verfolgten Ziele und deren Bedeutung in den Projekten jedoch deutlich variieren können, wird dieser Ansatz nicht weiter verfolgt. Während ein Projekt z.B. touristische Schwerpunkte setzt und somit das Ziel der Steigerung der Attraktivität als touristischer Anziehungspunkt ein hohes Gewicht erhält, zielt ein anderes Projekten ggf. eher auf die Bedürfnisse der eigenen Bürger im Sinne einer Steigerung der Attraktivität der Stadt als Wohnort ab. Bei der Beurteilung des ersten Projektes müßte daher die touristische Zielsetzung ein höheres Bedeutungsgewicht erhalten, während im zweiten Projekt der Attraktivität als Wohnort eine höhere Bedeutung beigemessen wird. Identische Gewichtungen der Ziele für beide Projekte würden den gesetzten Schwerpunkten nicht gerecht, so daß eine Beurteilung des Erfolgs auf dieser Basis wenig aussagekräftig wäre. Problematisch erscheint bei der gewählten Vorgehensweise die Vergleichbarkeit verschiedener Stadtmarketingprojekte, da kein einheitlicher Maßstab im Sinne einer identischen Zielgewichtung zur Beurteilung des Erfolgs herangezogen wird. Vor dem Hintergrund der beschriebenen Ausgangslage erscheint diese Vorgehensweise dennoch angemessen, da sie der individuellen Ausgestaltung und auch dem individuellen Erfolgsverständnis einzelner Projekte Rechnung trägt.

Die direkte Bestimmung der Gewichte in diesem Kontext wird in der Literatur teilweise kontrovers diskutiert (vgl. *Bastian* (1999, S. 130)). Untersuchungsergebnisse zeigen, daß die Probanden dazu neigen, alle zu beurteilenden Aspekte, z.B. auf einer Ratingskala, als wichtig oder sehr wichtig zu beurteilen, so daß das Ergebnis nur eine geringe Aussagekraft aufweist (vgl. *Dichtl/Müller* (1986, S. 233)). Einen Ausweg bieten relative Gewichtungen, z.B. mittels einer Konstantsummenskala, wie sie auch für die vorliegende Untersuchung verwendet wird.[6] Die Probanden werden durch die Vorgabe einer festen Anzahl von Gewichtungspunkten gezwungen, eine Präferenz zu bilden.

Auch bei der Bewertung des Erreichungsgrades der Ziele sind zwei Vorgehensweisen denkbar. Zum einen können die Zielerreichungsgrade anhand einer Einschätzung der Entscheidungsträger in den Städten erhoben werden (vgl. zu dieser Vorgehensweise *Fritz* (1995, S. 532), *Kalka* (1996, S. 288)). Zum anderen bieten einige der in der Stadtmarketingliteratur bereits diskutierten Kennzahlen oder Indikatoren des Erfolgs die Möglichkeit, den Erreichungsgrad einzelner dieser Ziele anhand von Zielindikatoren zu erfassen (vgl. zu einer ähnlichen Vorgehensweise *Lang* (1997, S. 153ff.)).

Im folgenden werden zunächst die Zielsetzungen des finalen Zielkatalogs im Hinblick auf mögliche Indikatoren zur Erfassung der Zielerreichung diskutiert. Die Auswahl der Indikatoren basiert zum einen auf den in der Stadtmarketingliteratur diskutierten Erfolgsgrößen bzw. deren Indikatoren. Eine Reduktion der einbezogenen Indikatoren ergibt sich aus der Einschätzung der Kriterien „Verfügbarkeit" und „Relevanz" der Indikatoren für die jeweilige Zielsetzung ausgehend von den Expertengesprächen.[7] Zu beachten ist, daß im Hinblick auf die Erreichung eines Zieles in den meisten Fällen der Wert des Indikators weniger aussagekräftig ist als die Entwicklung des jeweiligen Indikators.

Unter Berücksichtigung der Verfügbarkeit und der Relevanz wurden für den Bereich der Attraktivitätssteigerung als Wirtschaftsstandort die Zielindikatoren

- durchschnittliche Geschäftsraummieten [in DM pro m^2] und
- Anzahl der Neuansiedlungen von Industrieunternehmen

[6] Siehe dazu Frage 27 des Fragebogens in Anhang C.1.

[7] Die den Experten zu dieser Fragestellung vorgelegten Materialien befinden sich in Anhang B.3.

in die Untersuchung einbezogen. Insbesondere die Anzahl der Unternehmensneuansiedlungen wurde im Rahmen der Expertengespräche als aussagefähig eingestuft. Eine steigende Anzahl von Neuansiedlungen im Bereich der Industrieunternehmen würde demnach für eine Attraktivitätssteigerung im Bereich Wirtschaft sprechen. Zu beachten ist hier jedoch, daß die Zunahme der Unternehmensneuansiedlungen nicht zwangsläufig direkt auf die Stadtmarketingaktivitäten zurückzuführen ist. Aktivitäten im Bereich Wirtschaftsförderung, die nicht immer in das Stadtmarketing integriert sein müssen, sind hier z.B. von Bedeutung. Ähnlich weist ein hohes Niveau bei den Geschäftsraummieten auf die Erreichung dieses Zieles hin, wobei auch hier ein alleiniger direkter Einfluß der Stadtmarketingaktivitäten nicht unterstellt werden kann.
Weitere wirtschaftliche Indikatoren, die sich speziell auf den Bereich Einzelhandel beziehen, werden für die Operationalisierung der Zielsetzung der Steigerung der Attraktivität der Stadt als Einkaufsort herangezogen:

- Einzelhandelsumsatz [in DM pro Einwohner],
- einzelhandelsrelevante Kaufkraft [in DM pro Einwohner],
- Anzahl der Stellplätze in öffentlichen Parkhäusern und
- Anzahl der Neuansiedlung von Einzelhandelsunternehmen
  - im Stadtzentrum („Innenstadt“),
  - außerhalb des unmittelbaren Stadtgebietes („auf der grünen Wiese“).

Für den Einzelhandelsumsatz und die einzelhandelsrelevante Kaufkraft wird ein positiver Zusammenhang im Hinblick auf die Zielerreichung unterstellt, wobei das Problem der Zurechenbarkeit nicht außer Acht gelassen werden darf (siehe Abschnitt 2.3.2). Hinsichtlich der Anzahl der Stellplätze in öffentlichen Parkhäusern kann bzgl. der Erreichbarkeit der (Innen-)Stadt zunächst ein positiver Beitrag zur Zielerreichung unterstellt werden. Wird jedoch schwerpunktmäßig die Förderung des ÖPNV im Rahmen des Stadtmarketings angestrebt, so scheint dieser Indikator im Hinblick auf die Zielerreichung wenig aussagekräftig.
Für die Neuansiedlung von Einzelhandelsunternehmen im Stadtzentrum kann ähnlich wie für Neuansiedlungen im Bereich Industrie argumentiert werden.

Bezüglich der Neuansiedlungen außerhalb des unmittelbaren Stadtgebietes hingegen deutet eine Zunahme nicht auf eine Zielerreichung hin, da hier Konkurrenzangebote zur Innenstadt etabliert werden könnten (vgl. *Birnstiel* (1997, S. 20)). Im Hinblick auf die Zielsetzung der Steigerung der Attraktivität der Stadt als Einkaufsort wird eine deutlich größere Anzahl möglicher Indikatoren diskutiert (vgl. u.a. *Junker/Wagner* (1998, S. 237)). *Beyer* (1997, S. 92) und *Junker/Wagner* (1998, S. 237) nennen beispielsweise die Kundenfrequenzen in der Innenstadt als einen wichtigen Erfolgsindikator, wobei die Verfügbarkeit von Kundenfrequenzdaten von den Experten als fraglich eingeschätzt wurde (siehe auch Abschnitt 2.3.2). Die Einzelhandelszentralität als weiterer bedeutender Indikator läßt sich aus den genannten Indikatoren bestimmen.[8] Weitere Zielindikatoren, wie das Budget für Reinigungs- und Sicherheitskräfte in der Innenstadt, die Entwicklung des Branchenmix oder die Leerstände in der Innenstadt, sind aufgrund der Erkenntnisse aus den Expertenbefragungen nicht in die Untersuchung aufgenommen worden, da diese Werte in der Regel nur in einem kleineren Teil der Städte verfügbar sind.
Für die Steigerung der Attraktivität als touristischer Anziehungspunkt können Werte der folgenden Zielindikatoren der allgemeinen Beherbergungsstatistik (vgl. *Statistisches Bundesamt* (Hrsg.)(1999)) entnommen werden.

- Anzahl der Gästeübernachtungen,
- Anteil ausländischer Gäste [in Prozent],
- durchschnittliche Verweildauer der Gästen [in Tagen] und
- Hotelkapazitäten [Anzahl verfügbarer Betten].

Wie bei den meisten der bereits genannten Indikatoren weist auch hier ein hoher Wert bzw. eine positive Entwicklung der Indikatoren auf eine Zielerreichung hin. Einen weiteren aussagefähigen Indikator für diese Zielsetzung könnte auch die Anzahl der Tagestouristen in einer Stadt darstellen. Diese Kennzahl wiederum

[8]Die Bestimmung der Einzelhandelszentralität erfolgt durch die Division des Einzelhandelsumsatzes durch die einzelhandelsrelevante Kaufkraft und die Multiplikation dieses Wertes mit 100 (vgl. *Tietz/Rothaar* (1991, S. 350)). Werte über 100 weisen auf einen Kaufkraftzufluß, Werte unter 100 auf einen Kaufkraftabfluß in umliegende Städte hin.

liegt jedoch aufgrund der mit ihrer Erhebung verbundenen Probleme nur in Ausnahmefällen vor (vgl. u.a. *Kaspar/Frey* (1994), *Harrer et al.* (1995)). Ähnliches gilt für die Entwicklung der Besucherzahlen zentraler Sehenswürdigkeiten, deren Verfügbarkeit in den Städten gemäß der Auskünfte der Experten nur teilweise gegeben ist.[9] Ausgehend von den Erkenntnissen der Studie von *Reddy et al.* (1998) wären die Besucherzahlen der Theaterbetriebe ein möglicher verfügbarer Indikator (siehe Abschnitt 3.2.1). Inwieweit jedoch die Entwicklung der Besucherzahlen der Theaterbetriebe auf die Stadtmarketingaktivitäten zurückzuführen ist, erscheint fraglich, da andere, wie z.B. die von *Reddy et al.* (1998) identifizierten Einflußfaktoren hier relevant sind.

Die Zielsetzung der Steigerung der Attraktivität der Stadt als Wohnort bezieht sich unmittelbar auf die Zielgruppe der Bürger einer Stadt. Für diese Zielsetzung haben sich in den Expertengesprächen die Indikatoren

- Anzahl der Einwohner und
- Anzahl der Neuansiedlungen von Einzelhandelsunternehmen in den Randbereichen („Nebenzentren")

als relevant erweisen. Die Anzahl der Neuansiedlungen von Einzelhandelsunternehmen in den Randbereichen wird im vorliegenden Kontext nicht als Zielindikator im Hinblick auf die Steigerung der Attraktivität der Stadt als Einkaufsort, sondern vielmehr im Hinblick auf die Steigerung der Stadtattraktivität als Wohnort im Sinne der Entwicklung des Versorgungsangebotes in den Nebenzentren betrachtet (vgl. *Beyer* (1997, S. 92)). Auch hier deutet eine hohe Anzahl von Neuansiedlungen auf eine Steigerung der Attraktivität hin. Als weiterer Zielindikator wird die Entwicklung der Einwohnerzahlen einbezogen. Einwohnerzuwächse werden demnach als ein Hinweis auf die Zielerreichung verstanden. Andere denkbare Indikatoren, wie z.B. der Umfang des städtischen Dienstleistungsangebotes, wurden von den Experten als weniger relevant erachtet, da hier nicht der Umfang, sondern vielmehr die Qualität der angebotenen Leistungen entscheidend ist.

Die Beurteilung der Zielerreichung ausgehend von der Entwicklung der aufgeführten und in den, der empirischen Untersuchung zugrundeliegenden Fragebogen

[9] Verfügbar sind hingegen Besucherzahlen von Sehenswürdigkeiten, die mit dem Kauf einer Eintrittskarte verbunden sind (u.a. Museen).

aufgenommenen Indikatoren erfordert eine sehr hohe Auskunftsbereitschaft der Städte, verbunden mit der möglichst leichten Verfügbarkeit der Daten in den Städten. Ist dies nicht gegeben, so bietet die Beurteilung der Zielerreichung ausgehend von der Selbsteinschätzung durch die Entscheidungsträger eine Alternative.[10] Die Nutzung der Selbsteinschätzung zur Bewertung der Leistung ist jedoch auch kritisch zu betrachten. Zum einen besteht die Gefahr, daß im vorliegenden Fall die Zielerreichung durch den Entscheidungsträger, der auch für das erzielte Ergebnis verantwortlich zeichnet, bewußt überschätzt wird (vgl. *Chadwick et al.* (1984, S. 46)). Es stellt sich in diesem Zusammenhang die Frage, wie groß der Anreiz für den Befragten ist, eine ggf. höhere als die tatsächlich empfundene Zielerreichung anzugeben. Dieser Anreiz kann u.a. durch die Zusicherung von Anonymität gemindert werden. Zudem kann die Verdeutlichung der Tatsache, daß die Befragten durch ihre Antworten zu einem wissenschaftlichen Erkenntnisfortschritt beitragen, bewußten Fehleinschätzungen entgegenwirken (vgl. *Baldwin* (2000, S. 5)).[11]

Insbesondere im Hinblick auf die Zielsetzungen der Förderung der Zusammenarbeit wichtiger Entscheidungsträger in der Stadt und die Verankerung des Marketinggedankens im Bewußtsein der kommunalen Akteure scheint die Selbsteinschätzung der Zielerreichung durch die Entscheidungsträger eine sinnvolle Vorgehensweise, da für diese beiden Bereiche kaum aussagefähige objektive Indikatoren abzuleiten sind. Die Erreichung dieser, wie auch der übrigen Ziele des finalen Katalogs, soll daher auf einer fünfstufigen Ratingskala durch die Befragten eingeschätzt werden (vgl. *Fritz* (1995, S. 532), *Kalka* (1996, S. 288)).

Die Operationalisierung des Stadtmarketingerfolgs erfolgt ausgehend von den Zielgewichtungen und -erreichungsgraden zunächst mittels eines additiven und eines multiplikativen Erfolgsindex (siehe Gleichungen (3.1) und (3.2)). Die Berücksichtigung einer Overriding-Variable gemäß Gleichung (3.3) scheint im vorliegenden Kontext nicht sinnvoll, da keines der in dem zugrundeliegenden finalen Zielkatalog enthaltenen Ziele als alleinige „Grundvoraussetzung" für ein erfolgreiches Stadtmarketingprojekt betrachtet werden soll. Wird eines der genannten

[10] Die generelle Eignung einer subjektiven Einschätzung bei Abwesenheit objektiver Erfolgsgrößen ist auch in Abschnitt 3.2.2 herausgestellt worden.

[11] Für eine ausführliche Darstellung der Möglichkeiten und Grenzen der Selbsteinschätzung vgl. *Stone et al.* (Hrsg.)(2000).

Ziele nicht erreicht, so soll dies nicht dazu führen, daß das gesamte Projekt unabhängig von der Erreichung der übrigen Ziele als erfolglos bewertet wird.
Auch für die Bildung eines Meßmodells des Stadtmarketingerfolgs werden die Zielerreichungsgrade als Indikatorvariablen verwendet (siehe Gleichung (3.4)).
Ergänzend zu diesen auf den vordefinierten Zielen basierenden Operationalisierungen des Stadtmarketingerfolgs wird eine Globaleinschätzung des Erfolgs durch die Entscheidungsträger auf einer fünfstufigen Ratingskala zur Messung des Erfolgs herangezogen.
Insgesamt wird deutlich, daß das Problem der Bestimmung einer objektiv meßbaren Erfolgsgröße zur Konkretisierung des Stadtmarketingerfolgs noch nicht gelöst ist und daß die generelle Lösbarkeit dieses Problems zweifelhaft erscheint. Für die vorliegende Arbeit ermöglichen die betrachteten Operationalisierungen des Erfolgs, die sich in anderen Studien zur Erfolgsfaktorenforschung bewährt haben, eine realistische Einschätzung des Stadtmarketingerfolgs. Neben einer isolierten Betrachtung der vier Erfolgsgrößen könnte insbesondere auch durch die kombinierte Betrachtung aller vier Erfolgsgrößen eine gewisse Objektivierung der Erfolgsbeurteilung erreicht werden (siehe Abschnitt 5.2.3).

4.1.3 Einflußgrößen des Stadtmarketingerfolgs als unabhängige Variable

Ausgehend von den Erkenntnissen der Erfolgsfaktorenforschung in ihren traditionellen Anwendungsbereichen, dem Stand des Stadtmarketings in Deutschland und den bislang im Stadtmarketingkontext diskutierten Erfolgsfaktoren werden in diesem Abschnitt Untersuchungshypothesen als Basis für die empirische Studie formuliert und in den vorgestellten Bezugsrahmen integriert (siehe Abbildung 4.1). Ein erster Hypothesenkatalog war zudem Gegenstand der bereits erwähnten Expertengespräche, so daß auch in diesem Zusammenhang auf die Ergebnisse dieser Gespräche zurückgegriffen werden kann.
Die meisten der bisher diskutierten möglichen Erfolgsfaktoren im Stadtmarketing (siehe Abschnitt 3.3.1) sind der Kategorie „Philosophie/Zielsetzung" zuzuordnen. Im Vordergrund stehen hier Überlegungen bzgl. der grundlegenden Ausrichtung der Marketingaktivitäten. Erste empirische Hinweise auf die positive Auswirkung

der Durchführung eines umfassenden Stadtmarketings im Vergleich zu anderen, verkürzten Formen des Stadtmarketings liefern *Grabow/Hollbach-Grömig* (1998) (siehe Tabelle 3.5). Die Erfolgswirksamkeit eines umfassenden Stadtmarketings wird für die vorliegende Untersuchung mittels der folgenden Hypothesen konkretisiert.

> Erfolgreiches Stadtmarketing erfordert die Betrachtung der Stadt als Ganzes im Sinne
> H_{1a} der Anzahl der bearbeiteten Themenfelder und
> H_{1b} des Raumbezuges, d.h. der Betrachtung des gesamten Stadtgebietes.

Im Stadtmarketing sollte keine Beschränkung auf Teilräume (wie z.B. die Innenstadt) erfolgen. Die Betrachtung der Stadt als Ganzes impliziert zudem die Berücksichtigung einer Vielzahl der für die Stadtentwicklung relevanten Themenfelder. Zu beachten ist dabei nicht nur die Anzahl bearbeiteter Themenfelder, sondern auch die Abstimmung der zu bearbeitenden Themenfelder mit den Gegebenheiten vor Ort.

> H_{1c} Die Berücksichtigung der Elemente des idealtypischen Stadtmarketingprozesses wirkt sich positiv auf den Stadtmarketingerfolg aus.

Die Berücksichtigung der Elemente des Stadtmarketingprozesses impliziert eine systematische und geplante Vorgehensweise im Rahmen des Stadtmarketings. Auch wenn nicht unbedingt die idealtypische Vorgehensweise (siehe Abbildung 2.2) verfolgt wird, da ggf. bereits Vorarbeiten in anderem Kontext (z.B. Erstellung eines Einzelhandelsgutachtens) geleistet wurden, wird unterstellt, daß die Berücksichtigung aller genannten Aspekte den Erfolg positiv beeinflußt. Stadtmarketing sollte als ein Gemeinschaftsprojekt betrachtet werden und erfordert die Beteiligung einer Vielzahl von Akteuren. Im Vergleich zum unternehmerischen Bereich ergibt sich hier wiederum die besondere Herausforderung, daß gewisse Akteure und Zielgruppen nicht vernachlässigt werden können.

> H_{1d} Die Anzahl der einbezogenen unterschiedlichen städtischen Akteure beeinflußt den Erfolg des Stadtmarketings positiv.

Die Gruppen von Akteuren, die von den Stadtmarketingaktivitäten direkt betroffen sind, wie z.B. die Bürger oder ortsansässige Unternehmen, sind in den

Prozeß einzubinden. Der Gruppe der Bürger kommt in diesem Zusammenhang eine besondere Bedeutung zu.

H_{1e}	Der Grad der Bürgerbeteiligung beeinflußt den Stadtmarketingerfolg positiv.

Ein Mindestmaß an Bürgerbeteiligung ermöglichen z.B. die Öffentlichkeitsarbeit oder regelmäßige Bürgerbefragungen, intensivere Beteiligungsmöglichkeiten bieten offene Arbeitskreise, Diskussionsrunden oder Zukunftswerkstätten (vgl. *Döllekes* (2000, S. 257f.)). Der auch im Handelsbereich identifizierte Erfolgsfaktor „Kundenorientierung" (siehe Tabelle 3.3) kann als Pendant zur Forderung einer hohen Bürgerorientierung im Stadtmarketing betrachtet werden. Durch einen hohen Grad der Bürgerbeteiligung kann dieser Anspruch realisiert werden. Zu beachten ist, daß die Bürger nicht die einzigen „Kunden" der Stadt sind, sondern daß weitere Kundengruppen, wie z.B. die ansässigen und ansiedlungswilligen Unternehmen, zu berücksichtigen sind.

H_{1f}	Die frühzeitige Einbindung des Stadtrates beeinflußt den Stadtmarketingerfolg positiv.

Auch die Vertreter der Stadtpolitik sind als zentrale Akteure frühzeitig in die Aktivitäten mit einzubeziehen (siehe Abschnitt 3.3.1).
Bereits die schematische Darstellung des Stadtmarketingprozesses (siehe Abbildung 2.2) hat gezeigt, daß Stadtmarketing kein kurzfristiges Projekt sein darf. Es muß von Beginn an deutlich gemacht werden, daß Stadtmarketing langfristig verfolgt wird. Die Notwendigkeit der Langfristorientierung läßt sich auch aus den Erkenntnissen der Erfolgsfaktorenforschung für Industrieunternehmen ableiten. So identifizieren u.a. *Kreisky/Schossleitner* (1986) und *Hobbs* (1987) die Erfolgsfaktoren Durchhaltevermögen, Beharrlichkeit und langfristige Orientierung im Bereich der Industrieunternehmen.

H_{1g}	Eine langfristige Orientierung wirkt sich positiv auf den Stadtmarketingerfolg aus.

Ein Maßnahmenkatalog kann dazu dienen, die Ergebnisse der konzeptionellen Überlegungen im Rahmen eines umfassenden Stadtmarketings zusammenzufassen. Es sollten konkrete Maßnahmen, Verantwortlichkeiten, Hinweise zur Umsetzung, Terminvorgaben sowie erforderliche und verfügbare Mittel zusammengestellt werden.

H_{1h}	Die Existenz eines Maßnahmenkatalogs, der festlegt, wer, was, wann zu tun hat, beeinflußt den Erfolg positiv.

Neben der Durchführung eines umfassenden Stadtmarketings kann die Handlungsorientierung als eine der vordringlichsten Anforderungen an das Stadtmarketing bezeichnet werden. Der Umsetzungsaspekt sollte nicht erst in einem fortgeschrittenen Stadium des Stadtmarketingprozesses berücksichtigt werden.

Die frühe Umsetzung erster Maßnahmen hat einen positiven Einfluß auf
- H_{2a} – die Mitwirkungsbereitschaft der kommunalen Akteure,
- H_{2b} – die Überzeugung der kommunalen Akteure von der Leistungsfähigkeit des Stadtmarketings und
- H_{2c} – die Akzeptanz des Stadtmarketings in der Öffentlichkeit.

Hohe Handlungsorientierung kann durch die Umsetzung von Maßnahmen bereits in einem frühen Stadium des Projektes sowie projektbegleitend signalisiert werden. Auch ausgehend von den Expertengesprächen können diese Hypothesen als hochgradig relevant bezeichnet werden. Die so konkretisierte Handlungsorientierung hat gemäß der formulierten Hypothesen eine indirekte Wirkung auf den Erfolg über die Mitwirkungsbereitschaft und die Überzeugung der Akteure bzw. die Akzeptanz der Aktivitäten in der Öffentlichkeit (siehe auch H_{9a} – H_{9g}).

Die kontinuierliche Umsetzung einfach realisierbarer Maßnahmen hat einen positiven Einfluß auf
- H_{2d} – die Mitwirkungsbereitschaft der beteiligten Akteure,
- H_{2e} – die Überzeugung der kommunalen Akteure von der Leistungsfähigkeit des Stadtmarketings und
- H_{2f} – die Akzeptanz des Stadtmarketings in der Öffentlichkeit.

Für den Bereich der Situationsanalyse läßt sich allgemein der potentielle Erfolgsfaktor „Marktforschung“ bzw. „Aufbau einer stadtmarketingspezifischen Datenbasis“ formulieren. Während für die vorhergehenden Bereiche teilweise nur schwer Parallelen zu Erkenntnissen der Erfolgsfaktorenforschung in ihren traditionellen Anwendungsbereichen aufzuzeigen sind, ist die Marktforschung dort bereits als Erfolgsfaktor herausgestellt worden.

H_{3a} Eine systematische Durchführung der Situationsanalyse beeinflußt den Stadtmarketingerfolg positiv.

Im Handelsbereich formuliert *Kalka* (1996, S. 159) die Hypothese, daß die regelmäßige Durchführung von Marktforschung den Erfolg eines Facheinzelhandelsunternehmens positiv beeinflußt. Auch *Falter* (1992)[12] thematisiert die Marktforschung und identifiziert diese als Erfolgsfaktor für bestimmte Filialtypen im Einzelhandel. Insgesamt konstatiert *Kalka* (1996, S. 160) ein Defizit der empirischen Erfolgsfaktorenstudien im Handelsbereich im Hinblick auf den Aspekt der Marktforschung.

H_{3b} Die Nutzung der aus im Rahmen des Stadtmarketings durchgeführten Zielgruppenbefragungen gewonnenen Erkenntnisse hat einen positiven Einfluß auf den Erfolg der Stadtmarketingaktivitäten.

In einer Untersuchung der Unterschiede zwischen erfolgreichen und weniger erfolgreichen Unternehmen auf branchenübergreifender Ebene identifizieren *Hooley/Lynch* (1985, S. 68) die Nutzung von Methoden der Marktforschung (u.a. Zielgruppenbefragungen und Experimente) als Erfolgsfaktoren. *Töpfer* (1986, S. 63) stellt in einer Untersuchung der Erfolgsfaktoren des Marketing deutscher Industrieunternehmen u.a. den Aspekt der Marktforschung heraus. Erfolgreiche Unternehmen betreiben demnach intensiv Marktforschung, sowohl im Bereich der Primär-, als auch im Bereich der Sekundärforschung.

H_{3c} Die Nutzung von Erkenntnissen aus Sekundärdatenanalysen beeinflußt den Erfolg positiv.

Die Konkurrenzanalyse eröffnet für die Städte eine neue Perspektive. Insbesondere auch im Bereich der Verwaltung wird das Angebot derzeit zumeist als konkurrenzlos betrachtet.[13] Eine allgemeine Analyse der eigenen Vorgehensweise im Vergleich zur „Konkurrenz" kann z.B. auch ausgehend von einer Einordnung der eigenen Aktivitäten im Vergleich zu den Ergebnissen vorliegender empirischer Studien zum Stadtmarketing erfolgen.

[12] Diese Studie wurde aufgrund einer fehlenden multivariaten Datenanalyse und der deutlichen Kritik in der Literatur bisher nicht ausführlicher betrachtet (vgl. *Burmann* (1995, S. 19), *Bastian* (1999, S. 50f.)).

[13] So wurde z.B. im Interkommunalen Leistungsvergleich der Versuch unternommen, eine Konkurrenzsituation künstlich zu erzeugen (siehe Abschnitt 2.3.2).

H_{3d}	Die Nutzung der Erfahrungen anderer Städte mit dem Stadtmarketing im Sinne einer Konkurrenzanalyse beeinflußt den Erfolg positiv.

Kommunikation wird in der Stadtmarketingliteratur in vielen Fällen als der bedeutendste Erfolgsfaktor bezeichnet (vgl. u.a. *Grabow/Hollbach-Grömig* (1998, S. 164ff.)). Neben der Nutzung der Instrumente der Kommunikationspolitik werden insbesondere Aspekte wie z.B. die Konsens- und Konfliktfähigkeit der beteiligten Akteure sowie die konstruktive Arbeit in städtischen Gremien herausgestellt (siehe Abschnitt 3.3.1). Es handelt sich hierbei jedoch um sehr unscharfe Formulierungen und somit um wenig konkrete Aussagen. Eine konstruktive Arbeit in den Gremien äußert sich zudem in den Ergebnissen, wie z.B. der Existenz eines Maßnahmenkatalogs und der Umsetzung konkreter Maßnahmen. Zudem sind Konsens- und Konfliktfähigkeit bei jeder Form von Kooperation einer Vielzahl von Akteuren mit unterschiedlichen Standpunkten erforderlich und nicht nur stadtmarketingspezifisch von Bedeutung. Ursprünglich zu diesem Aspekt formulierte Hypothesen wurden daher aus dem Hypothesenkatalog herausgenommen und nicht weiter betrachtet.
Bezüglich der Instrumente der Kommunikationspolitik ist die hohe Bedeutung von Stadtwerbung und Öffentlichkeitsarbeit bereits herausgestellt worden, so daß die folgenden Hypothesen formuliert werden können.

H_{4a}	Intensive Stadtwerbung als Teilelement des Stadtmarketings beeinflußt den Erfolg positiv.

In der Erfolgsfaktorenforschung im Handelsbereich kommt insbesondere dem kommunikationspolitischen Instrument der Werbung eine hohe Bedeutung zu (vgl. *Kalka* (1996, S. 197); siehe Tabelle 3.3). Die Intensität der Werbung wird im Stadtmarketingkontext über den Anteil des Werbebudgets am Gesamtbudget des Stadtmarketings und über die Einschätzung des Stellenwertes der Stadtwerbung im Stadtmarketingprozeß erfaßt (vgl. *Schmalen/Stallmeier* (1992, S. 33)).

H_{4b}	Eine breite Öffentlichkeitsarbeit beeinflußt den Erfolg positiv.

Eine breite Öffentlichkeitsarbeit im Stadtmarketing ist gekennzeichnet durch die Erstellung regionaler und überregionaler Presseberichte zu wichtigen Aspekten des Stadtmarketings. Des weiteren findet das Instrument der persönlichen Kommunikation Berücksichtigung. Eine persönliche Kontaktaufnahme im Stadtmarketingkontext umfaßt dabei z.B. Besuchsprogramme bei den Unternehmen sowie Messepräsenzen der Stadt (siehe Abschnitt 2.2.5).

> H_{4c} Die persönliche Kontaktaufnahme mit den Zielgruppen beeinflußt den Erfolg positiv.

Aus dem Bereich des Marketing-Mix sind bislang außer den Instrumenten der Kommunikationspolitik keine weiteren möglichen Erfolgsfaktoren diskutiert worden, obwohl in der Literatur zur Erfolgsfaktorenforschung gerade einzelne absatzpolitische Instrumente häufig als potentielle Erfolgsfaktoren betrachtet werden (vgl. *Hildebrandt* (1986, S. 39), *Hurth* (1998, S. 57)). Wie bereits in Abschnitt 2.2.5 dargestellt, haben die Distributions- und Preispolitik aus den angeführten Gründen im Stadtmarketing einen geringeren Stellenwert. Der Bereich der Produktpolitik ist jedoch durchaus als bedeutend zu erachten, so daß in Anlehnung an die inhaltlich relevanten Ergebnisse der Erfolgsfaktorenforschung in ihren traditionellen Anwendungsbereichen (siehe Abschnitt 3.2.1) und die Forschungsergebnisse im Bereich Stadtmarketing (siehe Abschnitt 2.2) die folgende Hypothese formuliert wird.

> H_{5a} Eine Erweiterung des städtischen Leistungsangebotes um neue (Dienst-)Leistungen beeinflußt den Stadtmarketingerfolg positiv.

Im Dienstleistungsbereich wird ein zusätzliches Serviceangebot u.a. von *Preiß* (1992, S. 137) als potentieller Erfolgsfaktor identifiziert. Ähnlich formuliert z.B. *Bastian* (1999, S. 100ff.) ein vielfältiges und abwechslungsreiches (Veranstaltungs-)Programm als ein Element des Erfolgsfaktors „Erlebnis“ für Einkaufszentren. Die Ausweitung von Produktprogrammen wird von *Gottschlich* (1989) für kleine und mittelständische Unternehmen des produzierenden Gewerbes als Erfolgsfaktor herausgestellt. Für das Stadtmarketing erscheint das zusätzliche Angebot neuer (Dienst-)Leistungen erfolgversprechend. Ähnlich wie bei *Bastian* (1999) liegt die Vermutung nahe, daß ein vielfältiges Leistungsprogramm einen positiven Einfluß auf den Erfolg ausübt. Diese Leistungen können z.B. zusätzliche Serviceangebote im Bereich etablierter städtischer Dienstleistungen, neue Beratungsangebote oder auch die Durchführung neuer Veranstaltungen wie z.B. Stadtfeste darstellen. Diese Hypothese bezieht sich dabei nur auf das Anbieten neuer Leistungen, wobei deren Qualität hier zunächst nicht betrachtet wird. Dieser Aspekt kann auch im Hinblick auf eine hohe Handlungsorientierung der Stadtmarketingaktivitäten interpretiert werden, da durch die Erweiterung des Leistungsangebotes konkrete Maßnahmen für die Bürger erkennbar werden (z.B. in Form von Veranstaltungen).

Während in der Stadtmarketingliteratur alternative strategische Ausrichtungen diskutiert werden, ist das Verfolgen einer bestimmten Stadtmarketingstrategie im Kontext der Identifikation von Erfolgsfaktoren bislang vernachlässigt worden. Auch in dieser Hinsicht erscheint eine Erweiterung des Hypothesenkatalogs erforderlich. Die strategische Ausrichtung bzw. das Verfolgen einer Marketingstrategie hat sich in den traditionellen Anwendungsbereichen der Erfolgsfaktorenforschung und insbesondere auch in den für das Stadtmarketing als relevant erachteten Studien als ein Erfolgsfaktor erwiesen (vgl. u.a. *Kalka* (1996), *Korpiun* (1998)).

Die Existenz einer strategischen Grundrichtung beeinflußt
H_{6a} die Mitwirkungsbereitschaft der kommunalen Akteure,
H_{6b} die Überzeugung der kommunalen Akteure von der Leistungsfähigkeit des Stadtmarketings und
H_{6c} den Stadtmarketingerfolg
positiv.

Zunächst könnte die alleinige Existenz einer strategischen Grundrichtung einen positiven Einfluß auf den Erfolg und die Haltung der städtischen Gruppierungen ausüben, da mittels dieser vorhandenen Grundrichtung ein gezieltes und planvolles Vorgehen signalisiert werden kann.

Einzelne strategische Optionen im Bereich der Marktfeldstrategien, wie sie in Abschnitt 2.2.4 vorgestellt wurden, werden hingegen in der Stadtmarketingpraxis noch nicht so stark thematisiert. So haben die formulierten Wachstumsstrategien und auch die vorgenommenen Erweiterungen im Stadtmarketing derzeit noch nicht die Bedeutung erlangt, die ihnen im betriebswirtschaftlichen Marketing zukommt (vgl. *Junker* (1999, S. 5)). Ursprünglich formulierte Hypothesen bzgl. der Erfolgswirksamkeit einzelner strategischer Optionen im Bereich der Marktfeldstrategien sind daher nicht weiter berücksichtigt worden.[14] Zudem hat sich bereits

[14]Diese Hypothesen sind auch in den Expertengesprächen als nicht relevant beurteilt worden.

bei der Diskussion der Strategiealternativen gezeigt, daß die Wahl der konkreten Ausrichtung stark von den Gegebenheiten vor Ort abhängt und somit keine, für alle Städte gültigen erfolgversprechenden Strategiealternativen formuliert werden können, sondern lediglich für bestimmte Gruppen von Städten, wobei eine solche Betrachtung in der vorliegenden Studie nicht vorgesehen ist.
Weitere strategische Aspekte wie das Verfolgen einer Zielgruppenstrategie im Sinne einer differenzierten Marktbearbeitung und die Nutzung von Alleinstellungsmerkmalen der Stadt werden jedoch mittels der folgenden Hypothesen berücksichtigt.

Eine in Abhängigkeit von den lokalen Gegebenheiten gewählte Zielgruppenstrategie für die Bereiche
H_{6d} Wirtschaft und
H_{6e} Besucher
beeinflußt den Erfolg positiv.

Die Hypothese zielt darauf ab, ob eine differenzierte Bearbeitung verschiedener, stadtexterner Zielgruppen erfolgt. Für stadtinterne Zielgruppen scheint eine selektive Marktbearbeitung nicht sinnvoll, während auch hier eine differenzierte Ansprache einzelner Gruppen geboten ist (siehe Abschnitt 2.2.4). Das Verfolgen einer Zielgruppenstrategie wird u.a. auch im Handelsbereich als Erfolgsfaktor betrachtet. So identifiziert *Kalka* (1996, S. 246ff.) diesen Erfolgsfaktor für mittelständische Facheinzelhandelsunternehmen und *Kube* (1991, S. 224ff.) für Filialsysteme im Handel (siehe Tabelle 3.3).

H_{6f} Die Berücksichtigung von Alleinstellungsmerkmalen beeinflußt den Erfolg positiv.

Aufgrund der Relevanz der Differenzierungsstrategie (siehe Abschnitt 2.2.4) kann vermutet werden, daß die Existenz und die entsprechende Nutzung von Alleinstellungsmerkmalen im Stadtmarketing positiv auf den Erfolg einwirkt. Auch dieser Aspekt wird in der handelsbezogenen Erfolgsfaktorenforschung diskutiert (vgl. *Kalka* (1996, S. 246ff.)).
Aus dem Bereich der Organisation und Finanzierung lassen sich Parallelen zu den Erkenntnissen der Erfolgsfaktorenforschung in anderen Bereichen aufzeigen. Die Qualität der Human Ressourcen wird z.B. von *Fritz* (1990, S. 104) als der

am häufigsten ermittelte Erfolgsfaktor in 40 ausgewerteten Studien zur Erfolgsfaktorenforschung in Industrie-, Handels- und Dienstleistungsunternehmen identifiziert.

H_{7a} Die Qualifikation der für das Stadtmarketing verantwortlichen Person(en) beeinflußt den Stadtmarketingerfolg positiv.

Bühler (1991, S. 152) folgend kann fachkundiges Personal als ein wichtiger Indikator für den Attraktivitätsfaktor „Grundanforderungen" von Einkaufszentren bezeichnet werden. Im Dienstleistungsbereich stellt *Korpiun* (1998, S. 272) die Personalqualifikation, konkretisiert u.a. über die Teilnahme an Weiterbildungsmaßnahmen, als erfolgsrelevant hinsichtlich verschiedener Erfolgsdimensionen (ökonomischer Erfolg, Kundenbindung und Kundenzufriedenheit) heraus.

H_{7b} Die Einbeziehung eines externen Beraters in den Prozeß beeinflußt den Erfolg des Stadtmarketings positiv.

Aufgrund der hohen Bedeutung, die dem Thema externe Beratung im Stadtmarketing zukommt, erscheint die Formulierung einer entsprechenden Hypothese geboten. *Schmalen/Stallmeier* (1992, S. 31) stellen im Kontext der Untersuchung der Erfolgsfaktoren des Kurortmanagements eine entsprechende Hypothese auf. Sie weisen mittels bivariater Analysen nach, daß das Hinzuziehen eines externen Beraters die gewählten Erfolgsgrößen positiv beeinflußt.

H_{7c} Die Schaffung neuer personeller Ressourcen beeinflußt den Erfolg positiv.

Insbesondere wenn das Stadtmarketing bei der Stadtverwaltung angesiedelt wird, gilt es zu beachten, daß für die Gestaltung eines erfolgreichen Stadtmarketingprozesses auch zusätzliche personelle Ressourcen erforderlich sind. Es erscheint nicht möglich, Stadtmarketing neben dem „Alltagsgeschäft" erfolgreich zu betreiben (vgl. *Grabow/Hollbach-Grömig* (1998, S. 177)).

H_{7d} Personelle Fluktuation beeinflußt den Stadtmarketingerfolg negativ.

Im Handelsbereich konnten *Hise et al.* (1983) u.a. die Erfolgsfaktoren „Erfahrung des Managers in seiner derzeitigen Position" und „Erfahrung des Managers mit dem Arbeitgeber" identifizieren (siehe Tabelle 3.3). Analog ist auch im Stadtmarketing personelle Kontinuität und damit einhergehend eine gewisse Erfahrung im Stadtmarketing seitens der Mitarbeiter anzustreben.

H_{8a} Eine mittel- bis langfristig gesicherte finanzielle Basis beeinflußt den Stadtmarketingerfolg positiv.

Für das Stadtmarketing stehen eine Vielzahl von Finanzierungsquellen zur Verfügung (siehe Abschnitt 2.2.6). Neben der als sicher eingeschätzten finanziellen Basis erscheint eine Streuung der Finanzierungsquellen auch aufgrund der Überlegungen im Hinblick auf ein Public-Private-Partnership wünschenswert. Durch eine Breite finanzielle Basis kann eine größere Unabhängigkeit des Stadtmarketings von einzelnen Mittelgebern gewährleistet werden (vgl. *Weber* (2000, S. 56)). Die Breite der finanziellen Basis ergibt sich dabei als die Anzahl der herangezogenen verschiedenen Finanzierungsquellen.

H_{8b} Die Breite der finanziellen Basis beeinflußt den Stadtmarketingerfolg positiv.

Die Überzeugung von der Leistungsfähigkeit des Stadtmarketings und die Mitwirkungsbereitschaft der kommunalen Akteure werden im Stadtmarketing bereits als ein wichtiger Erfolgsfaktor betrachtet. Als kommunale Akteure werden dabei zunächst die Stadtspitze, die Mitglieder des Stadtrates sowie die Mitarbeiter der Stadtverwaltung berücksichtigt. Auch weitere Akteure und deren Haltung gegenüber dem Stadtmarketing könnten hier von Bedeutung sein. Im Sinne einer Beschränkung auf die wesentlichen Einflußfaktoren des Stadtmarketingerfolgs (siehe Abschnitt 4.1.1) erfolgt hier jedoch eine Konzentration auf die drei genannten Gruppierungen.

Die Überzeugung der beteiligten kommunalen Akteure, d.h. H_{9a} – Stadtspitze, H_{9b} – Stadtrat und H_{9c} – Mitarbeiter der Stadtverwaltung von der Leistungsfähigkeit des Stadtmarketings beeinflußt den Erfolg positiv.

Die Mitarbeiter- wie auch die Kundenorientierung werden bei *Hurth* (1998 S. 166ff.) gestützt auf die Erkenntnisse weiterer empirischer Studien als Elemente der Unternehmenskultur berücksichtigt. Auch *Fritz* (1995, S. 268ff.) stellt in seiner Untersuchung der Erfolgsfaktoren von Industrieunternehmen die Mitarbeiterorientierung als einen wesentlichen Einflußfaktor des Unternehmenserfolgs heraus. In Anlehnung an die in der Stadtmarketingliteratur bereits formulierten Erfolgsfaktoren (siehe Abschnitt 3.3.1) wird die Realisierung einer Mitarbeiterorientierung für die vorliegende Studie durch die Überzeugung von der Leistungsfähigkeit des Stadtmarketings und die Mitwirkungsbereitschaft seitens der kommunalen Akteure konkretisiert.

Die Mitwirkungsbereitschaft der kommunalen Akteure, d.h. H_{9d} – Stadtspitze, H_{9e} – Stadtrat und H_{9f} – Mitarbeiter der Stadtverwaltung beeinflußt den Stadtmarketingerfolg positiv.

Wie bereits in Abschnitt 3.3.1 angedeutet, werden diese Aspekte als Moderatorvariablen betrachtet. Die Überzeugung und die Mitwirkungsbereitschaft beeinflussen einerseits den Stadtmarketingerfolg, werden andererseits aber wiederum von dem Grad der Handlungsorientierung und der Existenz einer strategischen Grundrichtung beeinflußt.

H_{9g}	Die Akzeptanz des Stadtmarketings in der Öffentlichkeit beeinflußt den Stadtmarketingerfolg positiv.

Auch hinsichtlich der Öffentlichkeit ist die Überzeugung und Mitwirkungsbereitschaft wünschenswert, dennoch kann nicht die gesamte Öffentlichkeit am Stadtmarketingprozeß aktiv beteiligt werden. Dem Erreichen einer Akzeptanz des Stadtmarketings in der Öffentlichkeit kommt daher eine hohe Bedeutung zu.

Die vorgestellten Hypothesen beziehen sich auf Handlungs- und Moderatorvariablen als mögliche Erfolgsfaktoren. Zusätzlich wird eine Erfolgswirksamkeit einzelner interner und externer Situationsvariablen unterstellt. Tabelle 4.2 faßt mögliche Situationsvariablen zusammen, die im folgenden näher konkretisiert werden.

Interne Situationsvariablen:	Externe Situationsvariablen:
– Startzeitpunkt – Initiator des Stadtmarketings – Größe der Stadt – Form der Institutionalisierung – Mehrheitsverhältnisse	– Stellung der Stadt im Umfeld – Wettbewerbsintensität

Tabelle 4.2: Situationsvariablen als potentielle Erfolgsfaktoren

Ausgehend von der in Abschnitt 3.1.1 vorgenommenen Definition des Begriffs Erfolgsfaktor werden auch diese Aspekte als potentielle Erfolgsfaktoren betrachtet. Als interne Situationsvariablen werden der Startzeitpunkt, der Initiator der Aktivitäten, die Größe der Stadt sowie die politischen Mehrheitsverhältnisse in der Stadt berücksichtigt. Hinsichtlich des Startzeitpunktes kann vermutet werden, daß die „Stadtmarketingerfahrung", im Sinne der Dauer des Projektes, den Erfolg des Stadtmarketings positiv beeinflußt. Die Initiative des Stadtmarketings kann von einer Vielzahl von Gruppierungen ausgehen. Für eine aktive Unterstützung durch die Stadtpolitik könnte die Initiative von dieser Seite einen positiven Einfluß auf den Erfolg ausüben. Die Größe der Stadt als weitere interne Situationsvariable kann anhand verschiedener Aspekte, wie z.B. Einwohnerzahlen und/oder Übernachtungszahlen, erfaßt werden. Hinsichtlich der Form der Institutionalisierung kann auf Basis der Ausführungen in Abschnitt 2.2.6 davon ausgegangen werden, daß diese in Abhängigkeit von den Gegebenheiten vor Ort zu wählen ist, während keine generell erfolgversprechende Organisationsform identifiziert werden kann. Als weitere interne Situationsvariable werden die Mehrheitsverhältnisse im Stadtrat berücksichtigt. Die Stabilität der politischen Lage in der Stadt könnte eine Erfolgswirksamkeit aufweisen.

Der Stellung der Stadt im Umfeld als externe Situationsvariable liegen die Abstufungen der zentralörtlichen Gliederung in Ober-, Mittel-, Unter- und Kleinzentrum zugrunde. Hinsichtlich der Wettbewerbsintensität kann unterschieden werden zwischen Städten in Ballungsgebieten und Solitärstädten. Die Wettbewerbsintensität ist ein Einflußfaktor des Erfolgs der auch in den traditionellen Anwendungsbereichen der Erfolgsfaktorenforschung herausgestellt wird. So identifiziert *Kube* (1991, S. 194) einen negativen Einfluß der Wettbewerbsintensität auf den Erfolg in Filialsystemen. Die Wettbewerbssituation als Einflußfaktor des Erfolgs im textilen Facheinzelhandel wird von *Patt* (1990, S. 46) u.a. über die

Anzahl der Wettbewerber und den Marktanteil der Wettbewerber erfaßt. Die Wettbewerbsstärke wird von *Patt* (1990, S. 219ff.) als einer der wichtigsten Einflußfaktoren identifiziert.

Abbildung 4.2 faßt die formulierten Hypothesen zusammen. Die potentiellen Erfolgsfaktoren wurden in den in Abschnitt 4.1.1 formulierten Bezugsrahmen integriert. Diese Zusammenstellung bildet den Ausgangspunkt für die empirische Prüfung der Erfolgswirksamkeit der potentiellen Erfolgsfaktoren (siehe Abschnitt 5.2).

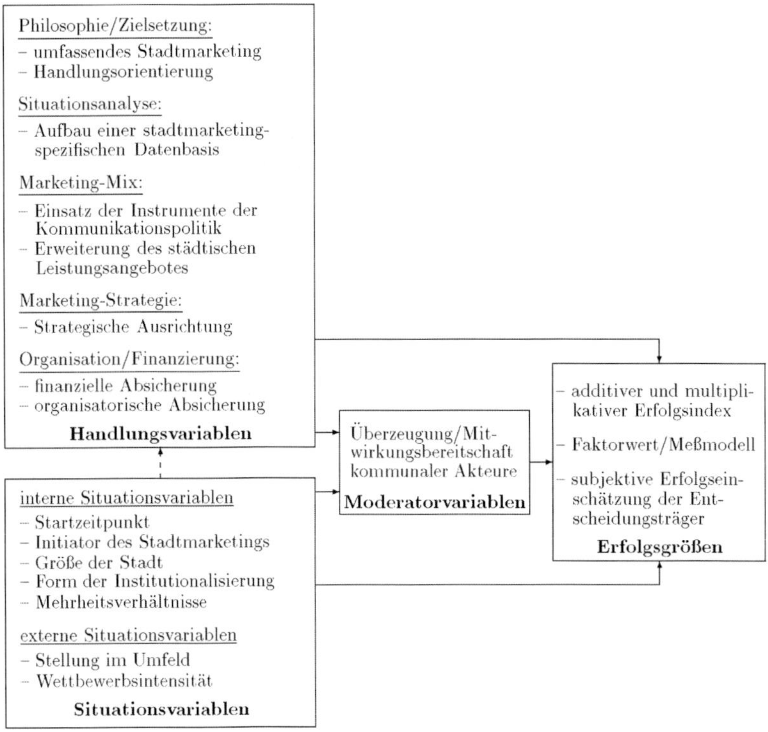

Abbildung 4.2: Integration der potentiellen Erfolgsfaktoren aus der Literaturauswertung in den Bezugsrahmen

Ausgehend von den zusammengestellten Hypothesen wurde ein Fragebogen als Grundlage der empirischen Untersuchung entwickelt. Hinsichtlich des Skalenniveaus wurde soweit wie möglich der Erhalt metrischer Daten angestrebt, um die

Anwendung entsprechender multivariater Analyseverfahren zu ermöglichen (siehe Abschnitt 3.2.3).

In Tabelle 4.3 werden die Hypothesen und die zur Operationalisierung dieser im Fragebogen verwendeten Fragen zusammengestellt. Ergänzend ist das verwendeten Skalenniveau angegeben.[15]

Hypothese	Frage	Skalenniveau	Hypothese	Frage	Skalenniveau
Professionelle Planung und Durchführung					
H_{1a}	Frage 8	nominal	H_{1e}	Frage 12	ordinal/metrisch
H_{1b}	Frage 3	ordinal	H_{1f}	Frage 25	ordinal/metrisch
H_{1c}	Frage 4	nominal	H_{1g}	Frage 25	ordinal/metrisch
H_{1d}	Frage 14	nominal	H_{1h}	Frage 11	ordinal/metrisch
Handlungsorientierung					
H_{2a}	Frage 25	ordinal/metrisch	H_{2d}	Frage 25	ordinal/metrisch
H_{2b}	Frage 25	ordinal/metrisch	H_{2e}	Frage 25	ordinal/metrisch
H_{2c}	Frage 25	ordinal/metrisch	H_{2f}	Frage 25	ordinal/metrisch
Stadtmarketingspezifische Datenbasis					
H_{3a}	Frage 25	ordinal/metrisch	H_{3c}	Frage 25	ordinal/metrisch
H_{3b}	Frage 25	ordinal/metrisch	H_{3d}	Frage 25	ordinal/metrisch
Einsatz der Instrumente der Kommunikationspolitik					
H_{4a}	Frage 25	ordinal/metrisch	H_{4b}	Frage 25	ordinal/metrisch
H_{4a}	Frage 13	metrisch	H_{4b}	Frage 13	metrisch
			H_{4c}	Frage 13	metrisch
Leistungsspektrum					
H_{5a}	Frage 25	ordinal/metrisch	H_{5a}	Frage 13	metrisch
Strategische Ausrichtung					
H_{6a}	Frage 25	ordinal/metrisch	H_{6e}	Frage 5	nominal
H_{6b}	Frage 25	ordinal/metrisch	H_{6e}	Frage 6	nominal
H_{6c}	Frage 25	ordinal/metrisch	H_{6e}	Frage 7	nominal
H_{6d}	Frage 5	nominal	H_{6f}	Frage 9	nominal
H_{6d}	Frage 6	nominal	H_{6f}	Frage 10	ordinal/metrisch
H_{6d}	Frage 7	nominal			
Organisatorische Absicherung					
H_{7a}	Frage 17	nominal	H_{7c}	Frage 25	ordinal/metrisch
H_{7b}	Frage 14	nominal	H_{7d}	Frage 18	metrisch
H_{7b}	Frage 23	nominal	H_{7d}	Frage 19	metrisch
H_{7b}	Frage 24	nominal	H_{7d}	Frage 20	metrisch
Finanzielle Absicherung					
H_{8a}	Frage 25	ordinal/metrisch	H_{8b}	Frage 26	nominal
Überzeugung/Mitwirkungsbereitschaft kommunaler Akteure					
H_{9a}	Frage 25	ordinal/metrisch	H_{9e}	Frage 25	ordinal/metrisch
H_{9b}	Frage 25	ordinal/metrisch	H_{9f}	Frage 25	ordinal/metrisch
H_{9c}	Frage 25	ordinal/metrisch	H_{9g}	Frage 25	ordinal/metrisch
H_{9d}	Frage 25	ordinal/metrisch			

Tabelle 4.3: Umsetzung der Aspekte aus den Hypothesen im Fragebogen

[15] Der Fragebogen befindet sich in Anhang C.1. Es wurden im Fragebogen zu einem großen Teil fünfstufige Ratingskalen verwendet, die *Hammann/Erichson* (2000, S. 341) folgend als metrisch interpretiert werden sollen (Angabe ordinal/metrisch in Tabelle 4.3).

4.2 Design der empirischen Untersuchung

4.2.1 Zielsetzung der Untersuchung

Die Zielsetzung der empirischen Studie umfaßt die Identifikation von Erfolgsfaktoren des Stadtmarketings und die Ableitung eines auf den Resultaten der empirischen Erhebung basierenden Kontrollinstrumentes.
Zunächst werden in einem ersten Schritt die Stadtmarketingaktivitäten in der kommunalen Praxis auf einer umfassenden empirischen Basis charakterisiert. Neben der Zusammenstellung der Erkenntnisse der deskriptiven Auswertung können bereits an dieser Stelle erste Hinweise auf Einflußgrößen des Stadtmarketingerfolgs gewonnen werden. Des weiteren kann eine erste Bewertung einzelner Projekte durch eine Gegenüberstellung der gewählten Vorgehensweise mit den Aktivitäten in den übrigen Städten der Stichprobe vorgenommen werden.
In einem zweiten Schritt wird die Erfolgswirksamkeit der postulierten Erfolgsfaktoren überprüft. Das aus geleisteten Vorarbeiten abgeleitete Erfolgsfaktorensystem des Stadtmarketings (siehe Abschnitt 4.1.3) wird einer kausalanalytischen Prüfung unterzogen. Des weiteren können anhand verschiedener Erfolgsgrößen Gruppen erfolgreicher und weniger erfolgreicher Stadtmarketingprojekte gebildet und mittels Diskriminanzanalyse hinsichtlich ihrer Unterschiede und Ähnlichkeiten untersucht werden, um Hinweise auf die Einflußgrößen des Stadtmarketingerfolgs abzuleiten.
Diese Vorgehensweise bei der Identifikation der Erfolgsfaktoren des Stadtmarketings unterscheidet sich deutlich von bisherigen Ansätzen zur Identifikation von Erfolgsfaktoren im Stadtmarketing (siehe Abschnitt 3.3). Ausgehend von den in Abschnitt 3.2 zusammengestellten Vorgehensweisen der Erfolgsfaktorenforschung in ihren traditionellen Anwendungsbereichen werden auf einer breiten empirischen Basis Erfolgsfaktoren des Stadtmarketings abgeleitet. Die Klassifikation von Erfolgsfaktorenstudien nach *Trommsdorff* (1993, S. 142) aufgreifend (siehe Abschnitt 3.1.1) kann die vorliegende Studie wie folgt charakterisiert werden:

- **Hohe Präzision:** Identifikation von Erfolgsfaktoren mittels einer standardisierten Befragung deutscher Städte und Gemeinden unter Verwendung multivariater Analyseverfahren.

- **Hohe Spezifität/geringe Reichweite:** Identifikation „branchenspezifischer" Erfolgsfaktoren unter Beschränkung auf einen Teilaspekt der Stadtführung (partielle Sichtweise).
- **Annäherung an den Anspruch der Kausalität:** Berücksichtigung erfolgreicher und weniger erfolgreicher Stadtmarketingprojekte (Kontrastgruppen) und Anwendung der Kausalanalyse.

Ausgehend von den ermittelten Erfolgsfaktoren und den aufgezeigten Ansätzen zur Messung des Stadtmarketingerfolgs werden in einem weiteren Schritt Übertragungsmöglichkeiten dieser Erkenntnisse auf die Entwicklung eines Instrumentes zur Erfolgskontrolle im Stadtmarketing untersucht. Aufbauend insbesondere auf den Ergebnissen der Diskriminanzanalyse wird ein Klassifikationsansatz vorgestellt, der es ermöglicht, neue Stadtmarketingprojekte als erfolgreich oder weniger erfolgreich einzustufen und somit eine Erfolgskontrolle durchzuführen.

4.2.2 Auswahl der Untersuchungseinheiten und Erhebungsmethode

Die Auswahl der Untersuchungseinheiten erfolgt auf Basis der Zusammenstellung der Städte und Gemeinden nach Einwohnergrößenklassen und Bundesländern des Statistischen Bundesamtes (Stichtag: 31.12.1998). Die Grundgesamtheit bilden alle Städte und Gemeinden in Deutschland ab 10.000 Einwohnern. Diese Einschränkung stützt sich zum einen auf Erfahrungen aus anderen Studien zum Thema Stadtmarketing (vgl. *Grabow/Hollbach-Grömig* (1998, S. 183)). Des weiteren zeigt die Zusammenstellung des Statistischen Bundesamtes, daß lediglich 36 % der Gemeinden mit 5.000 bis 10.000 Einwohnern Stadtrecht besitzen und somit nur in wenigen Fällen von „Stadt"marketing gesprochen werden kann. Hingegen besitzen alle Gemeinden ab 40.000 Einwohner das Stadtrecht, bei den Gemeinden ab 10.000 bis 40.000 Einwohnern ist dies noch für 70 % der Gemeinden der Fall. Eine Gegenüberstellung der Aufstellung des Statistischen Bundesamtes mit den bekanntermaßen Marketing betreibenden Städten[16] zeigt zudem, daß mindestens

[16] Diese Städte wurden zusammengestellt auf Basis einer eigenen Literatur- und Internetrecherche sowie des Mitgliederverzeichnisses der Bundesvereinigung City- und Stadtmarketing Deutschland e.V. (BCSD).

53 % der Städte ab 40.000 Einwohner Stadtmarketing betreiben, während dieser Prozentsatz bei den Gemeinden mit weniger als 10.000 Einwohnern auf deutlich unter 1 % sinkt.[17]

In die Stichprobe sollen aufgrund dieser Überlegungen Städte ab 10.000 Einwohner einbezogen werden. Ausgehend von der Zusammenstellung des Statistischen Bundesamtes werden alle 271 Städte mit mehr als 40.000 Einwohnern einbezogen. Für Städte mit 10.000 bis 40.000 Einwohnern wird eine nach Bundesländern proportional geschichtete Zufallsauswahl von 329 Städten entsprechend der Angaben in Tabelle 4.4 vorgenommen

Bundesländer	Städte mit 10.000 – 40.000 Einwohnern		Prozentualer
	Grundgesamtheit	Stichprobe	Anteil
Baden-Württemberg	206	54	16,3 %
Bayern	192	50	15,2 %
Berlin	0	0	0 %
Brandenburg	44	11	3,5 %
Bremen	0	0	0 %
Hamburg	0	0	0 %
Hessen	157	41	12,5 %
Mecklenburg-Vorpommern	21	5	1,7 %
Niedersachsen	171	45	13,6 %
Nordrhein-Westfalen	238	62	18,9 %
Rheinland-Pfalz	33	9	2,6 %
Saarland	35	9	2,8 %
Sachsen	61	16	4,8 %
Sachsen-Anhalt	33	9	2,6 %
Schleswig-Holstein	46	12	3,6 %
Thüringen	24	6	1,9 %
Summe:	1261	329	100 %

Tabelle 4.4: Anteile der Städte mit 10.000 bis 40.000 Einwohnern nach Bundesländern in Stichprobe und Grundgesamtheit

[17]Für die weiteren Größenklassen gelten die folgenden Anteile bekanntermaßen Marketing betreibender Städte:
- 30.000 bis 40.000 Einwohner: $\geq$ 15 %,
- 20.000 bis 30.000 Einwohner: $\geq$ 9 %,
- 10.000 bis 20.000 Einwohner: $\geq$ 3 %.

Die Zufallsauswahl wurde mit Hilfe des Programmpakets SAS© auf Basis der Zusammenstellung des Statistischen Bundesamtes vorgenommen (vgl. *SAS Institute Inc.* (1994, S. 21ff.)). Die entsprechenden Adressen der Städte entstammen überwiegend der Gemeindedatenbank 3.0 der Dialog-Dienste GmbH.
Die sich ergebende Stichprobe umfaßte zunächst 600 Städte in Deutschland ab 10.000 Einwohner. In der Zusammenstellung des statistischen Bundesamtes wird zwischen Berlin, Berlin-West und Berlin-Ost unterschieden. Diese Differenzierung wurde für die Stichprobe aufgehoben, so daß sich der Stichprobenumfang zunächst auf 598 Städte reduzierte. Die Stichprobe wurde zudem um die bekanntermaßen Marketing betreibenden Städte erweitert, die nicht im Rahmen der Zufallsauswahl in die Stichprobe aufgenommen worden sind, so daß die Gesamtstichprobe 649 Städte umfaßt.
Die Befragung erfolgte auf der Grundlage eines standardisierten Fragebogens[18] im Juli/August 2000. Das Fragenspektrum deckt die herausgearbeiteten potentiellen Erfolgsfaktoren des Stadtmarketings sowie die in Abschnitt 4.1.2 diskutierten Möglichkeiten der Erfassung des Stadtmarketingerfolgs ab. Inhaltlich gliedert sich der Fragebogen wie folgt:

- Umfang und Inhalte des Stadtmarketings,
- Maßnahmen und Instrumente,
- beteiligte Akteure und Organisation,
- Charakterisierung der Stadtmarketingaktivitäten,
- Finanzierung der Stadtmarketingaktivitäten,
- Ziele der Stadtmarketingaktivitäten und
- allgemeine Daten zur Stadt.

Insgesamt kann der Fragebogen als vergleichsweise umfangreich betrachtet werden, wobei eine Kürzung nicht ohne den Verzicht auf wesentliche Informationen möglich gewesen wäre. Der Fragebogen wurde in Zusammenarbeit mit der Bielefeld Marketing GmbH einem entsprechenden Pretest unterzogen. Durch die

[18] Der Fragebogen befindet sich in Anhang C.1.

weitgehende Vermeidung offener Fragen und die daraus resultierende einfache Bearbeitung eines großen Teils der Fragen durch Ankreuzen einer oder mehrerer Antwortalternativen konnte eine realistische Bearbeitungszeit erreicht werden.
Das Anschreiben[19] wurde jeweils an den/die (Ober-)Bürgermeister(-in)/ (Ober-)Stadtdirektor(-in) gerichtet mit der Bitte, diesen ggf. an die für Stadtmarketing zuständige Stelle weiterzuleiten. Für die Städte, die bekanntermaßen Marketing betreiben, wurden auf Basis einer eigenen Internetrecherche die Adressen und Ansprechpartner der für Stadtmarketing zuständigen Stellen soweit wie möglich zusammengetragen. Damit sollte sichergestellt werden, daß der Fragebogen von einer kompetenten Person bearbeitet wird.
Als Anreiz zur Beantwortung des Fragebogens und somit zur Steigerung der Rücklaufquote wurde ein Gutschein für einen Ergebnisbericht der Studie beigefügt, der mit dem ausgefüllten Fragebogen zurückgesendet werden sollte.
Insgesamt antworteten 280 Städte auf den Fragebogen, d.h. es konnte eine Rücklaufquote von 43 % erreicht werden. Der Rücklauf bei empirischen Studien zur Erfolgsfaktorenforschung liegt nach *Lang* (1997, S. 150) bei 25-35 %, während man in der Marktforschungsliteratur generell von Rücklaufquoten zwischen 10 % und 40 % ausgeht (vgl. *Green/Tull* (1988, S. 178)). Insgesamt sind die Rücklaufquoten stark situationsabhängig. In bisherigen Studien zum Stadtmarketing konnten teilweise erstaunlich hohe Rücklaufquoten realisiert werden. Die von der Anzahl verwertbarer Fragebögen mit der vorliegenden Studie vergleichbare Untersuchung des Difu (vgl. *Grabow/Hollbach-Grömig* (1998)) erreichte bei einem deutlich geringeren Fragebogenumfang eine Rücklaufquote von 75 %.[20] Die umfangreichere Studie von *Schückhaus et al.* (1993) erreichte 33 %. Mit einem Rücklauf von 280 verwertbaren Fragebögen kann die vorliegende Studie auf die bislang im Kontext von Untersuchungen zum Stadtmarketing wohl umfangreichste Datengrundlage zurückgreifen (siehe auch Tabelle 2.2).

[19] Das Anschreiben befindet sich in Anhang C.2.

[20] Zu beachten ist, daß die Zuwenderstädte des Difu, die von den Angeboten des Institutes profitieren, ein sehr hohes Eigeninteresse an einer Teilnahme an Studien des Institutes haben.

4.2.3 Behandlung fehlender Werte

Das in der Marktforschung viel diskutierte Problem fehlender Werte (vgl. *Malhotra* (1987, S. 74), *Kamakura/Wedel* (2000, S. 490)) tritt auch in der vorliegenden Studie auf und soll in diesem Abschnitt untersucht werden. Zunächst werden einzelne Merkmale (Fragebogenitems) und Beobachtungen, die durch eine hohe Anzahl fehlender Werte gekennzeichnet sind, identifiziert. Diese Merkmale bzw. Beobachtungen werden aus der Datenmatrix herausgenommen. Für die entsprechend reduzierte Datenmatrix wird dann untersucht, ob der den verbleibenden fehlenden Werten zugrundeliegende Ausfallmechanismus als systematisch oder zufällig zu charakterisieren ist. Ausgehend von den Erkenntnissen wird dann die Vorgehensweise im Umgang mit den fehlenden Werten für die Datenauswertung festgelegt.

Für eine Vielzahl der im vorliegenden Fall aufgetretenen fehlenden Werte lassen sich konkrete Ursachen identifizieren.[21] Die Aufnahme von Filterfragen in den Fragebogen bedingt zwangsläufig fehlende Werte bei einzelnen Beobachtungen, auf die das Filterkriterium nicht zutrifft. Beispielsweise werden Städte, die kein Stadtmarketing betreiben, in der vorliegenden empirischen Studie nur gebeten, die ersten beiden Fragen zu beantworten, so daß sich für die folgenden Fragen sachlogisch fehlende Werte ergeben. Es soll daher auch im Hinblick auf die Kodierung der Daten differenziert werden zwischen „sachlogischen" und „echten" fehlenden Werten (vgl. *Decker et al.* (2000, S. 83)). Sachlogisch fehlende Werte ergeben sich aufgrund der Filterführung auch bei den Fragen 7, 10 und 24. Nicht als echte fehlende Werte werden zudem fehlende Angaben in der Kategorie „Sonstiges" aufgefaßt. Werden z.B. bei der Frage zu den Finanzierungsmöglichkeiten im Stadtmarketing (Frage 26) Angaben gemacht und lediglich keine zusätzlichen Finanzierungsquellen in der Kategorie „Sonstige" angegeben, so werden die entsprechenden fehlenden Angaben nicht als echte fehlende Werte betrachtet.

Eine Ursache für echte fehlende Werte stellt das Zeit- und Motivationsproblem der Befragten dar. Wie bereits in Abschnitt 4.1.2 angedeutet, ist insbesondere bei der Frage nach stadtspezifischen Kennzahlen und deren Entwicklung (Frage 37) erwartungsgemäß ein sehr hoher Anteil fehlender Werte aufgetreten (siehe

[21] Für eine allgemeine Darstellung möglicher Ausfallursachen vgl. *Bankhofer* (1995, S. 8ff.).

Tabelle 4.5). Die Beschaffung dieser Kennzahlen wurde von den Befragten vermutlich als zu zeitaufwendig betrachtet. Um dem Problem fehlender Werte an dieser Stelle entgegenzuwirken, konnten teilweise Sekundärdaten herangezogen werden. Dies gilt für die Einwohnerzahlen, die Übernachtungszahlen sowie den Einzelhandelsumsatz und die einzelhandelsrelevante Kaufkraft pro Einwohner, die über das Statistische Bundesamt, die Statistischen Landesämter respektive die GfK Nürnberg verfügbar sind. Aussagen über die Entwicklung der Kennzahlen seit Beginn der Stadtmarketingaktivitäten sind jedoch aufgrund des hohen Beschaffungsaufwandes von Zeitreihendaten dieser Art nicht möglich.

Frage	Anteil fehlender Werte Städte mit Stadtmarketing (227 Städte)	 Städte mit mindestens 2 Jahren Marketingerfahrung (178 Städte)
Frage 6	6,6 %	6,7 %
Frage 7	47,6 %	42,1 %
Frage 9	5,3 %	5,6 %
Frage 12	4,4 % – 22,9 %	2,2 % – 20,8 %
Frage 13	20,7 % – 40,5 %	18,5 % – 39,3 %
Frage 18	26,9 % / 42,3 %	27,0 % / 41,0 %
Frage 19	15,0 %	16,9 %
Frage 20	18,1 %	17,4 %
Frage 28	10,6 % – 12,3 %	5,6 % – 7,9 %
Frage 37 – Kennzahlen[22] – Entwicklung	 22,5 % – 67,8 % 15,9 % – 74,9 %	 18,5 % – 68,5 % 14,6 % – 73,6 %

Tabelle 4.5: Anteil fehlender Werte bei ausgewählten Fragen

Eine vergleichsweise hohe Auskunftsbereitschaft liegt für die Entwicklung der Einwohnerzahlen vor (15,9 % fehlende Werte bei Städten mit Stadtmarketing bzw. 14,6 % fehlende Werte bei Städten mit mehr als zwei Jahren Stadtmarketingerfahrung), während bei der Einschätzung der Entwicklung in den übrigen Bereiche mindestens 37,0 % bzw. 32,0 % der Werte nicht angegeben sind. Ähnliches gilt für die Kennzahlen. Die höchste Auskunftsbereitschaft ist hier beim Gewerbesteuerhebesatz zu erkennen (22,5 % bzw. 18,5 % fehlender Werte), während für die übrigen Kennzahlen mindestens 28,2 % bzw. 27,5 % der Werte fehlen.

[22]Nicht berücksichtigt sind die Kennzahlen, die mittels Sekundärdaten ergänzt werden konnten, da diese folglich vollständig vorliegen (Einwohnerzahlen, Übernachtungszahlen, Einzelhandelsumsatz und einzelhandelsrelevante Kaufkraft).

Ein hoher Anteil fehlender Werte ist zudem bei den Fragen zu erkennen, bei denen ein konkreter Wert abgefragt worden ist (Fragen 13, 18, 19 und 20). Ähnlich wie bei den Kennzahlen aus Frage 37 liegt die Vermutung nahe, daß der Aufwand bei der Beschaffung der entsprechenden Angaben als zu hoch erachtet wurde.
Des weiteren treten vermehrt fehlende Werte bei den Fragen 6, 7, 9 und bei einigen Items der Frage 12 auf. Diese fehlenden Werte lassen sich auf die Inhalte der jeweiligen Fragen zurückführen, da hier Aspekte eines Stadtmarketings abgefragt werden, die den kommunalen Entscheidungsträgern in ihrer täglichen Arbeit fremd sein könnten. Es handelt sich um die Fragen nach einer detaillierten Zielgruppendefinition, der Berücksichtigung von Alleinstellungsmerkmalen sowie der Nutzung verschiedener Instrumente der Bürgerbeteiligung. Bei den Instrumenten der Bürgerbeteiligung ist dabei das Item „Presse- und Medienarbeit" nicht durch eine erhöhte Anzahl fehlender Werte gekennzeichnet (4,4 % bzw. 2,2 % fehlender Werte), während die übrigen, etwaig weniger gängigen Instrumente der Bürgerbeteiligung einen erhöhten Anteil fehlender Werte aufweisen (22,9 % bzw. 20,8 % fehlender Werte bei dem Item „Zukunftswerkstätten"). Bei der Frage zur Existenz von Alleinstellungsmerkmalen (Frage 9) deuten die von den Probanden gemachten Anmerkungen im Rahmen des offenen Teils der Frage auf Verständnisprobleme hin.
Hinsichtlich der Fragestellungen, die den Erfolg der Stadtmarketingaktivitäten betreffen, sind insbesondere bei der Angabe der Zielerreichungsgrade (Frage 28) vermehrt fehlende Werte aufgetreten. Ausfallursache ist hier vermutlich mangelndes Wissen der Auskunftsperson. Von den Probanden erbetene zusätzliche Kommentare deuten darauf hin, daß an dieser Stelle bei einigen Stadtmarketingprojekten noch keine Aussage bezüglich der Zielerreichung möglich war, so daß diese Angaben analog zu der Angabe „keine Aussage möglich" (siehe u.a. Frage 25) bewertet werden können. Für diese Interpretation spricht auch, daß der Anteil fehlender Werte bei Frage 28 für Städte mit mehr als zwei Jahren Stadtmarketingerfahrung deutlich niedriger ist.
Antworten in der Kategorie „keine Aussage möglich" stellen keine fehlenden Werte im eigentliche Sinne dar, da diese Angaben Informationen enthalten (vgl. *Bankhofer* (1995, S. 9)).[23] In die Analyse können diese nur als Ausprägungen

[23]Eine genauere Betrachtung der Antwortkategorie „keine Aussage möglich" nimmt u.a. *Schnell* (1986, S. 32ff.) vor. Hinsichtlich der Ursachen für die Wahl dieser Antwortkategorie werden Verweigerer, Unentschiedene, Nicht-Informierte und Meinungslose unterschieden.

einer Variable auf nominalem Meßniveau eingehen. Im vorliegenden Fall werden jedoch häufig Ordinalskalen verwendet, die dann entsprechend metrisch interpretiert werden können, um die Anwendung geeigneter multivariater Analyseverfahren zu ermöglichen. Die Antwortkategorie „keine Aussage möglich" wurde zusätzlich zu der Ordinalskala eingeführt. Diese Kategorie kann dann jedoch bei der Datenauswertung nicht berücksichtigt werden, so daß eine entsprechende Angabe als (sachlogisch) fehlender Wert kodiert wird.

Für die weitere Untersuchung des Problems fehlender Wert im Sinne der Bestimmung des Anteils fehlender Werte und der Charakterisierung des Ausfallmechanismus, werden zunächst die genannten kritischen Fragen aus der Betrachtung ausgeschlossen. Die Datenmatrix wird entsprechend reduziert. Zudem werden nur diejenigen Städte berücksichtigt, die mindestens zwei Jahre Stadtmarketingerfahrung aufweisen, da nur diese Beobachtungen in die multivariate Datenanalyse einfließen und somit den Schwerpunkt im Rahmen der Datenauswertung bilden. Des weiteren werden zwei Beobachtungen, die sich durch eine stark überhöhte Anzahl fehlender Werte auszeichnen, nicht weiter betrachtet.[24] In der derart reduzierten Datenmatrix enthalten die verbleibenden Beobachtungen respektive Fragebögen maximal 12,5 % fehlende Werte, für die Merkmale fehlen maximal 4,5 % der Werte. Insgesamt ist der Umfang des Problems mit einem Anteil fehlender Werte von 1,2 % als gering einzuschätzen.

Zur Analyse des Ausfallmechanismus wurde der Test von *Kim/Curry* (1977) auf die reduzierte Datenmatrix angewendet. Diesem Test liegt die Nullhypothese, daß die Daten zufällig fehlen, zugrunde.[25] Eine formale Darstellung der Vorgehensweise liefert *Bankhofer* (1995, S. 76ff.). Der Test basiert auf einer Indikatormatrix, die für vorhandene Werte eine Eins und für fehlende Werte eine Null enthält, so daß der Test unabhängig vom Skalenniveau der betrachteten Variablen ist und auf die reduzierte Datenmatrix, die sowohl metrische als auch nicht-metrische Variablen enthält, angewendet werden kann (vgl. *Wagner et al.* (1998, S. 404)). Für die vorliegende unvollständige Datenmatrix kann die Nullhypothese zum Signifikanz-

---

[24] Bei den betreffenden Beobachtungen fehlen jeweils 20 bzw. 43 % der Werte (nach Ausschluß sachlogisch fehlender Werte).

[25] Der Ausfallmechanismus ist gemäß der Nullhypothese zufällig in dem Sinne, daß das Fehlen vom Fehlen der Daten anderer Merkmale unabhängig ist (vgl. *Bankhofer* (1995, S. 76)).

niveau α=0,10 nicht abgelehnt werden.[26] Abbildung 4.3 zeigt die Vorgehensweise und das Ergebnis des Tests für die vorliegende Datenmatrix.

1. Festlegung des Signifikanzniveaus $\alpha = 0,10$.
2. Ermittlung des Testfunktionswertes $z = 32,91$.[27]
3. Festlegung des Verwerfungsbereiches $B = (\chi_{1-\alpha}; \infty) = (55,23; \infty)$ (die Freiheitsgrade entsprechen der Anzahl von Merkmalen mit mindestens einem fehlenden Wert plus eins)
4. H_0 wird nicht abgelehnt, da $z = 32,91 \notin (55,23; \infty)$.

Abbildung 4.3: Vorgehensweise und Ergebnis des Tests von *Kim/Curry* (1977) (in Anlehnung an *Bankhofer* (1995, S. 77))

In der folgenden Datenauswertung wird aufgrund des geringen Anteils fehlender Werte in der reduzierten Datenmatrix die Objekteliminierung zur Behandlung fehlender Werte eingesetzt. Es können hierbei zum einen lediglich die vollständig erhobenen Objekte zur Auswertung herangezogen werden („complete-case analysis“ oder „listwise deletion“), zum anderen besteht die Möglichkeit, die jeweils verfügbaren Beobachtungen heranzuziehen („available-case analysis“ oder „pairwise deletion“) (vgl. *Bankhofer* (1995, S. 91ff.), *Kamakura/Wedel* (2000, S. 490)). Auf eine Imputation fehlender Werte (vgl. *Bankhofer* (1995, S. 104)) soll aufgrund des geringen Umfangs des Problems in der reduzierten Datenmatrix verzichtet werden (vgl. *Schwab* (1991, S. 4f.)). Auch hinsichtlich der nicht in der reduzierten Datenmatrix erhaltenen Merkmale kommt eine Imputation fehlender Werte nicht in Frage, da hier Ausfallursachen identifiziert wurden, die die Anwendung gängiger Imputationsverfahren nicht sinnvoll erscheinen lassen.[28]

[26]Es gilt zu beachten, daß die Nicht-Ablehnung der Nullhypothese lediglich eine notwendige Bedingung für die Akzeptanz eines zufälligen Ausfallmechanismus darstellt. Ein Test auf Zufälligkeit des Ausfallmechanismus, der die Null-Hypothese eines systematischen Ausfallprozesses prüft, wird in der einschlägigen Literatur nicht diskutiert (vgl. *Bankhofer* (1995, S. 70)). Für diese Art des Tests erscheint es sinnvoll, das Signifikanzniveau α vergleichsweise hoch zu wählen, da hier der Fehler 2. Art (β-Fehler; Nicht-Ablehnung der Nullhypothese, obwohl die Gegenhypothese gilt.) entscheidend ist (vgl. *Hartung* (1998, S. 133f.)).

[27]Der Testfunktionswert ergibt sich aus der Summe der relativen quadratischen Abweichungen zwischen den tatsächlichen und den erwarteten Häufigkeiten von Objekten mit einem fehlenden Wert (ein Summand für jedes Merkmal mit mindestens einem fehlenden Wert), keinem und mindestens zwei fehlenden Werten. Der Test entspricht vom Grundprinzip daher einem χ^2-Test (vgl. *Bankhofer* (1995, S. 76)).

[28]Für den Umgang mit nicht zufällig fehlenden Daten werden in der Literatur wenig Ansätze diskutiert (vgl. *Bankhofer* (1995, S. 105)). *Wagner et al.* (1998) stellen einen Ansatz auf Basis neuronaler Netze zur Imputation fehlender Werte bei nicht zufälligem Ausfallmechanismus vor.

Im Rahmen der univariaten Analyse werden jeweils die verfügbaren Beobachtungen herangezogen. Es werden alle vorliegenden Werte genutzt, entsprechend variiert die Anzahl der Beobachtungen von Frage zu Frage (vgl. *Little/Rubin* (1987, S. 41f.)). Die Antwortkategorie „keine Aussage möglich" wird gesondert ausgewiesen.

Die Kausalanalyse sowie die vorgeschaltete Faktorenanalyse werden auf Basis der Varianz-Kovarianz-Matrix durchgeführt, wobei zur Berechnung dieser jeweils die Beobachtungen herangezogen werden, deren Ausprägungen für die beiden betrachteten Merkmale vorhanden sind („available-case analysis").[29]

Die der Diskriminanzanalyse vorgeschaltete Faktorenanalyse wird auf Basis der Varianz-Kovarianz-Matrix durchgeführt, d.h. es erfolgt eine „available-case analysis". Eine Analyse der vollständigen Objekte („complete-case analysis") liefert inhaltlich ähnliche Ergebnisse, die extrahierten Faktoren können fast analog interpretiert werden. Für die Berechnung der Faktorwerte müssen alle unvollständigen Beobachtungen ausgeschlossen werden, so daß im Rahmen der Diskriminanzanalyse nur auf eine stark reduzierte Datenbasis zurückgegriffen werden kann. Die sehr hohe Anzahl ausgeschlossener Beobachtungen ist in diesem Fall auch auf die Kodierung der Angabe „keine Aussage möglich" als (sachlogisch) fehlender Wert zurückzuführen. So haben einige Probanden insbesondere bei Frage 25 zur Charakterisierung der Stadtmarketingaktivitäten auf diese Antwortkategorie zurückgegriffen.[30] In die Diskriminanzanalyse auf Basis der Faktorwerte gehen somit nur solche Beobachtungen respektive Städte ein, die in der Lage waren, ihre Stadtmarketingaktivitäten vollständig, d.h. ohne Rückgriff auf die Alternative „keine Aussage möglich", zu charakterisieren. Dies erscheint im Hinblick auf eine Erfolgsbetrachtung inhaltlich sinnvoll, da gerade die Städte betrachtet werden sollen, die bereits eine gewisse Erfahrung mit dem Stadtmarketing haben und dazu in der Lage sind, über die Ausgestaltung der Marketingaktivitäten sowie Erfolge und Mißerfolge qualifizierte Aussagen zu treffen.

[29]Probleme können bei diesem Ansatz auftreten, wenn die so berechnete Varianz-Kovarianz-Matrix nicht positiv semi-definit ist (vgl. ausführlich *Bankhofer* (1995, S. 96)), dies ist bei der vorliegenden Analyse jedoch nicht der Fall.

[30]Bei den Marketing betreibenden Städten ist dies für bis zu 13,7 % der Fall, bei den Städten mit mindestens zwei Jahren Stadtmarketingerfahrung für bis zu 10,1 %.

Kapitel 5

Empirische Analyse der Erfolgsfaktoren von Stadtmarketingprojekten in Deutschland

5.1 Stadtmarketing in der kommunalen Praxis

5.1.1 Charakterisierung der befragten Städte

Gegenstand der empirischen Untersuchung waren neben den Stadtmarketingaktivitäten auch einige allgemeine Daten zu den jeweiligen Städten. Anhand dieser können die an der Untersuchung beteiligten Städte zunächst beschrieben werden, bevor in den folgenden Abschnitten 5.1.2 bis 5.1.5 die Stadtmarketingaktivitäten in Deutschland näher charakterisiert werden. Einige der allgemeinen Angaben bieten zudem die Möglichkeit, Aussagen hinsichtlich der Repräsentativität der Stichprobe für die Grundgesamtheit der Städte und Gemeinden in Deutschland ab 10.000 Einwohnern zu machen.
Bezüglich der Einwohnerzahlen sind entsprechend der Vorgehensweise bei der Auswahl der Untersuchungseinheiten (siehe Abschnitt 4.2.2) die Städte mit bis zu 40.000 Einwohnern unterrepräsentiert. Abbildung 5.1 zeigt die Struktur der Stichprobe und der Grundgesamtheit in bezug auf die Einwohnerzahlen der Städte.

Für die Gesamtstichprobe wird aufgrund der Vorgehensweise bei der Stichprobenauswahl (siehe Abschnitt 4.2.2) keine gute Anpassung an die Grundgesamtheit erreicht (siehe Abbildung 5.1). Die Teilstichprobe der Städte mit mehr als 40.000 Einwohnern hingegen zeigt eine gute Anpassung an die Struktur der Gesamtheit aller Städte mit mehr als 40.000 Einwohnern (χ^2-Test; $\alpha < 0,10$).
Im Hinblick auf die Verteilung der Städte auf die Bundesländer (siehe Abbildung 5.2) ist eine weitgehende Übereinstimmung der Struktur der Stichprobe und der Grundgesamtheit zu erkennen (χ^2-Test; $\alpha < 0,10$).[1]

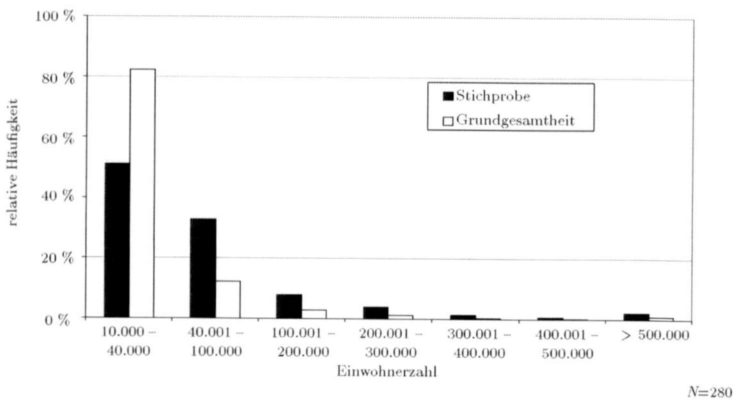

Abbildung 5.1: Einwohnerzahlen der Städte in Stichprobe und Grundgesamtheit[2]

Städte aus Nordrhein-Westfalen sind in der Stichprobe etwas stärker vertreten. Dies läßt sich u.a. dadurch begründen, daß die vorliegende Studie Bestandteil eines Förderprojektes des Landes Nordrhein-Westfalen ist und zum anderen in Nordrhein-Westfalen Stadtmarketingmaßnahmen seit Ende der 90er Jahre gezielt finanziell gefördert werden.

[1] Bei der Durchführung des χ^2-Tests wurden die Bundesländer Bremen, Hamburg und Berlin nicht berücksichtigt, da die erwarteten absoluten Häufigkeiten sonst in diesen Fällen kleiner als fünf gewesen wären (vgl. *Hartung* (1998, S. 182).

[2] In dieser und den folgenden Abbildungen ist mit $N \leq 280$ die Anzahl der Nennungen in bezug auf die jeweilige Frage angegeben. N kann aufgrund fehlender Werte bei einzelnen Fragen (siehe Abschnitt 4.2.3) variieren.

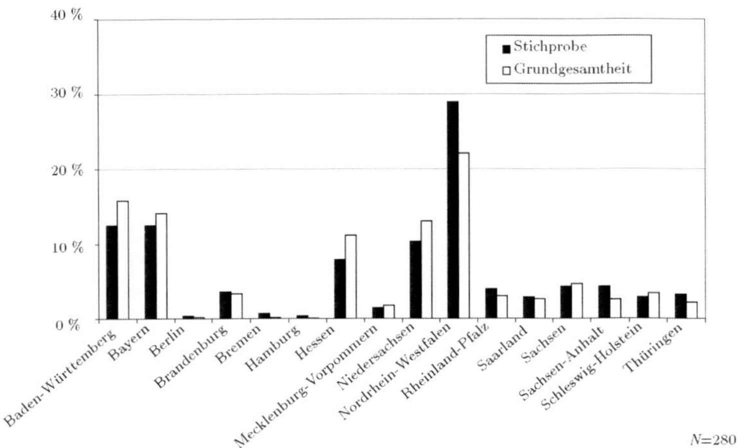

Abbildung 5.2: Anteil der Städte in Grundgesamtheit und Stichprobe nach Bundesländern

Der erreichte Stichprobenumfang von 280 Städten wurde für die weitere Analyse auf die Marketing betreibenden Städte, die 81 % der Stichprobe ausmachen, reduziert. Dieser Anteil entspricht in etwa den Ergebnissen von *Töpfer* (1993b) und *Grabow/Hollbach-Grömig* (1998) (siehe Tabelle 2.2). Die Städte, die kein Marketing betreiben, wurden lediglich zu den Gründen, warum sie dies nicht tun, befragt. Weitere Angaben wurden bei diesen Städten nicht erhoben.[3]
Im Hinblick auf eine Charakterisierung der Städte waren zudem die zentralörtliche Funktion sowie das Wettbewerbsumfeld Gegenstand der Befragung. Entsprechend der Einwohnerzahlen überwiegen die Mittelzentren in der Stichprobe. Diese machen 62 % der Marketing betreibenden Städte aus. Hinsichtlich des Wettbewerbsumfeldes sind keine Schwerpunkte erkennbar. Die Städte wurden gebeten, die Wettbewerbsintensität anhand einer fünfstufigen Ratingskala (von „Solitärstadt" bis „Stadt im Ballungsgebiet") einzuschätzen. Die Anteile von direkten Solitärstädten und Städten im Ballungsgebiet betragen jeweils 21 %, weitere

[3]Eine zusammenfassende Darstellung der angegebenen Gründe, die gegen die Durchführung von Stadtmarketing sprechen, findet sich bei *Bornemeyer/Decker* (2001, S. 5).

21 bzw. 20 % betrachten sich eher als Solitärstadt bzw. Stadt im Ballungsgebiet, die übrigen Städte haben sich als durchschnittlich in dieser Hinsicht eingeordnet. Die Situation der Stadt kann zudem anhand der Mehrheitsverhältnisse im Stadtrat beschrieben werden. Die Marketing betreibenden Städte zeichnen sich überwiegend (76 %) durch stabile bis sehr stabile Mehrheitsverhältnisse im Stadtrat aus. Seit Beginn der Stadtmarketingaktivitäten ist es in den meisten Fällen (61 %) zu keinem politischen Wechsel gekommen. Lediglich 2 % der Städte berichten von mehr als einem politischen Wechsel im Stadtrat.[4]

Die in den Abschnitten 5.1.2 bis 5.1.4 zusammengestellten deskriptiven Ergebnisse der empirischen Studie[5] bieten bereits Möglichkeiten, die Aktivitäten einer einzelnen Stadt zu den Vorgehensweisen in den übrigen Städten in Bezug zu setzen und somit eine erste Bewertung der Aktivitäten vorzunehmen. Diese Möglichkeiten werden im folgenden an einigen Stellen anhand eines ausgewählten Beispielprojektes demonstriert.

5.1.2 Umfang und Inhalte der Stadtmarketingaktivitäten

In deutschen Städten wird Stadtmarketing seit Ende der achtziger Jahre praktiziert. Ein deutlicher Anstieg der Stadtmarketingaktivitäten ist ausgehend von der Stichprobe Anfang/Mitte der neunziger Jahre zu verzeichnen. Anders als bei *Grabow/Hollbach-Grömig* (1998, S. 11) angedeutet, nimmt die Zahl der mit dem Stadtmarketing beginnenden Städte auch Mitte/Ende der neunziger Jahre weiter zu. Eine sinkende Anzahl beginnender Stadtmarketingprojekte ist ab 1999 erkennbar. Das Stadtmarketing verliert somit zunehmend seinen Innovationscharakter. Die Stichprobe enthält 178 Städte, die vor 1999 mit ihren Stadtmarketingaktivitäten begonnen haben. Laut eines Berichtes der Frankfurter Allgemeinen Zeitung aus dem Jahr 1999 waren zu diesem Zeitpunkt ca. 250 Städte im Bereich Stadtmarketing aktiv, so daß die vorliegende Stichprobe einen sehr großen Anteil der Marketing betreibenden Städte erfaßt (vgl. *o.V.* (1999)). Für die in

[4] Diese Angaben hängen allerdings auch davon ab, wie lange die betrachtete Stadt bereits Stadtmarketing betreibt.

[5] Eine Darstellung der Ergebnisse für alle im Fragebogen enthaltenen Aspekte würde den Rahmen dieses Kapitels sprengen. Es werden daher nur die wichtigsten Aspekte herausgestellt. Für eine ausführlichere Darstellung der hier vorgestellten und weiterer im Rahmen der Befragung untersuchter Facetten vgl. *Bornemeyer/Decker* (2001).

den Abschnitten 5.2.1 bis 5.2.3 erfolgende Betrachtung des Erfolgs der Stadtmarketingaktivitäten wird nur eine reduzierte Stichprobe derjenigen Städte herangezogen, die mindestens zwei Jahre Stadtmarketingerfahrung aufweisen. Für Städte, die erst seit weniger als zwei Jahren Marketing betreiben, erscheint eine Erfolgsbetrachtung nicht sinnvoll. Dies äußert sich u.a. auch in der höheren Anzahl fehlender Werte bei Fragen, die den Erfolg der bisherigen Stadtmarketingaktivitäten betreffen (z.B. bei der Angabe der Zielerreichungsgrade; siehe Abschnitt 4.2.3).

Der im Rahmen eines Stadtmarketingprojektes realisierte Bezugsraum kann als ein Hinweis auf das Marketingverständnis in den jeweiligen Städten betrachtet werden. Im Sinne eines reinen Stadtmarketings beschränken 45 % der Marketing betreibenden Städte ihre Aktivitäten auf das unmittelbare Stadtgebiet. Weitere 31 % beziehen das direkte Umland in die Aktivitäten mit ein. Ein City-Marketing mit Schwerpunkt auf der Innenstadt wird indes nur von 13 % der befragten Städte verfolgt. Diese Aktivitäten werden jedoch nur von 60 % dieser Städte auch als City-Marketing/-Management oder Innenstadtmarketing bezeichnet, während die übrigen Städte diese Aktivitäten unter der Bezeichnung Stadtmarketing verfolgen.

Einen Einblick in den Stand der Stadtmarketingaktivitäten liefert die Phase des Stadtmarketingprozesses, in der sich die Projekte zum Zeitpunkt der Befragung befanden (siehe Abbildung 5.3). Zu beachten ist, daß die Städte nicht zwangsläufig diese Phasen in der hier angegebenen Reihenfolge durchlaufen müssen (siehe Abschnitt 2.2.1). Es sind, wie bereits ausgeführt, Rückkopplungen möglich. Zudem können mehrere Phasen parallel verfolgt werden. Durch die Gestaltung der Frage im Fragebogen (siehe Anhang C.1) konnten die Städte dies zum Ausdruck bringen.

Die Initiierung der Stadtmarketingaktivitäten ist in den meisten Fällen, auch entsprechend der aufgezeigten Anfangsjahre der Stadtmarketingaktivitäten, bereits abgeschlossen. Der größte Teil der Städte befindet sich momentan in der Maßnahmenplanung und der Phase der Umsetzung konkreter Maßnahmen.

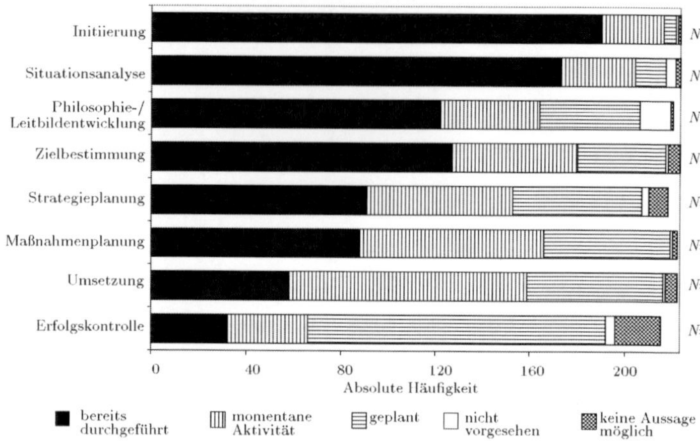

Abbildung 5.3: Phasen des Stadtmarketingprozesses

Eine Erfolgskontrolle ist in 59 % der Städte geplant. Bereits durchgeführt oder momentan Gegenstand der Aktivitäten ist eine Erfolgskontrolle in 31 % der befragten Städte. Die Erfolgskontrolle stellt somit einen gleichwertigen Bestandteil des Stadtmarketingprozesses dar. Lediglich in 2 % der Fälle ist eine Erfolgskontrolle nicht vorgesehen, so daß auch an dieser Stelle die hohe Relevanz der behandelten Themenstellung deutlich wird. Entsprechend positiv wird die Einrichtung eines eigenen Aufgabenbereichs zur Erfolgskontrolle beurteilt. In 63 % der Städte wird ein solcher Aufgabenbereich für sinnvoll erachtet, 19 % der Städte haben einen solchen Aufgabenbereich bereits eingerichtet.

Die Phase der Philosophie- und Leitbildentwicklung ist mit 6 % der Nennungen die Phase, die am häufigsten im Rahmen einzelner Projekte nicht vorgesehen ist. Eine solche Vorgehensweise kann anhand des ausgewählten Beispielprojektes illustriert werden. Den Aktivitäten liegt kein Leitbild zugrunde, die entsprechende Phase war nicht Gegenstand des Stadtmarketingprozesses und wird es auch in Zukunft nicht sein. Das Stadtmarketing zeichnet sich vielmehr durch einen sehr hohen Grad an Aktivismus aus. Anstelle langfristig ausgelegter konzeptioneller Überlegungen ist direkt mit konkreten Aktionen begonnen worden. Eine entsprechende Basis für die Aktivitäten wird parallel erarbeitet. Diese Vorgehensweise spiegelt sich auch in der Profildarstellung der Marketingaktivitäten dieses Beispielprojektes wider (siehe Abbildung 5.11). Insgesamt orientieren sich die konkreten Aktivitäten in den Städten jedoch sehr stark an dem in der Literatur als idealtypisch herausgearbeiteten Prozeß.

Im Stadtmarketingprozeß besteht die Möglichkeit, eine Vielzahl städtischer Themenfelder zu bearbeiten. Generell wird im Sinne eines umfassenden Stadtmarketings die Bearbeitung eines breiten Themenspektrums gefordert (vgl. *Grabow/Hollbach-Grömig* (1998, S. 66)). Die betrachteten Städte weisen diese Themenvielfalt mit durchschnittlich zehn bearbeiteten Themenfeldern auf. Abbildung 5.4 zeigt jeweils die Anzahl der Städte, die das genannte Themenfeld im Rahmen der Marketingaktivitäten bearbeiten.

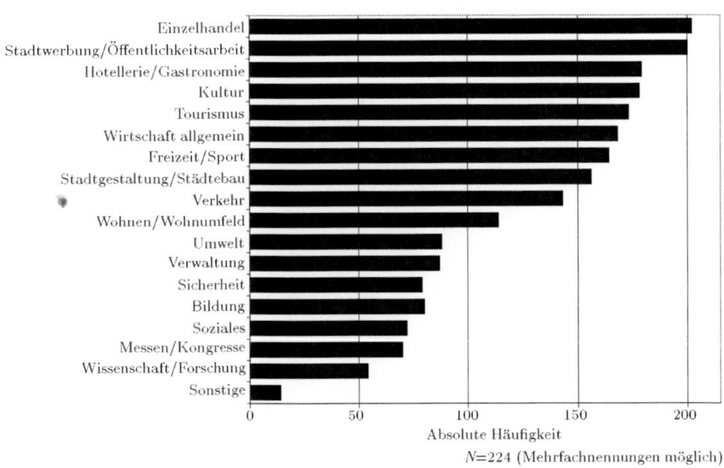

Abbildung 5.4: Bearbeitete Themenfelder im Stadtmarketing

Der Einzelhandel als ein bedeutender Attraktivitätsfaktor einer Stadt ist in 90 % der Marketing betreibenden Städte Gegenstand der Aktivitäten. An zweiter Stelle folgt der Bereich der Stadtwerbung/Öffentlichkeitsarbeit. In mehr als zwei Drittel der Städte werden zudem die Themenfelder „Hotellerie/Gastronomie“ und

„Kultur“ als weitere wichtige Attraktivitätsfaktoren, sowie „Tourismus“, „Wirtschaft allgemein“, „Freizeit/Sport“ und „Stadtgestaltung/Städtebau“ bearbeitet. Einen vergleichsweise geringen Stellenwert weisen hingegen die Bereiche Verwaltung, Bildung und Soziales auf. Diese Erkenntnisse stimmen weitgehend mit den Ergebnissen von *Grabow/Hollbach-Grömig* (1998, S. 67) überein, so daß hier eine gewisse Stabilität erkennbar wird.

Die genannten bedeutendsten Themenfelder sollten Gegenstand eines jeden Stadtmarketingprozesses sein. Zudem besteht die Möglichkeit, durch die Berücksichtigung stadtspezifischer Themenfelder individuelle Schwerpunkte zu setzen. So sind in dem gewählten Beispielprojekt die bedeutendsten Themenfelder Gegenstand der Aktivitäten. Zusätzlich kommt dem Themenfeld „Messen und Kongresse“ eine vergleichsweise hohe Bedeutung zu. Es wird eine Positionierung als Messe- und Kongreßstadt angestrebt. Andere Schwerpunktbildungen, z.B. für Universitätsstädte, würden sich im Bereich Wissenschaft und Forschung anbieten.

Die im Stadtmarketing bearbeiteten Themenfelder spiegeln sich auch in den verfolgten Zielsetzungen wider (siehe Abbildung 5.5). Die Bewertung der Ziele erfolgte dabei auf Basis einer Konstantsummenskala (siehe Abschnitt 4.1.2). Angegeben ist die durchschnittliche Punktzahl, die das jeweilige Ziel pro Stadt erreicht hat. Insgesamt standen 20 Punkte für die Bewertung der Ziele zur Verfügung.[6]

Die höchste Bewertung haben die Ziele der Steigerung der Attraktivität der Stadt als Wirtschaftsstandort und als Einkaufsort erhalten. Diese Bewertung erscheint konsistent mit den von den Städten bearbeiteten Themenfeldern (siehe Abbildung 5.4). An dritter Stelle folgt das nach innen gerichtete Ziele der Förderung der Zusammenarbeit wichtiger Handlungsträger in der Stadt, das nur geringfügig höher bewertet wurde als das Ziel der Steigerung der Attraktivität der Stadt als touristischer Anziehungspunkt. Die Bedeutung der Zielsetzungen und die erhobenen Erreichungsgrade dieser dienen im Rahmen der Prüfung der Erfolgswirksamkeit der in Abschnitt 4.1.3 formulierten potentiellen Erfolgsfaktoren als Basis für Ansätze zur Operationalisierung des Stadtmarketingerfolgs, so daß an dieser Stelle auf eine detaillierte Darstellung dieses Aspektes verzichtet werden soll (siehe Abschnitt 5.2.1).

[6] Zur Begründung des Zielkatalogs siehe Abschnitt 4.1.2.

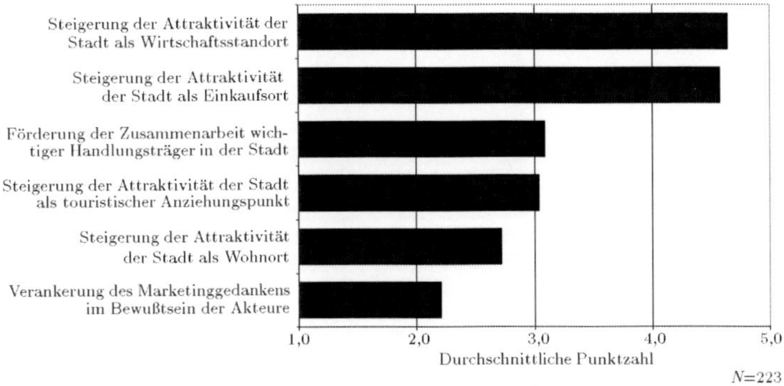

Abbildung 5.5: Ziele des Stadtmarketings

5.1.3 Aspekte der Organisation und Finanzierung

Analog zum Spektrum der bearbeiteten Themenfelder zeigt sich auch bei den am Stadtmarketingprozeß beteiligten Akteuren eine große Vielfalt. In über 90 % der befragten Städte ist die Stadtverwaltung und in 88 % der Fälle der (Ober-) Bürgermeister/(Ober-)Stadtdirektor als Stadtoberhaupt am Stadtmarketingprojekt aktiv beteiligt (siehe Abbildung 5.6).

Neben diesen Vertretern der öffentlichen Hand kommt von privater Seite dem Einzelhandel und der Hotellerie/Gastronomie eine hohe Bedeutung zu. Diese deckt sich mit dem Stellenwert der Themenfelder „Einzelhandel" und „Hotellerie/Gastronomie" (siehe Abbildung 5.4). In vergleichsweise wenigen Projekten werden externe Berater als kooperierende Akteure angegeben, der Anteil der Projekte, die auf eine externe Beratung zurückgreifen, ist dennoch deutlich höher (siehe Abbildung 5.8). Externe Berater wirken demnach durchaus an den Projekten mit, sie scheinen jedoch von den kommunalen Akteuren eher als Außenstehende betrachtet zu werden. Einzelne Bürger nehmen die Möglichkeit der Kooperation in immerhin 58 % der Städte wahr.

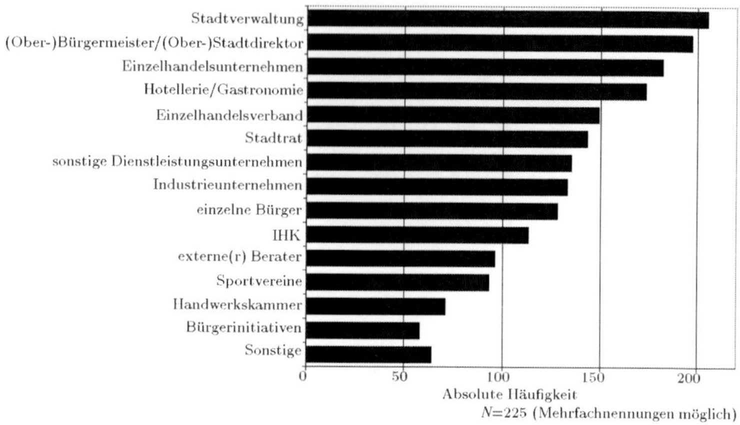

Abbildung 5.6: Kooperierende Akteure im Stadtmarketing

In dem gewählten Beispielprojekt kooperieren die wichtigsten der hier genannten Gruppierungen. Einzelne Bürger und Bürgerinitiativen wurden nicht explizit genannt. Von den bundesweit weniger häufig einbezogenen Gruppierungen kommt in dem Beispielprojekt den Sportvereinen eine höhere Bedeutung zu.

Die Anzahl der kooperierenden Akteure variiert zwischen mindestens zwei und maximal 15 beteiligten Gruppierungen. Im Mittel beträgt die Anzahl der kooperierenden Akteure neun Gruppierungen, so daß das Stadtmarketing nicht die Aufgabe einer einzelnen Institution darstellt. Für die Steigerung der Attraktivität der Stadt soll vielmehr eine gemeinschaftliche Lösung erarbeitet werden.

Der Anstoß für die Stadtmarketingaktivitäten ging in den meisten Städten vom (Ober-)Bürgermeister/(Ober-)Stadtdirektor und/oder der Stadtverwaltung aus. In 18 bzw. 20 % der Fälle waren Einzelhandelsunternehmen bzw. der Einzelhandelsverband an der Initiierung des Stadtmarketings beteiligt. In 35 % der Fälle ging der Anstoß von einer einzelnen Gruppierung aus, in weiteren 61 % der Fälle gaben zwei bis zu vier Gruppierungen den Anstoß für die Marketingaktivitäten.

Die am häufigsten realisierte Form der Institutionalisierung der Stadtmarketingaktivitäten ist der eingetragene Verein (siehe Abbildung 5.7). Des weiteren kommt kombinierten Lösungen, dem Arbeitskreis und der Institutionalisierung als Teil eines Amtes eine hohe Bedeutung zu. Kombinierte Lösungen umfassen dabei insbesondere Kombinationen aus Arbeitskreisen und einem Teil eines Amtes der Stadtverwaltung (53 % der kombinierten Lösungen). Die Stadtmarketing GmbH hat hingegen noch nicht diese Verbreitung erreicht. Die in die Stadtmarketingdiskussion vergleichsweise spät eingebrachte Form der GmbH & Co. KG wird in der Praxis bislang kaum realisiert.

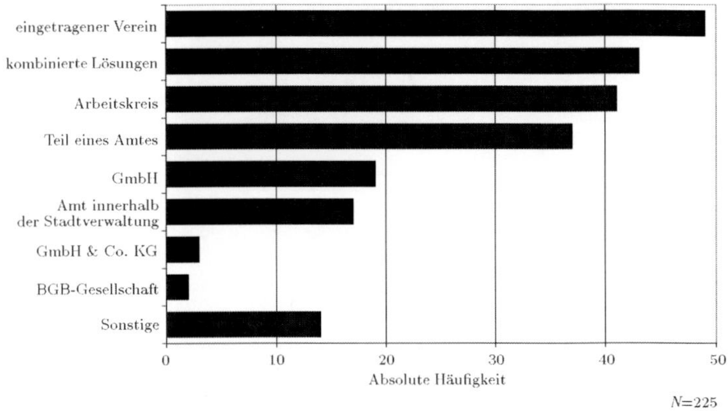

Abbildung 5.7: Organisationsformen im Stadtmarketing

Im Stadtmarketing greift eine Vielzahl von Städten auf externe Beratung zurück. Abbildung 5.8 zeigt, daß externe Berater am häufigsten zur Moderation von Arbeitskreissitzungen und Workshops sowie zur Erarbeitung des Konzeptes herangezogen werden. Die vorliegenden Ergebnisse stimmen weitgehend mit den in der Literatur formulierten Aufgaben externer Berater überein (vgl. u.a. *Schaller* (1993, S. 119ff.), *Schückhaus et al.* (1993, S. 86f.)).

Die Rangfolge der genannten Aktionsbereiche externer Berater gemäß der Anzahl der Nennungen führt gleichzeitig zu einer inhaltlich respektive zeitlich interpretierbaren Rangfolge der Bereiche. Die Moderationsaufgaben beispielsweise sind insbesondere in der Anfangsphase eines Projektes von hoher Bedeutung. Ähnlich erfolgen die Erarbeitung des Konzeptes sowie die Durchführung von Datenerhebungen und -auswertungen eher zu Beginn, während die Planung und Durchführung von Teilprojekten eher in einer fortgeschrittenen Phase des Projektes von Bedeutung sind. Die Abbildung zeigt demnach auch eine Abnahme der Bedeutung externer Beratung mit Fortschreiten des Projektes. Eine kontinuierliche Begleitung durch externe Berater liegt in nur 22 % der betrachteten Projekte vor. Der hohe Stellenwert einer gewissen Selbständigkeit im Rahmen des Stadtmarketings scheint den Städten demnach bewußt zu sein.

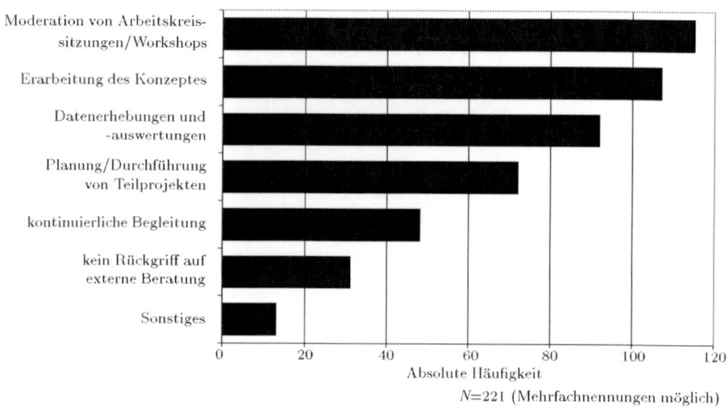

Abbildung 5.8: Inanspruchnahme externer Beratung

Nach *Kemming* (1991, S. 9) werden als externe Berater insbesondere Vertreter von Hochschulen und Planungs-/Beratungsbüros herangezogen. In der vorliegenden Studie dominieren deutlich die auf Stadtmarketingfragen spezialisierten Unternehmensberatungen, die in 68 % der auf externe Beratung zurückgreifenden Städte herangezogen werden. Vertreter einer Universität/Fachhochschule kommen in 47 % dieser Städte zum Einsatz, wobei hier der Fachbereich Wirtschaftswissenschaften am stärksten vertreten ist. Eine Unternehmensberatung mit betriebswirtschaftlicher Ausrichtung wurde indes nur in 12 % der Fälle zu Rate gezogen.

Bezüglich der im Stadtmarketing genutzten Finanzierungsquellen kommt kommunalen Zuschüssen als dem zentralen Element einer Grundfinanzierung (vgl.

Hatzfeld et al. (1999, S. 18)) die höchste Bedeutung zu (siehe Abbildung 5.9). Fördermittel des Landes waren insbesondere in der Vergangenheit eine wichtige Finanzierungsquelle. Eine Vielzahl von Förderprojekten scheint jedoch bereits ausgelaufen zu sein, so daß die Städte zur Finanzierung ihrer Marketingaktivitäten zur Zeit und auch in Zukunft auf andere Quellen zurückgreifen. Einen hohen Stellenwert besitzt in diesem Zusammenhang die Beteiligung Privater im Sinne von Zuschüssen ortsansässiger Unternehmen sowie dem projektbezogenen Sponsoring. Des weiteren ist auch bei der Finanzierung durch eigenwirtschaftliche Tätigkeit sowie durch Einnahmen aus Veranstaltungen ein Bedeutungszuwachs erkennbar.

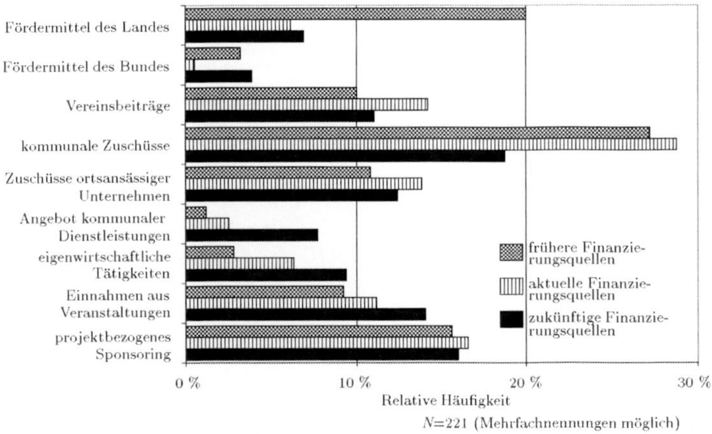

Abbildung 5.9: Finanzierungsquellen im Stadtmarketing

5.1.4 Profildarstellung der Stadtmarketingaktivitäten

Für eine detaillierte Charakterisierung der Stadtmarketingaktivitäten wurden die Entscheidungsträger in den Städten gebeten, verschiedene Aussagen anhand einer fünfstufigen Ratingskala von eins („keinesfalls zutreffend") bis fünf („voll und ganz zutreffend") zu bewerten. Abbildung 5.10 zeigt das resultierende Profil. Die Aussagen werden aus Darstellungsgründen jeweils auf prägnante Begriffe verkürzt.[7]

[7] Die Aussagen können Frage 25 des Fragebogens in Anhang C.1 entnommen werden.

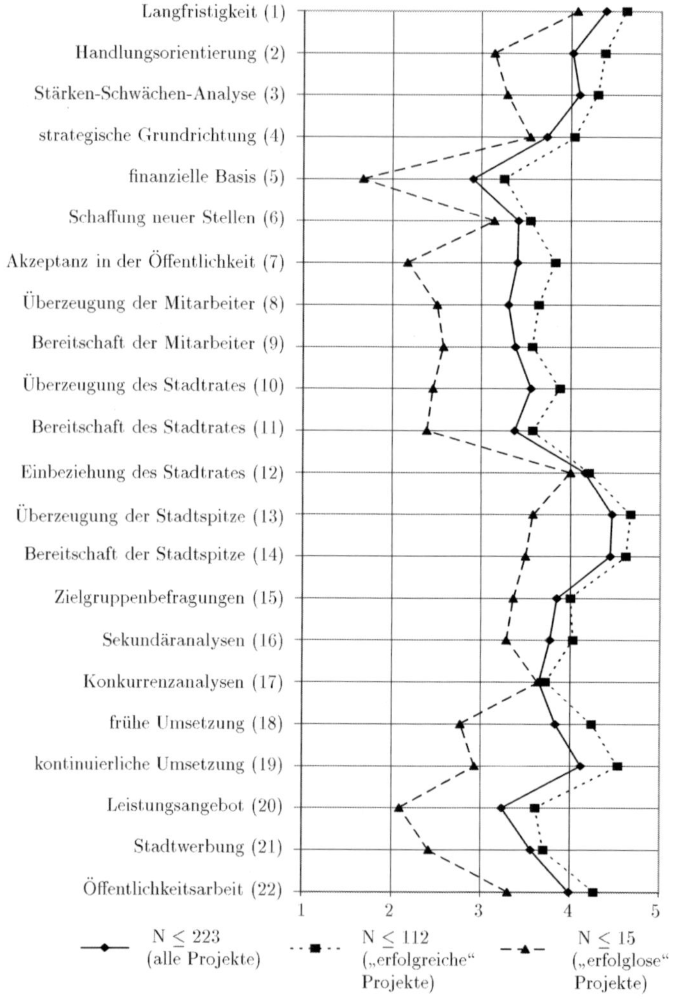

Abbildung 5.10: Profildarstellung zur Charakterisierung der Stadtmarketingaktivitäten

Das mittlere Profil spiegelt das aggregierte Ergebnis für alle Städte wider, das links liegende Profil zeigt die Bewertung für die Städte, die ausgehend von der Selbsteinschätzung durch den Entscheidungsträger als weniger erfolgreich zu betrachten sind, das rechts liegende Profil zeigt analog die Bewertung der erfolgreichen Projekte.[8] Zu beachten ist, daß gemäß der subjektiven Selbsteinschätzung nur eine geringe Anzahl von Projekten als weniger erfolgreich kategorisiert wird.

Die ersten vier Aussagen beziehen sich auf die generelle Ausrichtung der Stadtmarketingaktivitäten. Insbesondere im Hinblick auf eine langfristige Orientierung der Aktivitäten (1), eine Handlungsorientierung (2) sowie die Bedeutung der Stärken-Schwächen-Analyse (3) werden deutliche Unterschiede zwischen den erfolgreichen und den weniger erfolgreichen Projekten erkennbar.[9] Bezüglich der Existenz einer strategischen Grundrichtung (4) liegt kein signifikanter Unterschied zwischen den beiden Kategorien von Projekten vor.

Bei den Aussagen zur Organisation und Finanzierung der Stadtmarketingaktivitäten unterscheiden sich die Einschätzungen der beiden Gruppen von Projekten hinsichtlich der langfristig gesicherten finanziellen Basis (5) signifikant. Eine gesicherte finanzielle Basis ist somit in erfolgreichen Projekten eher gegeben.

Auch bezüglich der Haltung städtischer Gruppierungen (Aussagen (7)–(11), (13) und (14)) werden Unterschiede erkennbar. Lediglich die frühzeitige Einbindung des Stadtrates (12) ist in beiden Kategorien von Projekten gleichermaßen gegeben. Bezüglich der Marktforschungsaktivitäten ist insgesamt eine hohe Zustimmung erkennbar, d.h. Zielgruppenbefragungen (15), die Auswertung von Sekundärdaten (16) und Konkurrenzanalysen (17) konnten sinnvoll eingesetzt werden. Auch hier ergibt sich bei dem Stellenwert von Zielgruppenbefragungen und der Auswertung von Sekundärdaten eine signifikant schlechtere Bewertung durch die Entscheidungsträger in den weniger erfolgreichen Städten.

[8] Bei der Aufteilung in erfolgreiche und weniger erfolgreiche Projekte werden diejenigen Städte nicht weiter berücksichtigt, deren Erfolgseinschätzung als eher neutral zu bezeichnen ist (Einschätzung drei auf einer fünfstufigen Ratingskala von „sehr erfolgreich" (5) bis „völlig erfolglos" (1)).

[9] Die Mittelwertunterschiede werden hier und im folgenden mittels des Wilcoxon-Rangsummentests auf Signifikanz geprüft ($\alpha < 0,10$). Für die Aussagen (4), (6), (12), (15) und (17) sind die Unterschiede nicht signifikant.

Die frühe (18) und kontinuierliche (19) Umsetzung einzelner Maßnahmen werden als Teilelemente der Handlungsorientierung betrachtet. Wie auch bei der Globaleinschätzung der Handlungsorientierung (2), liegen signifikante Unterschiede zwischen erfolgreichen und weniger erfolgreichen Projekten vor. Die letzten beiden Aussagen beziehen sich auf den Stellenwert des Einsatzes der kommunikationspolitischen Instrumente Werbung (21) und Öffentlichkeitsarbeit (22). Auch diese haben, wie die Erweiterung des Leistungsangebotes (20), in den weniger erfolgreichen Projekten einen geringeren Stellenwert.
Insgesamt deutet das Durchschnittsprofil aller Städte auf eine weitgehend hohe Zustimmung zu den vorgegebenen Aussagen hin. Der Einfluß der berücksichtigten Aspekte auf den Stadtmarketingerfolg wird bereits an dieser Stelle durch die signifikanten Unterschiede zwischen den Beurteilungen der Entscheidungsträger in erfolgreichen und weniger erfolgreichen Städten erkennbar.
Abbildung 5.11 zeigt einen Ausschnitt der Profildarstellung für das ausgewählte Beispielprojekt im Vergleich zum Durchschnittsprofil aller Marketing betreibenden Städte. Die bei der Darstellung der Phasen des Stadtmarketingprozesses angedeutete starke Handlungsorientierung wird deutlich erkennbar. Eine strategische Grundrichtung hingegen ist für das Beispielprojekt nicht vorhanden. Aspekte der Marktforschung finden Berücksichtigung, eine umfassende Analyse der Stärken und Schwächen der Stadt scheint hingegen nicht vorzuliegen. Den Instrumenten der Kommunikationspolitik wird eine vergleichsweise hohe Bedeutung beigemessen. Hinsichtlich der Akteure sind insbesondere die Stadtspitze und der Stadtrat den Marketingaktivitäten gegenüber sehr positiv eingestellt. Diese Profildarstellung für eine einzelne Stadt ermöglicht somit eine Gegenüberstellung der Schwerpunktsetzung im eigenen Projekt mit der durchschnittlichen Bewertung aus allen marketingbetreibenden Städten der Stichprobe.

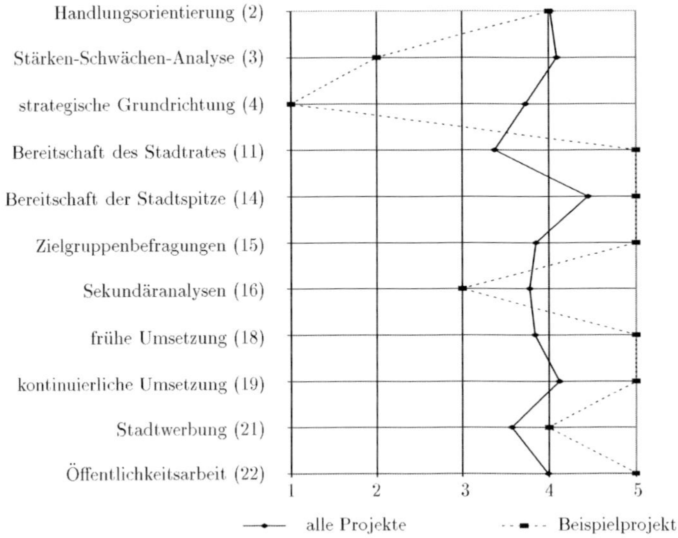

Abbildung 5.11: Profildarstellung der Stadtmarketingaktivitäten im Beispielprojekt (Ausschnitt)

5.1.5 Erfolgseinschätzung und Bewertungskriterien

Die Probanden wurden gebeten, den Erfolg ihrer Aktivitäten selbst zu beurteilen. Dabei haben insgesamt 92 % der Marketing betreibenden Städte eine Einschätzung vorgenommen. Von diesen bezeichnen nur 7 % ihre Aktivitäten als völlig erfolglos oder erfolglos, 39 % schätzen ihre Projekt als durchschnittlich erfolgreich ein, während die Mehrheit von 54 % ihr Projekt als erfolgreich oder sehr erfolgreich einschätzen.

Diese Beurteilung sollte im Rahmen einer offenen Frage von den Entscheidungsträgern begründet werden. Tabelle 5.1 faßt die von den Befragten geäußerten Argumente für eine positive und eine negative Beurteilung des Erfolgs sowie die Anzahl der Nennungen des jeweiligen Argumentes zusammen. Die Anzahl der

Nennungen zeigt, daß in der Regel nicht ein, sondern mehrere Argumente zur Begründung der Einschätzung angeführt wurden.

Argumente für eine **positive** Beurteilung	Nennungen
gute Zusammenarbeit/Kooperation	52
große Akzeptanz des Stadtmarketinggedankens	36
positive Entwicklung des Wirtschaftsstandortes	36
positive Presseberichte/hoher Bekanntheitsgrad	33
„große Erfolge“	32
steigende Besucherzahlen/Bevölkerungszahlen	27
Erarbeitung und Durchführung verschiedener Maßnahmen	21
positive Entwicklung in der Innenstadtgestaltung	16
hohes Engagement der Akteure	15
steigende Mitgliederzahlen/personelle Ressourcen	11
hohe Effizienz und Kompetenz	11
Entwicklung eines „Wir-Gefühls“	9
Durchführung von Situationsanalysen/Befragungen	9
gute finanzielle Unterstützung	8
erhöhte Kaufkraft/steigende Lebensqualität	6
Zielgruppenorientierung	3
Reduktion der Arbeitslosenzahl	2
Argumente für eine **negative** Beurteilung	Nennungen
Stadtmarketing befindet sich in der Anfangsphase	24
schlechte Zusammenarbeit der Akteure	14
kein Interesse bei den relevanten Gruppen	12
geringe oder fehlende finanzielle Unterstützung	8
Priorität auf anderen Programmen/Maßnahmen	8
geringe Erfolge der bisherigen Aktivitäten	7
schwierige wirtschaftliche Ausgangssituation	7
fehlende/s Strategie/Leitbild	7
fehlende Akzeptanz	4
geringe oder fehlende Personalressourcen	2
Stagnation/Sinken der Bevölkerungs-/Besucherzahlen	2
schlechte Presseberichte/negatives Image	2

Tabelle 5.1: Gründe für eine positive/negative Beurteilung der eigenen Stadtmarketingaktivitäten

Die Gegenüberstellung zeigt, daß für eine positive oder eine negative Bewertung gegenläufige Argumente verwendet werden. So sind z.B. die gute Zusammenarbeit und steigende Mitgliederzahlen bzw. steigende Personalressourcen Argumente für eine positive Bewertung, während eine schlechte Zusammenarbeit und geringe oder fehlende personelle Ressourcen als Argumente für eine negative Beurteilung angeführt werden. Aus dieser Gegenüberstellung können somit die folgenden Kriterien zur Bewertung der Stadtmarketingprojekte abgeleitet werden (vgl. *Bornemeyer/Decker* (2001, S. 20)):

(a) Funktionsfähigkeit der Kooperation,

(b) Akzeptanz in der Bevölkerung,

(c) Umsetzung von Maßnahmen und Erarbeitung von Konzepten,

(d) personelle und finanzielle Ressourcen,

(e) Bekanntheitsgrad der Aktivitäten/Image und

(f) Entwicklung von Kennzahlen (u.a. Bevölkerungszahlen und Kaufkraft).

Unter Berücksichtigung der Abgrenzung zwischen Erfolgsfaktoren und Erfolgsgrößen (siehe Abschnitt 3.1.1 und 3.1.2) können die ersten vier Aspekte als mögliche Erfolgsfaktoren und die letzten beiden Aspekte als mögliche Erfolgsgrößen bezeichnet werden. Bei einer Gegenüberstellung dieser Aspekte mit den Erkenntnissen aus der Interpretation der Profildarstellung (siehe Abbildung 5.10) ergeben sich Parallelen. Signifikante Unterschiede zwischen der Einschätzung durch die Entscheidungsträger in erfolgreichen und weniger erfolgreichen Städten haben sich u.a. bei der Überzeugung und Mitwirkungsbereitschaft kommunaler Akteure (siehe auch (a)), der Akzeptanz in der Öffentlichkeit (siehe auch (b)), der Handlungsorientierung (siehe auch (c)) und der finanziellen Basis (siehe auch (d)) ergeben.

Bereits an dieser Stelle können somit auf Basis der empirischen Untersuchung erste Hinweise auf Aspekte, hinsichtlich derer sich erfolgreiche und weniger erfolgreiche Stadtmarketingprojekte unterscheiden, gewonnen werden. Diese Unterschiede werden im folgenden mit Hilfe geeigneter Methoden weiter untersucht.

5.2 Prüfung der Erfolgswirksamkeit der postulierten Erfolgsfaktoren

5.2.1 Operationalisierung des Stadtmarketingerfolgs

Die befragten Städte selbst schätzen den Erfolg ihrer Marketingaktivitäten in den meisten Fällen sehr positiv ein (siehe auch Abschnitt 5.1.5). Der Stadtmarketingerfolg soll für die folgenden Analysen jedoch nicht allein auf Basis dieser globalen Einschätzung der Entscheidungsträger, sondern anhand verschiedener Erfolgsgrößen erfaßt werden (siehe Abschnitt 4.1.2). Mit dieser Vorgehensweise wird der besonderen Problematik der Messung des Stadtmarketingerfolgs Rechnung getragen.

Neben der Globaleinschätzung wird daher eine Erfolgsbeurteilung ausgehend von der Bedeutung und den Erreichungsgraden der im Fragebogen aufgeführten Ziele des Stadtmarketings vorgenommen. Die Erreichungsgrade werden dabei mittels der Selbsteinschätzung durch die Entscheidungsträger erfaßt (siehe Abschnitt 4.1.2).[10] Zur Anwendung kommt dabei sowohl ein additiver als auch ein multiplikativ verknüpfter Erfolgsindex.

Der additive Index wird gemäß Gleichung (3.1) gebildet. Der Maximalwert dieses Index beträgt 100, der entsprechende Minimalwert 20.[11] Abbildung 5.12 zeigt die kumulierte Häufigkeit des additiven Erfolgsindex in der Stichprobe (empirische Verteilungsfunktion), wobei in dieser und den folgenden Abbildungen 5.13 und 5.14 nur die Städte mit mehr als zwei Jahren Stadtmarketingerfahrung berücksichtigt worden sind. Jeder der Punkte repräsentiert eine realisierte Ausprägung des additiven Erfolgsindex. Die Häufigkeit, mit der ein Indexwert in der Stichprobe aufgetreten ist, ergibt sich dabei aus der Differenz der kumulierten Häufigkeit des betrachteten und des nächstkleineren Indexwertes. Daher wird z.B. erkennbar, daß der additive Erfolgsindex den Wert 70 vergleichsweise häufig annimmt

[10] Die in den Fragebogen aufgenommenen Zielindikatoren bzw. Kennzahlen weisen eine hohe Anzahl fehlender Werte auf (siehe Abschnitt 4.2.3). Daher können diese Kennzahlen bzw. deren Entwicklung nicht zur Bewertung der Zielerreichung herangezogen werden.

[11] Diese Werte ergeben sich wie folgt. Um den Maximalwert zu erreichen, muß jeder der 20 Bewertungspunkte einem Ziel zugeordnet werden, das vollständig erreicht wurde (5 als Wert auf der Skala); entsprechend wird bei Erreichen des Minimalwertes jedem Bewertungspunkt ein Ziel zugeordnet, das nicht erreicht wurde (1 als Wert auf der Skala).

(in 7,55 % der Fälle). Zu beachten ist, daß der additive Erfolgsindex ausgehend von diskreten Variablen berechnet wurde (Zielerreichungsgrad und Zielgewichtung), so daß auch der Erfolgsindex zunächst eine diskrete Variable darstellt. Anhand der S-förmig anmutenden Stufenfunktion zeigt sich, daß entsprechend der positiven subjektiven Selbsteinschätzung auch der Erfolgsindex in nur wenigen Städten einen niedrigen Wert aufweist. Anhand des steilen Anstiegs des Verlaufs um den Mittelwert herum, wird deutlich, daß der Index realistischerweise für einen Großteil der Stadtmarketingprojekte ein mittleres Niveau annimmt. Ausgehend von dieser Erfolgsgröße wird ein Projekt, dessen Erfolgsindex höher ist als der angegebene Mittelwert als erfolgreich im Sinne des additiven Erfolgsindex bezeichnet. Analog werden Projekte, deren Erfolgsindizes dem Mittelwert entsprechen bzw. unterhalb des Mittelwertes liegen, als weniger erfolgreich kategorisiert. Anhand der kumulierten Häufigkeit wird erkennbar, daß 44 % der Städte somit als weniger erfolgreich zu betrachten sind.

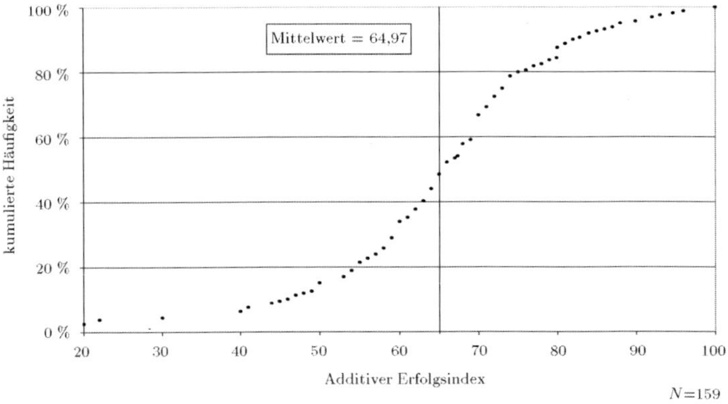

Abbildung 5.12: Additiver Erfolgsindex in der Stichprobe

Aufgrund der Verwendung einer Konstantsummenskala für die Bewertung der Wichtigkeit der Ziele ist der Erfolgsindex unabhängig von der Anzahl der verfolgten Ziele. Eine Modifikation wie sie u.a. von *Eisele* (1995, S. 92) vorgenommen wird, erscheint daher nicht sinnvoll (siehe Abschnitt 3.2.2).

Neben dem additiven Erfolgsindex wird zudem eine multiplikative Verknüpfung der Zielerreichungsgrade und -gewichte entsprechend Gleichung (3.2) vorgenommen. Wie bereits in Abschnitt 3.2.2 ausgeführt, kann in diesem Fall das Nicht-Erreichen eines Zieles nicht durch das vollständige Erreichen eines anderen Zieles kompensiert werden. Durch eine entsprechende Kodierung kann jedoch vermieden werden, daß für einzelne Ziele ein Erreichungsgrad von Null realisiert wird und entsprechend der Index den Wert Null annimmt, sobald nur ein Ziel nicht erreicht wurde.[12] Dennoch wird bei gleichen Zielgewichtungen ein Projekt, in dessen Rahmen alle Ziele durchschnittlich erreicht wurden, gemäß des multiplikativen Index besser beurteilt als ein Projekt, das einzelne Ziele vollständig und andere Ziele dafür gar nicht erreicht hat. Gemäß des additiven Erfolgsindex würden diese beiden Projekte gleich beurteilt.

Der Maximalwert des multiplikativen Erfolgsindex beträgt 1, der entsprechende Minimalwert 0,20.[13] Abbildung 5.13 zeigt die kumulierte Häufigkeit des multiplikativen Erfolgsindex in der Stichprobe. Angegeben ist zudem der Mittelwert des Erfolgsindex in der Stichprobe.

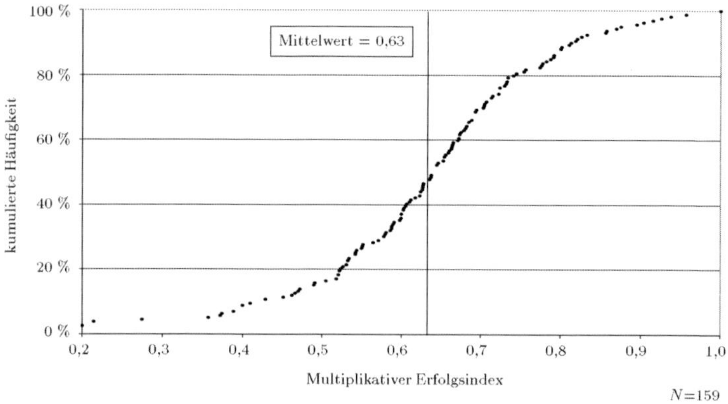

Abbildung 5.13: Multiplikativer Erfolgsindex in der Stichprobe

[12]Das Nicht-Erreichen eines Zieles wird mit eins (bzw. mit dem normierten Wert 0,2) kodiert.

[13]Die Werte ergeben sich analog zu den Überlegungen beim additiven Erfolgsindex. Für den multiplikativen Index werden entsprechend der Berechnung des geometrischen Mittels normierte Werte für die Gewichte und die Zielerreichungsgrade verwendet.

Auch der multiplikative Erfolgsindex nimmt in nur wenigen Städten einen niedrigen Wert an. Im Vergleich zu der entsprechenden Darstellung des additiven Erfolgsindex wird erkennbar, daß mehr unterschiedliche Werte für den multiplikativen Erfolgsindex realisiert werden. Dies spiegelt sich in der höheren Anzahl an Punkten in Abbildung 5.13 wider und ergibt sich aus der verwendeten Berechnungsvorschrift (siehe Gleichung (3.2)). Entsprechend des multiplikativen Erfolgsindex wird ein Projekt, dessen Erfolgsindex höher ist als der Mittelwert als erfolgreich bezeichnet. Demnach wird ein Projekt, dessen Erfolgsindex dem Mittelwert entspricht bzw. unterhalb des Mittelwertes liegt, als weniger erfolgreich bezeichnet. Anhand der kumulierten Häufigkeit wird erkennbar, daß 46,5 % der Städte als weniger erfolgreich zu betrachten sind.
Der dritte verwendete Ansatz zur Operationalisierung des Erfolgs basiert auf dem Konzept der Kausal-/Strukturgleichungsanalyse. *Fritz* (1995, S. 230) folgend wird der Stadtmarketingerfolg als latente Variable betrachtet, die Zielerreichungsgrade dienen als Indikatorvariablen (siehe Gleichung (3.4)). Dieser Ansatz bietet sich insbesondere als Operationalisierung des Erfolgs im Rahmen der Kausalanalyse an und wird dort entsprechend verwendet (siehe Abschnitt 5.2.2).
Für die folgende Diskriminanzanalyse zur Untersuchung der Unterschiede zwischen erfolgreichen und weniger erfolgreichen Stadtmarketingprojekten kann der letztgenannte Ansatz der Operationalisierung des Stadtmarketingerfolgs nicht angewendet werden. Als abhängige Variable in der Diskriminanzanalyse wird eine (nicht-metrische) Gruppierungsvariable benötigt. In diesem Kontext wird ein Faktorwert herangezogen. Ausgehend von dem Mittelwert des Faktorwertes können Gruppen erfolgreicher und weniger erfolgreicher Stadtmarketingprojekte gebildet werden. Der Faktorwert ergibt sich aus der im folgenden dargestellten exploratorischen Faktorenanalyse der Zielerreichungsgrade.
Das Measure of Sampling Adequacy (MSA) liefert ein Maß für die Eignung der Daten zur Durchführung einer Faktorenanalyse. Werte über 0,8 werden als „meritorious", Werte unter 0,5 als „unacceptable" bezeichnet (vgl. *Hair et al.* (1998, S. 99)). Das MSA beträgt im vorliegenden Fall 0,72, d.h. die Daten sind zur Durchführung einer Faktorenanalyse geeignet. Die Faktorladungsmatrix ist in Tabelle 5.2 dargestellt.

Ziele[14]	Faktor I
Attraktivität als Wirtschaftsstandort (q28_1)	0,63*
Attraktivität als Wohnort (q28_2)	0,57*
Attraktivität als Einkaufsort (q28_3)	0,63*
Attraktivität als touristischer Anziehungspunkt (q28_4)	0,40
Zusammenarbeit der Handlungsträger (q28_5)	0,61*
Verankerung des Marketinggedankens (q28_6)	0,66*
Varianzerklärungsanteil:	98 %

Tabelle 5.2: Exploratorische Faktorenanalyse der Zielerreichungsgrade

Auf Basis des Eigenwertkriteriums wird ein Faktor extrahiert, der als Stadtmarketingerfolg interpretiert werden kann und 98 % der Varianz erklärt. Bis auf den Erreichungsgrad des vermutlich nur für einen speziellen Typ von Stadt relevanten Zieles der Steigerung der Attraktivität der Stadt als touristischer Anziehungspunkt weisen alle Zielerreichungsgrade hohe Ladungen auf.[15] Als Basis für die Ableitung einer Gruppierungsvariable im Rahmen der Diskriminanzanalyse dienen die resultierenden Faktorwerte für jede Stadt, während in der Kausalanalyse die fünf Erreichungsgrade mit hohen Ladungen als Indikatorvariablen verwendet werden.

Abbildung 5.14 zeigt die kumulierte Häufigkeit des Faktorwertes. Dieser nimmt wiederum mehr unterschiedliche Werte an als die zuvor betrachteten Erfolgsindizes. Die kumulierte Häufigkeit zeigt, daß 47,8 % der Städte gemäß des Faktorwertes als weniger erfolgreich zu betrachten sind, da sie einen Wert unterhalb des Mittelwertes[16] realisiert haben.

[14]Angegeben ist zudem die Variablenbezeichnung. Eine Übersicht der verwendeten Variablen ist in Anhang C.3 enthalten.

[15]Faktorladungen größer als 0,45 sind in der Tabelle entsprechend gekennzeichnet.

[16]Der Mittelwert der Faktorwerte ist trotz Verwendung standardisierter Daten nicht gleich Null, da bei der Berechnung der Faktorladungen ein paarweiser Ausschluß („pairwise deletion") fehlender Werte vorgenommen wurde, während für die Berechnung der Faktorwerte ein fallweiser Ausschluß („listwise deletion") notwendig war.

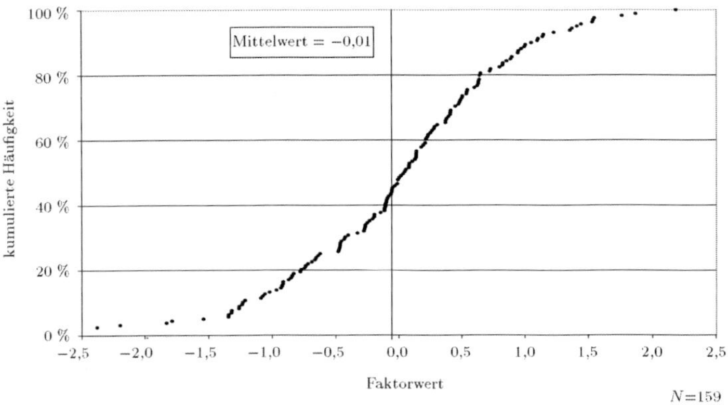

Abbildung 5.14: Faktorwert in der Stichprobe

Abschließend werden die vier verwendeten Erfolgsgrößen im Hinblick auf ihre Korrelation mit der Entwicklung ausgewählter, in der Literatur diskutierter Kennzahlen untersucht (vgl. zu dieser Vorgehensweise auch *Fritz* (1995, S. 227ff.)). Tabelle 5.3 faßt die Ergebnisse der Analyse zusammen.

Die Befragten wurden gebeten, die Entwicklung der genannten Kennzahlen seit Beginn der Stadtmarketingaktivitäten im Fragebogen auf einer fünfstufige Ratingskala von „stark gefallen" bis „stark gestiegen" einzuschätzen. Die ermittelten Korrelationen repräsentieren teilweise signifikante Zusammenhänge zwischen den für die vorliegende Arbeit gewählten Erfolgsgrößen und der Entwicklung der Kennzahlen seit Beginn der Stadtmarketingaktivitäten. So weisen insbesondere die Entwicklung der Übernachtungszahlen ($\alpha < 0,01$) und des Einzelhandelsumsatzes ($\alpha \leq 0,05$) einen signifikant positiven Zusammenhang mit den drei letztgenannten Erfolgsgrößen auf. Demzufolge sind Stadtmarketingprojekte, die einen hohen (niedrigen) Wert bei diesen Erfolgsgrößen aufweisen, auch durch eine positive (negative) Entwicklung der Übernachtungszahlen und des Einzelhandelsumsatzes gekennzeichnet. Hinsichtlich der Selbsteinschätzung als Erfolgsgröße wird ein signifikanter Zusammenhang nur für die Entwicklung der Übernachtungszahlen erkennbar ($\alpha < 0,01$). Für die Entwicklung des Einzelhandelsumsatzes kann zumindest noch ein tendenziell positiver Zusammenhang herausgestellt werden ($\alpha = 0,11$).[17]

[17] Ausgehend von entsprechenden Empfehlungen in der relevanten Literatur werden Ergebnisse zu $\alpha \leq 0,10$ als statistisch signifikant bezeichnet (vgl. *Hair et al.* (1998, S. 10ff.)).

Entwicklung der Kennzahlen (Stichprobenumfang)	Korrelationen (Signifikanzniveau α)			
	Selbsteinschätzung	additiver Index	multiplikativer Index	Faktorwert
Einwohnerzahlen (N=151)	0,0284 (0,7322)	0,0900 (0,2956)	0,0964 (0,2624)	0,0383 (0,6564)
Übernachtungszahlen (N=115)	0,2807 (0,0025)	0,2598 (0,0072)	0,2642 (0,0062)	0,2903 (0,0025)
Einzelhandelsumsatz (N=47)	0,2331 (0,1149)	0,3460 (0,0214)	0,3638 (0,0152)	0,2972 (0,0501)
Neuansiedlungen Einzelhandel, Innenstadt (N=86)	0,1040 (0,3463)	0,2418 (0,0297)	0,2522 (0,0231)	0,2241 (0,0443)
Neuansiedlungen Einzelhandel, „grüne Wiese“ (N=66)	−0,0917 (0,4674)	−0,1890 (0,1413)	−0,2008 (0,1176)	−0,2102 (0,1011)
Neuansiedlungen Industrie (N=78)	0,1590 (0,1673)	0,2718 (0,0184)	0,2657 (0,0212)	0,2250 (0,0523)

Tabelle 5.3: Korrelationen der Erfolgsgrößen mit der Entwicklung ausgewählter Kennzahlen

Ähnlich ergibt sich ein signifikant positiver Zusammenhang zwischen den drei letztgenannten Erfolgsgrößen und der Entwicklung der Neuansiedlungen von Einzelhandelsunternehmen in der Innenstadt ($\alpha < 0,05$), während bzgl. der Neuansiedlungen außerhalb des unmittelbaren Stadtgebietes („grüne Wiese“) für den multiplikativen Erfolgsindex und den Faktorwert zumindest noch ein tendenziell negativer Zusammenhang identifiziert werden kann ($\alpha < 0,12$).
An dieser Stelle wird eine etwas geringere Eignung der Selbsteinschätzung als Erfolgsgröße deutlich, da diese insgesamt eine niedrigere Korrelation mit der Entwicklung der relevanten Kennzahlen aufweist. Obwohl auch die übrigen abgeleiteten Erfolgsgrößen letztendlich auf einer subjektiven Einschätzung der Zielerreichung und der Zielgewichte basieren, konnten durch die gewählten mathematischen Verknüpfungsregeln bzw. die Anwendung der Faktorenanalyse besser geeignete Erfolgsgrößen entwickelt werden. Insgesamt können die Ergebnisse im Hinblick auf die gewählten Erfolgsgrößen als weitgehend zufriedenstellend betrachtet werden.[18] Anzumerken ist hierzu auch, daß die gewählten Erfolgsgrößen sehr geringe Korrelationen mit den Kennzahlen an sich aufweisen. D.h.

[18] Vgl. dazu auch die Ausführungen und die Ergebnisse bei *Fritz* (1995, S. 227ff.).

die Erfolgsgrößen nehmen nicht tendenziell in größeren Städten oder Städten mit höherem Einzelhandelsumsatz einen höheren Wert an, sondern weisen nur einen Zusammenhang mit der Entwicklung dieser Kennzahlen seit Beginn der Stadtmarketingaktivitäten auf.

5.2.2 Ableitung eines Kausalmodells des Stadtmarketingerfolgs

Für die Ableitung eines Kausalmodells des Stadtmarketingerfolgs wird zunächst ein Meßmodell der in Abschnitt 4.1.3 vorgestellten potentiellen Erfolgsfaktoren des Stadtmarketings formuliert. Die Berücksichtigung aller erhobenen Indikatoren zur Messung der potentiellen Erfolgsfaktoren im Rahmen des Kausalmodells erscheint aufgrund des vorliegenden Stichprobenumfangs nicht sinnvoll.[19] Es wird daher angestrebt, ein kompaktes Modell des Stadtmarketingerfolgs abzuleiten und der Kausalanalyse zu unterziehen.
Ausgehend von exploratorischen Faktorenanalysen der Handlungs-/Situations- sowie der Moderatorvariablen werden Indikatoren für das Meßmodell ausgewählt (vgl. zu dieser Vorgehensweise auch *Lang* (1997, S. 209ff.)). Die Extraktion der Faktoren erfolgt im Rahmen von zwei getrennten Faktorenanalysen, um die Trennung zwischen den a priori als Moderatorvariablen definierten und den übrigen Handlungs- und Situationsvariablen beizubehalten (siehe Abschnitt 4.1).
In der exploratorischen Faktorenanalyse der Handlungs- und Situationsvariablen werden basierend auf dem kumulierten Varianzerklärungsanteil fünf Faktoren extrahiert, die gemeinsam 94 % der Varianz in den Ausgangsdaten erklären. Tabelle 5.4 zeigt die varimax-rotierten Faktorladungen[20] als Basis einer inhaltlichen Interpretation der Faktoren. Das MSA beträgt hier 0,79, d.h. die Daten sind zur Durchführung einer Faktorenanalyse geeignet. Die Indikatoren „Raumbezug", „Wettbewerbssituation" sowie „einzelhandelsrelevante Kaufkraft"[21] werden aufgrund eines MSA kleiner als 0,50 aus der Analyse ausgeschlossen.

[19] Mit steigender Anzahl zu schätzender Parameter steigen auch die Anforderungen an den Stichprobenumfang. Empfehlungen in der Literatur sehen Stichprobenumfänge von bis zum fünffachen der Anzahl der zu schätzenden Parameter vor (vgl. *Hair et al.* (1998, S. 604)).

[20] Für eine Darstellung ausgewählter Rotationsalgorithmen vgl. *Hüttner/Schwarting* (2000, S. 396f.)).

[21] Die entsprechenden Variablen werden mit `raum`, `q34` bzw. `q37_8_1` bezeichnet. Eine Übersicht dieser und weiterer verwendeter Variablenbezeichnungen ist in Anhang C.3 enthalten.

Zur Interpretation der Faktoren werden die gekennzeichneten Indikatoren mit einer Faktorladung größer 0,45 herangezogen (vgl. *Tabachnik/Fidell* (1996, S. 677)). Indikatoren, die auf mehr als einen Faktor hoch laden, werden bei der Interpretation nicht berücksichtigt, da für das abzuleitende Meßmodell in der Kausalanalyse eine eindeutige Zuordnung der Indikatoren zu den Faktoren respektive Konstrukten angestrebt wird.

Handlungs- und Situationsvariablen[22]	Faktoren				
	I	II	III	IV	V
kontinuierliche Maßnahmen (q25_19)	**0,84***	0,08	0,10	0,20	0,11
Maßnahmen zu Beginn (q25_18)	**0,71***	0,00	0,03	0,24	0,09
Leistungsspektrum (q25_20)	**0,60***	0,27	−0,04	0,12	0,24
Handlungsorientierung (q25_2)	0,56*	0,53*	0,15	0,07	0,02
gesicherte finanzielle Basis (q25_5)	0,50*	0,31	−0,04	0,14	0,10
strategische Grundrichtung (q25_4)	0,11	**0,71***	−0,02	0,29	0,03
Maßnahmenkatalog (q11)	0,21	**0,60***	0,08	0,13	0,21
Grad der Bürgerbeteiligung (grbbet)	0,24	**0,50***	0,00	0,20	0,09
Langfristigkeit (q25_1)	0,40	0,50*	0,01	0,11	−0,04
Stärken-Schwächen-Analyse (q25_3)	0,08	0,57*	−0,03	0,54*	0,03
Anzahl Themenfelder (themen)	0,03	0,40	0,17	0,19	0,07
Anzahl beteiligter Akteure (akteure)	0,12	0,40	0,22	0,08	−0,02
Prozeßelemente (prozess)	0,02	0,35	0,11	0,05	0,12
Einwohnerzahl (q37_1_1)	0,05	0,12	**0,85***	−0,03	0,01
Stellung in der Region (q35)	−0,05	0,06	**0,84***	0,05	0,10
Übernachtungszahlen (q37_3_1)	0,00	0,15	**0,72***	0,01	−0,04
Einzelhandelsumsatz (q37_7_1)	0,02	0,06	0,32	0,10	0,00
Zielgruppenbefragungen (q25_15)	0,15	0,14	−0,01	**0,63***	0,00
Sekundärdatenanalyse (q25_16)	0,11	0,27	0,16	**0,74***	0,03
Konkurrenzanalyse (q25_17)	0,08	0,12	0,07	0,38	0,07
Stadtwerbung (q25_21)	0,29	0,16	−0,09	0,09	**0,94***
Öffentlichkeitsarbeit (q25_22)	0,40	0,19	−0,04	0,28	**0,47***
Breite der Bürgerbeteiligung (brbbet)	0,18	0,08	−0,07	0,19	0,02
Breite der finanziellen Basis (brfinakt)	0,31	0,04	0,14	0,00	0,18
Schaffung neuer Stellen (q25_6)	0,05	0,15	0,10	0,13	−0,01
Einbeziehung Stadtrat (q25_12)	0,18	0,18	−0,24	0,18	0,12
Stadtmarketingerfahrung (jahre)	0,13	0,05	0,17	−0,04	0,21
Mehrheitsverhältnisse (q32)	0,23	0,16	−0,10	0,00	0,07
Varianzerklärungsanteile	49 %	22 %	12 %	6 %	6 %

Tabelle 5.4: Rotierte Faktorladungen der Handlungs- und Situationsvariablen

[22] Angegeben ist hier und im folgenden zudem die Variablenbezeichnung. Eine Übersicht der verwendeten Variablen ist in Anhang C.3 enthalten.

Die auf den ersten Faktor hoch ladenden Indikatoren beziehen sich auf eine starke Umsetzungs- und Handlungsorientierung. Das kontinuierliche und frühzeitige Umsetzen konkreter Maßnahmen sowie die Erweiterung des städtischen Leistungsspektrums weisen auf konkrete Aktivitäten im Stadtmarketing hin. Der erste Faktor wird daher als „Handlungsorientierung“ bezeichnet. Faktor II umfaßt die Existenz einer auf Marktforschung basierenden strategischen Grundrichtung, die Existenz eines Maßnahmenkatalogs sowie die Intensität der Bürgerbeteiligung. Diese Elemente beziehen sich somit auf eine erkennbare „(inhaltliche) Basis“ der Stadtmarketingaktivitäten.

Der dritte Faktor umfaßt die Einwohnerzahl, die Stellung der Stadt im Umfeld im Sinne der zentralörtlichen Funktion sowie die Übernachtungszahlen. Entsprechend beschreibt dieser Faktor die „Situation“ der Stadt. Auf den vierten Faktor laden die Bedeutung von Zielgruppenbefragungen und Sekundärdatenanalysen entsprechend hoch, so daß dieser Faktor als „Marktforschung“ bezeichnet wird. Der fünfte Faktor umfaßt die Aspekte Stadtwerbung und Öffentlichkeitsarbeit und kann somit durch den Begriff „Kommunikation“ beschrieben werden.

Die zweite exploratorische Faktorenanalyse der Indikatoren der Moderatorvariablen führt nach dem Kaiser-Kriterium zur Extraktion von zwei Faktoren (siehe Tabelle 5.5). Das MSA beträgt in diesem Fall 0,78, so daß auch diese Daten als für eine Faktorenanalyse geeignet zu betrachten sind.

Auf den ersten Faktor laden die Überzeugung der Mitarbeiter der Stadtverwaltung und des Stadtrates von der Leistungsfähigkeit des Stadtmarketings, die Mitwirkungsbereitschaft dieser Akteure sowie die Akzeptanz des Stadtmarketings in der Öffentlichkeit hoch, während der zweite Faktor die Überzeugung und Mitwirkungsbereitschaft der Stadtspitze umfaßt. Die Faktoren sollen daher als „Haltung städtischer Gruppierungen“ und „Haltung der Stadtspitze“ bezeichnet werden.

Moderatorvariablen	Faktor I	Faktor II
Überzeugung Stadtverwaltung (q25_8)	0,83*	0,23
Mitwirkung Stadtverwaltung (q25_9)	0,80*	0,16
Überzeugung Stadtrat (q25_10)	0,71*	0,34
Akzeptanz (q25_7)	0,61*	0,25
Mitwirkung Stadtrat (q25_11)	0,60*	0,29
Überzeugung Stadtspitze (q25_13)	0,26	0,94*
Mitwirkung Stadtspitze (q25_14)	0,32	0,82*
Varianzerklärungsanteile[23]	83 %	19 %

Tabelle 5.5: Rotierte Faktorladungen der Moderatorvariablen

Die Ergebnisse dieser vorgeschalteten exploratorischen Faktorenanalysen bilden die Basis des Meßmodells für das abzuleitende Kausalmodell. Dieses wird im folgenden einer konfirmatorischen Faktorenanalyse unterzogen. Während die Bedeutung der exploratorischen Faktorenanalyse zunächst in der Erkennung noch nicht bekannter Faktorstrukturen zu sehen ist, soll mittels konfirmatorischer Faktorenanalyse die ermittelte Faktorstruktur überprüft werden (vgl. *Leeflang et al.* (2000, S. 450)). Die konfirmatorische Faktorenanalyse liefert zudem Anpassungsmaße zur Beurteilung des Meßmodells sowie einzelner Modellkomponenten und bietet die Möglichkeit, die Parameter auf Signifikanz zu testen (vgl. *Homburg/Pflesser* (2000a, S. 416f.)).
Für diese konfirmatorische Faktorenanalyse als Spezialfall der Kausalanalyse gilt es zunächst, ein geeignetes Schätzverfahren zu wählen. Im vorliegenden Fall erscheint einerseits die Anwendung der Unweighted Least Squares-Schätzung (ULS-Schätzung) geboten, da die zugrundeliegenden Daten nicht (multivariat) normalverteilt sind[24] und die ULS-Schätzung unabhängig von der Verteilungsstruktur anwendbar ist. Zudem stellt dieses Schätzverfahren vergleichsweise geringe Anforderungen an den Stichprobenumfang (vgl. *Homburg/Sütterlin* (1990, S. 186)).

[23]Die Summe der Varianzerklärungsanteile ist größer als 100 %, da eine Hauptachsenanalyse durchgeführt wurde. Die Kommunalitäten werden nicht wie in der Hauptkomponentenanalyse zunächst gleich Eins gesetzt, sondern mittels der quadrierten multiplen Korrelationen geschätzt, so daß die Möglichkeit besteht, daß sich die Varianzerklärungsanteile der extrahierten Faktoren zu mehr als 100 % addieren (vgl. *Hatcher* (1998, S. 68ff.)). Die Hauptachsenanalyse ist für die vorliegende Problemstellung angemessen, da die Zielsetzung die Identifikation zugrundeliegender latenter Konstrukte umfaßt (vgl. *Hair et al.* (1998, S. 100ff.)).

[24]Die Nullhypothese einer multivariaten Normalverteilung kann zu $\alpha < 0,01$ ausgehend von einem Test nach *Mardia et al.* (1979, S. 148f.) abgelehnt werden.

Die Maximum Likelihood-Schätzung (ML-Schätzung) ist gemäß der Studie von *Homburg/Baumgartner* (1995, S. 1101) das international am häufigsten verwendete Verfahren, während die ULS-Schätzung lediglich in Deutschland einen hohen Stellenwert aufweist. Die ML-Schätzung wird als das klassische Schätzverfahren der Kausalanalyse bezeichnet (vgl. *Bollen* (1989, S. 107), *Homburg/Sütterlin* (1990, S. 186)), sie basiert jedoch auf der Annahme der multivariaten Normalverteilung der Indikatorvariablen. Dennoch belegen Simulationsstudien, daß sich die ML-Schätzung auch unter suboptimalen Bedingungen, wie z.B. einer kleinen Stichprobe oder bei fehlender Normalverteilung, durch eine hohe Robustheit auszeichnet und zumindest hinsichtlich der einzelnen Modellparameter zu einem guten Ergebnis führt (vgl. *Ohlwein* (2000, S. 304)). Bei den folgenden Analysen werden daher für ausgewählte Aspekte die Resultate auf Basis beider Schätzverfahren dargestellt. Insgesamt beschränken sich die weiteren Ausführungen jedoch weitgehend auf die Ergebnisse der ML-Schätzung.

Zunächst wird eine konfirmatorische Faktorenanalyse des Meßmodells durchgeführt, das sich direkt aus den Ergebnissen der exploratorischen Faktorenanalyse ergibt. D.h. für die extrahierten Faktoren werden jeweils alle Indikatorvariablen mit einer Ladung größer als 0,45 verwendet, die nicht auf mehr als einen Faktor hoch laden. Diese Indikatoren sind in Tabelle 5.4 durch Fettdruck hervorgehoben, während alle der in Tabelle 5.5 angegebenen Indikatoren berücksichtigt werden. Die Anzahl der Indikatoren je Faktor weicht in einzelnen Fällen von der empfohlenen Anzahl von drei Indikatoren ab (vgl. *Hatcher* (1998, S. 260)). Die Durchführung und die Ergebnisse der folgenden Analyse weisen jedoch nicht auf Probleme bei der Identifikation oder der Konvergenz hin, die bei Verwendung einer geringeren Anzahl von Indikatoren je Faktor auftreten könnten. Den Faktoren als latente Variablen gilt es zudem, eine Skala zuzuweisen. Dieses Skalenproblem („scale indeterminancy problem"; vgl. *Hatcher* (1998, S. 272), *Leeflang et al.* (2000, S. 444)) wird gelöst, indem die Varianzen der latenten Variablen respektive der Faktoren auf eins fixiert werden. Ausgewählte globale Anpassungsmaße dieses Ausgangsmodells sowie der im folgenden vorgenommenen Modifikationen ausgehend von der ML- und der ULS-Schätzung sind in Tabelle 5.6 zusammengestellt. Zudem sind in der Literatur genannte Anspruchsniveaus für die gewählten Anpassungsmaße angegeben (vgl. u.a. *Homburg* (1992, S. 506), *Hatcher* (1998, S. 393), *Homburg/Pflesser* (2000b, S. 651)).

In den drei Modellen sind jeweils alle Faktorladungen signifikant (t-Test, $\alpha < 0,01$), die standardisierten Faktorladungen sind größer bzw. gleich 0,5. Die Modifikationen des Meßmodells basieren auf Lagrange-Multiplikatoren (vgl. *Hatcher* (1998, S. 313)). Der Lagrange-Multiplikator-Test zeigt auf, inwieweit sich der χ^2-Wert des Modells verbessern würde, wenn ein zusätzlicher Parameter im Modell geschätzt würde. Für den Indikator q25_7 („Akzeptanz") im Ausgangsmodell wie auch für den Indikator q25_20 („Leistungsspektrum") in dem ersten modifizierten Meßmodell weist der Lagrange-Multiplikator-Test darauf hin, daß der χ^2-Wert gesenkt werden könnte, wenn zusätzliche Pfade von dem jeweiligen Indikator zu einzelnen Faktoren ergänzt würden. Dies ist im vorliegenden Fall nicht wünschenswert, da die entsprechenden Indikatoren jeweils nur einen der zugrundeliegenden Faktoren respektive eines der Konstrukte messen sollten. Um sog. komplexe Variablen zu vermeiden, werden daher die entsprechenden Indikatoren ausgeschlossen (vgl. zu dieser Vorgehensweise *Hatcher* (1998, S. 313)). Diese Entscheidung basiert zum einen auf den entsprechenden Test-Ergebnissen, zum anderen erscheint diese Entscheidung auch aus inhaltlichen Gründen vertretbar.

	Ausgangs-modell		Modifikationen				Anspruchs-niveau
			ohne q25_7		ohne q25_7/_20		
	ML	ULS	ML	ULS	ML	ULS	
GFI	0,7960	0,9725	0,8096	0,9740	0,8233	0,9745	$\geq 0,90$
AGFI	0,7316	0,9639	0,7450	0,9652	0,7586	0,9652	$\geq 0,80$
RMR	0,0672	0,0600	0,0635	0,0574	0,0602	0,0564	$\leq 0,10$
χ^2/df	2,1488	–	2,0510	–	2,0213	–	$\leq 2,50$
RMSEA	0,0861	–	0,0823	–	0,0809	–	$\leq 0,05$
CFI	0,8496	–	0,8654	–	0,8750	–	$\geq 0,90$
NFI	0,7572	–	0,7731	–	0,7855	–	$\geq 0,90$

Tabelle 5.6: Ausgewählte globale Anpassungsmaße alternativer Meßmodelle

Bei den angegebenen Gütemaßen handelt es sich zunächst ausschließlich um globale Anpassungsmaße, mittels derer das Modell insgesamt beurteilt werden kann. Zu unterscheiden sind hier Stand-Alone und Inkrementelle Anpassungsmaße.

Die Stand-Alone Anpassungsmaße können in deskriptive und inferenzstatistische Anpassungsmaße unterschieden werden. Der Goodness of Fit Index (GFI) als deskriptives Anpassungsmaß gibt den Anteil der Varianz und Kovarianz in der

Stichprobe an, der durch die reproduzierte Kovarianzmatrix abgebildet wird (vgl. *Bollen* (1989, S. 276), *Leeflang et al.* (2000, S. 447)). Der GFI berücksichtigt die Freiheitsgrade nicht, während der Adjusted Goodness of Fit Index (AGFI) diese einbezieht. Maße unter Einbeziehung der Freiheitsgrade, wie der AGFI oder das Verhältnis des χ^2-Wertes zu den Freiheitsgraden (χ^2/df), führen dazu, daß Modelle mit weniger Parametern bei sonst gleicher Anpassung besser bewertet werden. Das Root Mean Residual (RMR) betrachtet die Residuen zwischen den Elementen der Kovarianzmatrix auf Basis der Stichprobe und den Elementen der vom Modell reproduzierten Kovarianzmatrix (vgl. *Bollen* (1989, S. 257)). Freiheitsgrade werden bei diesem Maß nicht berücksichtigt. Für die vorliegenden Modelle werden die Anspruchsniveaus für den GFI und den AGFI im Falle der ULS-Schätzung deutlich übertroffen, im Falle der ML-Schätzung jedoch nicht ganz erreicht. Das Verhältnis des χ^2-Wertes zu den Freiheitsgraden und das RMR erreichen das Anspruchsniveau für alle drei Modelle.

Inferenzstatistische Stand-Alone Anpassungsmaße beurteilen das vorliegende Modell ausgehend von einem statistischen Signifikanztest. Das bekannteste dieser Maße ist der χ^2-Anpassungstest mit der Nullhypothese, daß das spezifizierte Modell „richtig" ist (vgl. *Homburg/Baumgartner* (1998, S. 353)). Die Angemessenheit dieses Tests wird jedoch in der Literatur generell in Frage gestellt, so daß dieses Anpassungsmaß nicht weiter betrachtet wird. Als besser geeignet kann der Root Mean Squared Error of Approximation (RMSEA) bezeichnet werden. Der RMSEA ermöglicht es, zu testen, ob das Modell die Realität gut approximiert (vgl. *Homburg/Pflesser* (2000a, S. 427)). Das Anspruchsniveau für den RMSEA wird in der Literatur mit 0,05, in einigen Fällen aber auch mit 0,08 angegeben. Für die vorliegenden Modelle wird dieses Anspruchsniveau nicht ganz erfüllt.

Inkrementelle Anpassungsmaße beurteilen das vorliegende Modell, anders als die Stand-Alone Anpassungsmaße, in Relation zu einem Basismodell („Nullmodell"), das z.B. die Unabhängigkeit aller verwendeten Indikatoren unterstellt. Zu diesen Maßen zählen der Normed Fit Index (NFI) sowie der Comparative Fit Index (CFI), der im Unterschied zum NFI die Freiheitsgrade berücksichtigt. Die Indizes lassen sich unter Verwendung des Verhältnisses der χ^2-Werte des vorliegenden und des Basismodells bestimmen. Werte nahe bei Eins deuten auf eine gute Modellanpassung des vorliegenden Modells hin. Tabelle 5.6 zeigt, daß das Anspruchsniveau für die vorliegenden Meßmodelle nicht ganz erfüllt werden kann.

Insgesamt kann das modifizierte Meßmodell (ohne die Indikatoren q25_7 und q25_20) gemäß der aufgeführten globalen Anpassungsmaße als noch zufriedenstellend bezeichnet werden. Im folgenden werden lokale Anpassungsmaße für dieses Modell betrachtet, d.h. die Reliabilität und die Validität der Konstrukte/Faktoren und Indikatoren werden beurteilt. Die Reliabilität beschreibt dabei „the degree to which measures are free from random error and thus reliability coefficients estimate the amount of systematic variance in a measure“ (*Peter/Churchill* (1986, S. 4)). Validität ist gegeben, „when the differences in observed scores reflect true differences on the characteristic one is attempting to measure and nothing else“ (*Churchill* (1979, S. 65)). Tabelle 5.7 faßt die standardisierten Faktorladungen, die Indikator- sowie die Faktorreliabilitäten und die durchschnittlich erfaßte Varianz zusammen.

Faktoren/Indikatoren		standardisierte Ladung	Indikator-reliabilität	Faktor-reliabilität	durchschnittlich erfaßte Varianz
F1 (Erfolg)	q28_1	0,5523	0,3051	0,7529	0,3841
	q28_2	0,4949	0,2449		
	q28_3	0,5800	0,3364		
	q28_5	0,6790	0,4610		
	q28_6	0,7570	0,5730		
F2 (städtische Gruppierungen)	q25_8	0,8363	0,6994	0,8604	0,6078
	q25_9	0,7957	0,6332		
	q25_10	0,7971	0,6354		
	q25_11	0,6807	0,4633		
F3 (Stadtspitze)	q25_13	0,9415	0,8864	0,9233	0,8575
	q25_14	0,9103	0,8286		
F4 (inhaltliche Basis)	grbbet	0,6259	0,3918	0,7209	0,4635
	q25_4	0,7116	0,5064		
	q11	0,7016	0,4922		
F5 (Handlungsorientierung)	q25_18	0,7881	0,6211	0,8089	0,6796
	q25_19	0,8591	0,7381		
F6 (Marktforschung)	q25_15	0,5941	0,3530	0,7382	0,5958
	q25_16	0,9157	0,8385		
F7 (Kommunikation)	q25_21	0,7142	0,5102	0,7672	0,6243
	q25_22	0,8593	0,7384		
F8 (Situation)	q37_3_1	0,7293	0,5329	0,8490	0,6533
	q37_1_1	0,8745	0,7647		
	q35	0,8145	0,6633		

Tabelle 5.7: Reliabilität der Indikatoren und Konstrukte

Die quadrierten Faktorladungen geben den Anteil der Varianz des Indikators, der durch den zugrundeliegenden Faktor erklärt wird, an („Indikatorreliabilität") (vgl. *Homburg/Giering* (1998, S. 124), *Homburg/Pflesser* (2000a, S. 433)). So werden beispielsweise 76 % der Varianz des Indikators „Einwohnerzahlen" (q37_1_1) durch den Faktor „Situation" erklärt. Die Varianzerklärungsanteile liegen entsprechend der Höhe der Faktorladungen zwischen 24 % für die Erklärung der Varianz des Indikators „Attraktivität als Wohnort" (q28_2) durch den Faktor „Erfolg" und 89 % für die Erklärung der Varianz des Indikators „Überzeugung der Stadtspitze von der Leistungsfähigkeit des Stadtmarketings" (q25_13) durch den Faktor „Haltung der Stadtspitze". Die Werte liegen weitgehend über dem in der Literatur definierten Anspruchsniveau von 0,4 (vgl. *Homburg/Pflesser* (2000a, S. 430)).

Die Faktorreliabilität und die durchschnittlich erfaßte Varianz eines Faktors geben an, wie gut der Faktor durch die ihm zugeordneten Indikatoren insgesamt gemessen wird (vgl. *Homburg/Giering* (1998, S. 124)). Für die Faktorreliabilität wird ein minimal akzeptabler Wert von 0,6 bis 0,7 in der Literatur angegeben (vgl. *Hatcher* (1998, S. 329)). Für das vorliegende Meßmodell liegt die Faktorreliabilität für alle Faktoren über 0,7, so daß das Ergebnis als zufriedenstellend beurteilt werden kann.

Das Anspruchsniveau für die durchschnittlich erfaßte Varianz beträgt 0,5, da Werte unter 0,5 bedeuten würden, daß die Varianz aufgrund von Meßfehlern größer ist als die durch den Faktor erfaßte Varianz (vgl. *Fornell/Larcker* (1981, S. 46), *Hatcher* (1998, S. 331)). Dieses Kriterium wird im vorliegenden Modell für alle Faktoren bis auf F1 und F4 erfüllt. Die Faktorreliabilität nimmt jedoch auch für diese beiden Faktoren einen zufriedenstellenden Wert an.

Bezüglich der Validität lassen sich Hinweise auf die Konvergenzvalidität der Indikatoren aus den t-Werten ableiten. Konvergenzvalidität beschreibt dabei „the degree to which two or more attempts to measure the same concept are in agreement" (*Bagozzi/Phillips* (1982, S. 468)). Sind die Faktorladungen für alle Indikatoren, die das gleiche Konstrukt messen, wie im vorliegenden Fall, signifikant, so kann dies als Anzeichen von Konvergenzvalidität betrachtet werden (vgl. *Hatcher* (1998, S. 332)). Die Diskriminanzvalidität der Indikatoren kann u.a. anhand des χ^2-Differenztests, eines Konfidenzintervall-Tests sowie des Fornell/Larcker-

Kriteriums überprüft werden (vgl. *Anderson/Gerbing* (1988, S. 416), *Hatcher* (1998, S. 333ff.)). Die Diskriminanzvalidität beschreibt „the degree to which measures for distinct concepts differ" (*Bagozzi/Phillips* (1982, S. 469)).
Im vorliegenden Fall weisen alle drei Ansätze auf die Diskriminanzvalidität der verwendeten Indikatoren hin. Tabelle 5.8 faßt die Korrelationen zwischen den exogenen Variablen respektive Faktoren, die quadrierten Korrelationen sowie Konfidenzintervalle der Korrelationen zusammen.

Exogene Variablen	Korrelation	quadrierte Korrelation	Konfidenzintervall
F1 F2	0,6090	0,3709	[0,4710;0,7470]
F1 F3	0,4802	0,2306	[0,3271;0,6333]
F1 F4	0,6192	0,3834	[0,4618;0,7766]
F1 F5	0,5599	0,3135	[0,4054;0,7144]
F1 F6	0,3864	0,1493	[0,2049;0,5680]
F1 F7	0,5404	0,2921	[0,3777;0,7032]
F1 F8	0,1308	0,0171	[−0,0621;0,3237]
F2 F3	0,5924	0,3510	[0,4692;0,7157]
F2 F4	0,5851	0,3423	[0,4348;0,7353]
F2 F5	0,5040	0,2540	[0,3527;0,6554]
F2 F6	0,4921	0,2422	[0,3298;0,6544]
F2 F7	0,4957	0,2457	[0,3385;0,6530]
F2 F8	−0,0078	0,0001	[−0,1925;0,1770]
F3 F4	0,3730	0,1392	[0,1989;0,5472]
F3 F5	0,4644	0,2157	[0,3133;0,6156]
F3 F6	0,3780	0,1429	[0,2122;0,5438]
F3 F7	0,4506	0,2030	[0,2933;0,6078]
F3 F8	0,0480	0,0023	[−0,1306;0,2266]
F4 F5	0,4153	0,1725	[0,2327;0,5980]
F4 F6	0,5580	0,3114	[0,3838;0,7322]
F4 F7	0,4993	0,2493	[0,3229;0,6757]
F4 F8	0,1551	0,0241	[−0,0435;0,3538]
F5 F6	0,3710	0,1376	[0,1928;0,5491]
F5 F7	0,5834	0,3404	[0,4315;0,7353]
F5 F8	0,1099	0,0121	[−0,0789;0,2986]
F6 F7	0,3651	0,1333	[0,1830;0,5472]
F6 F8	0,1983	0,0393	[0,0158;0,3808]
F7 F8	0,0024	0,0000	[−0,1909;0,1957]

Tabelle 5.8: Maßgrößen zur Prüfung der Diskriminanzvalidität

Der χ^2-Differenztest basiert auf der Differenz der χ^2-Werte des Ausgangsmodells und eines Modells, in dem die Korrelation zwischen zwei Faktoren auf eins festgelegt wird. Diskriminanzvalidität in bezug auf diese beiden Faktoren liegt vor, wenn die Differenz der χ^2-Werte der entsprechenden Modelle signifikant ist. Im vorliegenden Fall gilt dies für alle möglichen Paare von Faktoren.

Die in Tabelle 5.8 angegebenen Konfidenzintervalle werden ausgehend von den geschätzten Korrelationen und den entsprechenden Standardfehlern berechnet. Falls ein Konfidenzintervall den Wert eins beinhaltet, ist die Diskriminanzvalidität in Frage zu stellen (vgl. *Hatcher* (1998, S. 339)). Dies ist jedoch hier nicht der Fall, wie die Werte in Tabelle 5.8 verdeutlichen.

Das Fornell/Larcker-Kriterium fordert, daß für jedes Faktorenpaar in einem Meßmodell die durchschnittlich erfaßten Varianzen der Faktoren (siehe Tabelle 5.7) jeweils größer sind als die quadrierten Korrelationen (siehe Tabelle 5.8) zwischen den entsprechenden Faktoren (vgl. *Homburg/Pflesser* (2000a, S. 429)). Auch dieses Kriterium ist im vorliegenden Meßmodell erfüllt.

Insgesamt weisen die in Tabelle 5.7 und 5.8 zusammengestellten Maße zur Beurteilung der Ergebnisse der konfirmatorischen Faktorenanalyse auf eine generelle Eignung des abgeleiteten Meßmodells hin, so daß dieses in einem nächsten Schritt in ein Kausalmodell überführt wird.[25]

Die zugrundeliegenden Strukturen basieren auf dem in Kapitel 4 abgeleiteten Hypothesensystem. Das sich ergebende Strukturmodell ist (der Übersichtlichkeit halber) ohne das vorgestellte Meßmodell in Abbildung 5.15 dargestellt. Zudem sind ausgewählte Gütemaße (basierend auf einer ML- und einer ULS-Schätzung) angegeben. Die standardisierten Pfadkoeffizienten resultieren aus einer ML-Schätzung, wobei die Koeffizienten auf Basis der ULS-Schätzung nur geringfügig von diesen abweichen.

Die Faktoren „Marktforschung" (`F6`), „Kommunikation" (`F7`) und „Situation" (`F8`) haben keinen signifikanten Einfluß (n.s.) auf den Stadtmarketingerfolg. Dieses Ergebnis ist insbesondere aufgrund der in der Literatur zitierten hohen Be-

[25] Das bereits genannte Skalenproblem für die latenten Variablen wird für das Kausalmodell gelöst, indem je eine Faktorladung für die latenten Variablen respektive Faktoren auf eins gesetzt wird. Es wird jeweils die Faktorladung gewählt, die im Rahmen der konfirmatorischen Faktorenanalyse den höchsten Wert aufweist (vgl. zu dieser Vorgehensweise *Hatcher* (1998, S. 357f.), *Leeflang et al.* (2000, S. 444)).

deutung der Kommunikationsaktivitäten (siehe Abschnitt 3.3.1) überraschend. Der nicht-signifikante (direkte) Einfluß der Marktforschung auf den Stadtmarketingerfolg ist eher nachvollziehbar. Sinnvoll erscheint vor diesem Hintergrund die Modifikation der entsprechenden Hypothesen im Hinblick auf einen direkten Einfluß der Marktforschung auf die Existenz und die Ausgestaltung der inhaltlichen Basis eines Stadtmarketingprojektes. Damit wird eine indirekte Wirkung der Marktforschungsaktivitäten auf den Stadtmarketingerfolg unterstellt.

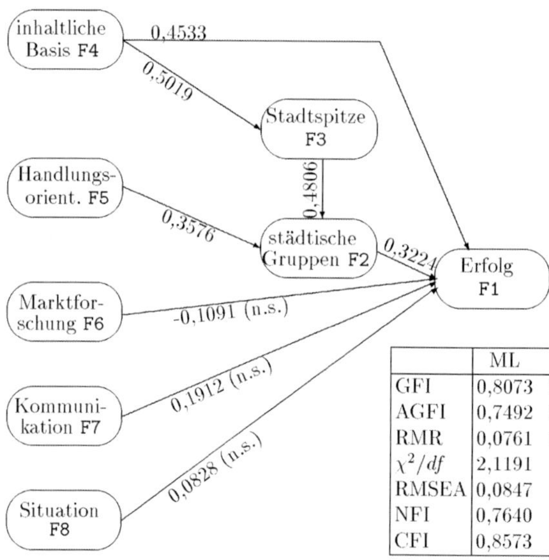

	ML	ULS
GFI	0,8073	0,9671
AGFI	0,7492	0,9572
RMR	0,0761	0,0641
χ^2/df	2,1191	–
RMSEA	0,0847	–
NFI	0,7640	–
CFI	0,8573	–

Abbildung 5.15: Strukturmodell basierend auf dem Hypothesenkatalog

Aufgrund dieser inhaltlichen Überlegungen ist das Strukturmodell leicht modifiziert worden, so daß sich das in Abbildung 5.16 dargestellte vollständige (modifizierte) Kausalmodell des Stadtmarketingerfolgs ergibt.

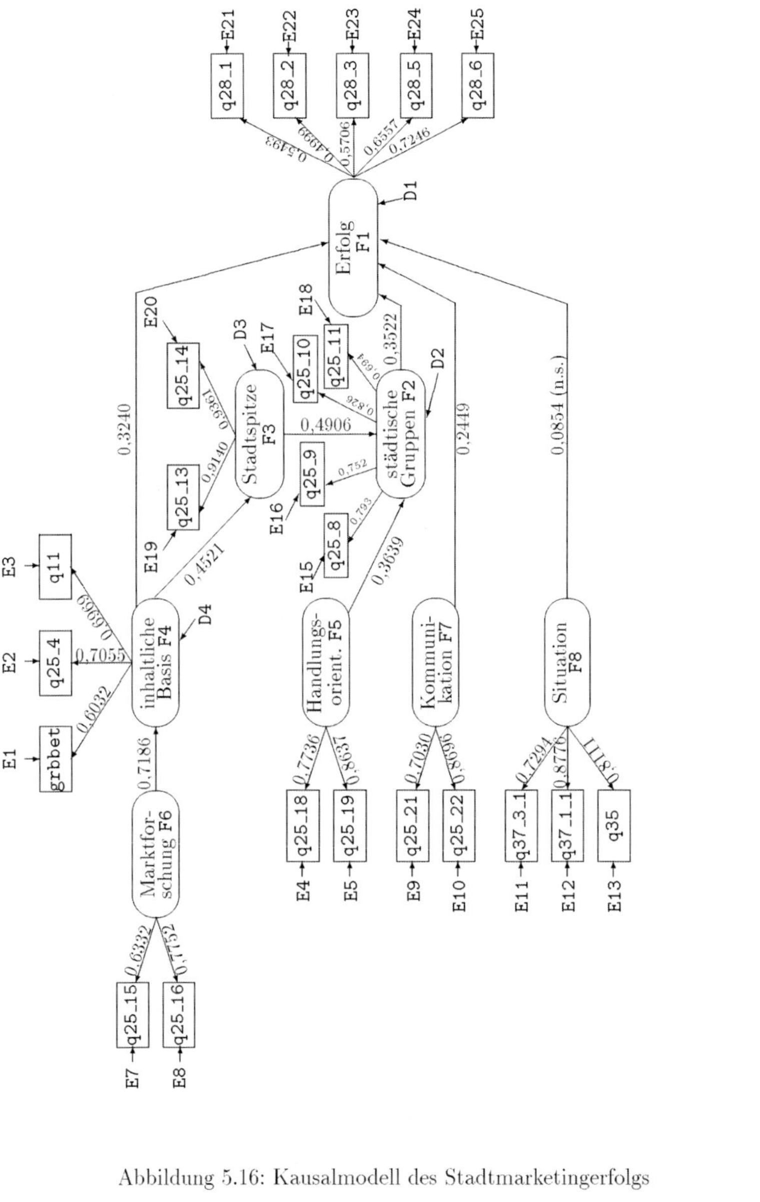

Abbildung 5.16: Kausalmodell des Stadtmarketingerfolgs

Tabelle 5.9 faßt ausgewählte Anpassungsmaße zur Beurteilung des Kausalmodells zusammen. Die in der Abbildung 5.16 angegebenen Koeffizienten basieren auf der ML-Schätzung, die Koeffizienten auf Basis der ULS-Schätzung weichen von diesen jedoch nur geringfügig ab. Alle Faktorladungen sind signifikant für $\alpha \leq 0,05$. Die globalen Anpassungsmaße für die ULS-Schätzung übertreffen die angegebenen Anspruchsniveaus, während für die ML-Schätzung der RMR und das Verhältnis des χ^2-Wertes zu den Freiheitsgraden den entsprechenden Anspruchsniveaus gerecht werden.

Anpassungsmaße	Methode der Parameterschätzung		Anspruchsniveau
	ML	ULS	
GFI	0,8026	0,9641	$\geq 0,90$
AGFI	0,7478	0,9541	$\geq 0,80$
RMR	0,0899	0,0670	$\leq 0,10$
χ^2/df	2,1496	–	$\leq 2,50$
RMSEA	0,0858	–	$\leq 0,05$
NFI	0,7561	–	$\geq 0,90$
CFI	0,8496	–	$\geq 0,90$
qmk			
(a) Meßmodell	0,25–0,88	0,22–0,83	$\geq 0,50$
(b) Strukturmodell	0,20–0,52	0,36–0,89	$\geq 0,30$

Tabelle 5.9: Anpassungsmaße für das Kausalmodell

Hinsichtlich der lokalen Anpassungsmaße bezüglich des Meßmodells liegen die Indikatorreliabilitäten wie bereits bei der isolierten Betrachtung des Meßmodells in der überwiegenden Zahl der Fälle über dem Anspruchsniveau von 0,4. Die Faktorreliabilitäten übertreffen für alle Faktoren den Wert 0,6 und, mit einer Ausnahme (Marktforschung (F6)), auch das höhere Anspruchsniveau von 0,7. Bezüglich der durchschnittlich erfaßten Varianz wird das Kriterium weiterhin von zwei Faktoren (F1 und F4) nicht erfüllt.

Während im Rahmen der konfirmatorischen Faktorenanalyse sowie der Betrachtung der vollständigen Kausalmodelle bislang Anpassungsmaße für das Meßmodell und das Gesamtmodell diskutiert worden sind, kann das Strukturmodell anhand der quadrierten multiplen Korrelationen (qmk) beurteilt werden. Im vorliegenden Strukturmodell variieren die quadrierten multiplen Korrelationen von 0,20 bis 0,52. Die quadrierte multiple Korrelation für den Stadtmarketingerfolg, der das (Haupt-)Erkenntnisziel der Untersuchung darstellt, beträgt 0,50, d.h. 50 %

der Varianz des Stadtmarketingerfolgs werden durch das Modell erklärt. Dieser Wert liegt deutlich über dem in der Literatur formulierten Anspruchsniveau von 0,3. Für die inhaltliche Basis beträgt die quadrierte multiple Korrelation 0,52, für die Haltung der Stadtspitze 0,20 und für die Haltung der kommunalen Akteure 0,43.

Die Faktoren „inhaltliche Basis“ (F4), „Haltung städtischer Gruppierungen“ (F2) und „Kommunikation“ (F7) haben einen signifikanten, direkten Einfluß auf den Stadtmarketingerfolg. Die Marktforschungsaktivitäten (F6) weisen einen signifikanten Einfluß auf die Ausgestaltung der inhaltlichen Basis (F4) des Stadtmarketingprojektes auf. Diese beeinflußt wiederum die Haltung der Stadtspitze (F3). Die Haltung der weiteren städtischen Gruppierungen (F2) wird zum einen von der Haltung der Stadtspitze (F3) und zum anderen vom Grad der Handlungsorientierung (F5) signifikant positiv beeinflußt. Die Faktoren Handlungsorientierung (F5) und Haltung der Stadtspitze (F3) üben somit, wie auch der Faktor Marktforschung (F6), einen indirekten Einfluß auf den Stadtmarketingerfolg (F1) aus. Während in dem ursprünglich formulierten Strukturmodell (siehe Abbildung 5.15) der Faktor Marktforschung (F6) keinen signifikanten (direkten) Einfluß auf den Erfolg hatte, wird nun ein indirekter Einfluß über die inhaltliche Basis (F4) erkennbar. Der Gesamteinfluß der inhaltlichen Basis (F4) ergibt sich aus dem direkten und dem indirekten Einfluß auf den Stadtmarketingerfolg (F1).

Der Faktor „Situation“ (F8) hat keinen signifikanten Einfluß auf den Stadtmarketingerfolg. Die Situation ist im vorliegenden Fall hauptsächlich durch die Größe einer Stadt charakterisiert. Somit kann davon ausgegangen werden, daß sowohl große als auch kleinere Städte erfolgreich Stadtmarketing betreiben können.

Da sich der Koeffizient des Pfades vom Faktor „Situation“ zum Stadtmarketingerfolg als nicht signifikant erwiesen hat, sind abschließend in Abbildung 5.17 das Strukturmodell (der Übersichtlichkeit halber wiederum ohne Meßmodell) mit den entsprechenden Pfadkoeffizienten ohne Berücksichtigung des Faktors „Situation“ sowie eine Auswahl der entsprechenden globalen Anpassungsmaße wiedergegeben.

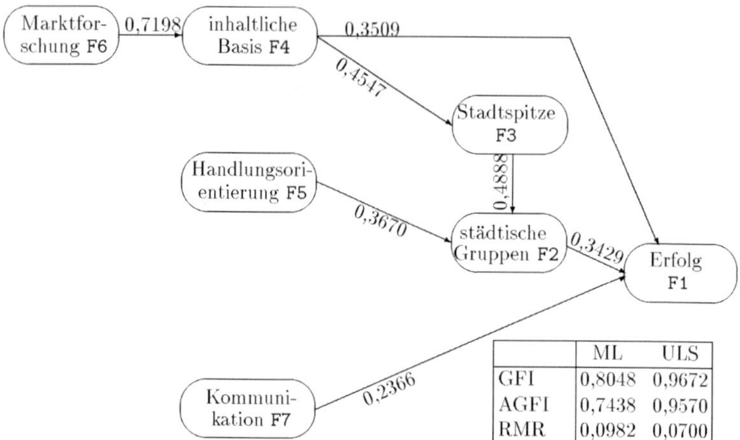

	ML	ULS
GFI	0,8048	0,9672
AGFI	0,7438	0,9570
RMR	0,0982	0,0700
χ^2/df	2,4652	–
RMSEA	0,0969	–
NFI	0,7574	–
CFI	0,8367	–

Abbildung 5.17: Strukturmodell ohne Berücksichtigung des Faktors „Situation“

Alle Pfadkoeffizienten sind signifikant und ihre Werte unterscheiden sich nur geringfügig von den in Abbildung 5.16 angegebenen. Die inhaltliche Interpretation der Ergebnisse erfolgt demnach analog zu den Ausführungen ausgehend von Abbildung 5.16.

5.2.3 Analyse der Gruppenunterschiede erfolgreicher und weniger erfolgreicher Stadtmarketingprojekte

Für die Analyse von Unterschieden zwischen erfolgreichen und weniger erfolgreichen Stadtmarketingprojekten wird im Rahmen der vorliegenden Problemstellung die Diskriminanzanalyse angewendet. Dieses Verfahren bietet sich an, da neben der Bestimmung von Merkmalen mit hohem Trennvermögen („Diskriminationsaspekt“) Aussagen darüber getroffen werden können, ob ein betrachtetes Stadtmarketingprojekt mit bislang unbekannter Gruppenzugehörigkeit als erfolgreiches oder weniger erfolgreiches Projekt einzustufen ist („Klassifikationsaspekt") (vgl. *Klecka* (1980, S. 9)). Die Zielsetzung der Diskriminanzanalyse umfaßt die Zurückführung der Unterschiede zwischen den Ausprägungen der Gruppierungsvariablen bzw. eines Gruppenindex auf eine Linearkombination von metrisch skalierten, linear unabhängigen Prädiktorvariablen (vgl. *Decker/Temme* (2000, S. 297)).

Bei Einsatz der Diskriminanzanalyse wird davon ausgegangen, daß die zu klassifizierenden Objekte eindeutig einer der a priori definierten Gruppen erfolgreicher oder weniger erfolgreicher Stadtmarketingprojekte zuzuordnen sind. Die diskriminierenden Variablen, d.h. diejenigen Variablen, anhand derer sich die betrachteten Gruppen potentiell unterscheiden, sollten linear unabhängig sein. Um diese Annahme für die vorliegende Problemstellung sicher zu stellen, wird der Diskriminanzanalyse eine Faktorenanalyse vorangestellt. Die extrahierten, linear unabhängigen Faktoren dienen sodann als diskriminierende Variablen in der Diskriminanzanalyse. Entgegen vieler Darstellungen in der Literatur (vgl. u.a. *Klecka* (1980)) ist die Normalverteilungsannahme im Kontext der Diskriminanzanalyse hauptsächlich im Hinblick auf Signifikanztests von Bedeutung (vgl. *Hand/Henley* (1997, S. 532)). Eine sinnvolle Interpretation der Ergebnisse der Diskriminanzanalyse ist somit für den vorliegenden Fall bei fehlender Normalverteilung möglich (vgl. *Lachenbruch* (1975, S. 41ff.), *Wiedemann* (1999, S. 44)).

Als Gruppierungsvariable dient, wie bereits angedeutet, eine nominal skalierte Variable, die den Erfolg der Projekte beschreibt. Die Gruppierung wird im vorliegenden Fall anhand der in Abschnitt 5.4.1 vorgestellten Erfolgsgrößen (subjektive Selbsteinschätzung (q29), additiver (s_i^{add}) und multiplikativer Erfolgsindex (s_i^{mult}) und Faktorwert (p_i)) vorgenommen (siehe Tabelle 5.10). Demnach werden im folgenden jeweils die Ergebnisse von vier Diskriminanzanalysen unter Verwendung unterschiedlicher Gruppierungsvariablen gegenübergestellt.

Im Hinblick auf die subjektive Selbsteinschätzung werden die Objekte als erfolgreich charakterisiert, die auf der entsprechenden Skala eine hohe Bewertung erhalten haben. Projekte mit durchschnittlicher und unterdurchschnittlicher Bewertung werden als weniger erfolgreich betrachtet. Die Zurechnung des Indifferenzwertes zur Gruppe der weniger erfolgreichen Projekte resultiert zum einen aus der Überlegung, daß eine Selbsteinschätzung des Erfolgs eher etwas positiver ausfällt (siehe Abschnitt 4.1.2). Zum anderen führt die vorgenommene Gruppierung in diesem Fall zu annähernd gleichen Gruppengrößen, während bei Zurechnung des Indifferenzwertes zur Gruppe erfolgreicher Projekte 94 % der in die Diskriminanzanalyse eingehenden Städte als erfolgreich zu betrachten wären.[26] Hinsichtlich des Erfolgsindex und der Faktorwerte wird jeweils der Mittelwert als Klassengrenze herangezogen.

Gruppierungsvariablen/Gruppen	Zuordnungsvorschrift
subjektive Selbsteinschätzung (A):	
erfolgreich	A1=$\{i \mid \text{q29} = 4 \vee \text{q29} = 5\}$
weniger erfolgreich	A2=$\{i \mid \text{q29} = 1 \vee \text{q29} = 2 \vee \text{q29} = 3\}$
additiver Erfolgsindex (BI):	
erfolgreich	BI1=$\{i \mid s_i^{add} > 64,97\}$
weniger erfolgreich	BI2=$\{i \mid s_i^{add} \leq 64,97\}$
multiplikativer Erfolgsindex (BII):	
erfolgreich	BII1=$\{i \mid s_i^{mult} > 0,63\}$
weniger erfolgreich	BII2=$\{i \mid s_i^{mult} \leq 0,63\}$
Faktorwert (C):	
erfolgreich	C1=$\{i \mid p_i >$-0,01$\}$
weniger erfolgreich	C2=$\{i \mid p_i \leq$-0,01$\}$

Tabelle 5.10: Kriterien zur Gruppierung der Stadtmarketingprojekte

Als Prädiktorvariablen dienen Faktoren, die aus einer vorgeschalteten exploratorischen Faktorenanalyse der im Fragebogen erhobenen Indikatoren resultieren.[27] Es werden acht Faktoren extrahiert, die gemeinsam 95 % der Varianz in den Ausgangsdaten erklären. Tabelle 5.11 zeigt die sich ergebenden Faktorladungen (nach einer Varimax-Rotation). Auch hier werden zur Interpretation Faktorladungen größer als 0,45 berücksichtigt (vgl. *Tabachnik/Fidell* (1996, S. 677)). Indikatoren, die auf mehr als einen Faktor hoch laden, werden nicht zur Interpretation herangezogen.

[26]Bei der vorgenommenen Gruppierung sind 61 % der Städte gemäß der subjektiven Selbsteinschätzung als erfolgreich und 39 % als weniger erfolgreich zu betrachten.

[27]Das MSA beträgt für die einbezogenen Variablen insgesamt 0,81. Eine Variable wird aufgrund eines MSA unter 0,5 aus der weiteren Analyse ausgeschlossen.

Indikatoren[28]	Faktoren							
	I	II	III	IV	V	VI	VII	VIII
q25_19	0,86*	0,09	0,09	0,04	0,19	0,05	0,03	0,12
q25_18	0,71*	0,02	0,03	−0,02	0,21	0,15	0,10	0,08
q25_2	0,54*	0,50*	0,17	0,09	0,03	0,04	0,21	0,05
q25_20	0,55*	0,22	−0,04	0,16	0,10	0,17	0,16	0,28
q25_7	0,50*	0,30	0,04	0,32	0,06	0,13	0,28	0,21
q25_5	0,46	0,25	−0,04	0,17	0,08	0,16	0,29	0,11
q25_4	0,08	0,74*	0,01	0,10	0,27	−0,02	0,14	0,03
q11	0,21	0,62*	0,09	0,15	0,12	0,02	−0,02	0,23
q25_3	0,06	0,56*	0,01	0,04	0,49	0,21	0,17	0,04
q25_1	0,40	0,51*	0,02	−0,03	0,08	0,13	0,15	−0,05
grbbet	0,23	0,44	0,00	0,26	0,19	0,01	0,15	0,11
q37_1_1	0,05	0,07	0,86*	0,18	−0,06	0,03	−0,04	−0,01
q35	−0,02	0,03	0,83*	0,02	0,04	0,00	−0,03	0,10
q37_3_1	0,01	0,11	0,72*	0,04	0,02	0,06	0,01	−0,06
q37_7_1	0,05	0,06	0,32	−0,07	0,10	−0,03	0,00	0,01
q25_11	0,17	0,13	−0,09	0,82*	0,21	0,12	0,12	0,08
q25_10	0,43	0,08	−0,10	0,66*	0,16	0,13	0,30	0,10
q25_16	0,10	0,25	0,18	0,05	0,67*	0,18	0,21	0,03
q25_15	0,16	0,17	0,00	−0,05	0,64*	0,11	0,02	−0,01
q25_17	0,06	0,07	0,07	0,15	0,43	−0,04	0,05	0,07
q25_14	0,21	0,18	−0,06	0,26	0,11	0,90*	0,14	0,07
q25_13	0,36	0,16	−0,01	0,26	0,11	0,72*	0,10	0,08
q25_8	0,27	0,28	−0,09	0,27	0,13	0,17	0,80*	0,10
q25_9	0,21	0,13	−0,01	0,31	0,37	0,10	0,64*	0,06
q25_21	0,28	0,14	−0,09	0,09	0,09	0,08	0,03	0,85*
q25_22	0,36	0,17	−0,04	0,16	0,25	0,16	0,06	0,50*
q25_6	0,04	0,11	0,08	0,28	0,10	0,11	0,02	−0,04
q25_12	0,18	0,11	−0,24	0,15	0,23	0,12	0,05	0,09
themen	0,01	0,33	0,19	0,11	0,18	0,25	0,07	0,06
brbbet	0,17	0,09	−0,06	0,11	0,17	−0,04	0,01	0,03
akteure	0,10	0,32	0,22	0,24	0,09	0,16	0,04	−0,04
brfinakt	0,32	0,04	0,12	0,10	−0,03	0,05	−0,06	0,20
jahre	0,11	0,04	0,18	−0,10	−0,03	−0,05	0,12	0,26
prozess	0,02	0,33	0,10	0,15	0,02	0,16	−0,11	0,11
q32	0,19	0,08	−0,11	0,18	0,02	0,04	0,10	0,10
q34	−0,03	0,14	0,10	0,36	−0,18	0,11	0,09	0,03
Varianzerklärungsanteile	49 %	13 %	9 %	7 %	6 %	4 %	4 %	3 %

Tabelle 5.11: Übersicht der rotierten Faktorladungen der Faktoren für die Diskriminanzanalyse

[28]Die Bedeutung der Variablenbezeichnungen kann Tabelle 5.4 und 5.5 oder der Übersicht in Anhang C.3 entnommen werden.

Die Faktoren können ähnlich den Faktoren aus der Kausalanalyse interpretiert werden (siehe Tabelle 5.12).

Faktor I	Handlungsorientierung	Faktor V	Marktforschung
Faktor II	(inhaltliche) Basis	Faktor VI	Haltung der Stadtspitze
Faktor III	Situation	Faktor VII	Haltung der Stadtverwaltung
Faktor IV	Haltung des Stadtrates	Faktor VIII	Kommunikation

Tabelle 5.12: Benennung der Faktoren in der Diskriminanzanalyse

Ausgehend von einer Maximierung des Diskriminanzkriteriums, d.h. der Maximierung des Quotienten aus der Streuung der Datenwerte zwischen den Gruppen und der Streuung innerhalb der Gruppen[29], ergibt sich für den hier vorliegenden Zwei-Gruppenfall eine kanonische Diskriminanzfunktion.

Die Güte der für die vier unterschiedlichen Gruppierungsvariablen bzw. Diskriminanzanalysen ermittelten Diskriminanzfunktionen respektive deren Trennkraft wird anhand verschiedener Kriterien beurteilt. In der Literatur häufig genannte Gütekriterien sind Wilks' Lambda (Λ), Pillai's Trace, Hotelling-Lawley Trace sowie Roy's Greatest Root (vgl. *Hair et al.* (1998, S. 262), *Decker/Temme* (2000, S. 313)).[30] Wilks' Lambda stellt ein inverses, auf den Wertebereich von null bis eins beschränktes Gütemaß dar, d.h. kleine Werte bedeuten eine hohe Trennkraft der Diskriminanzfunktion (vgl. *Huberty* (1994, S. 186)). Die übrigen drei Gütemaße hingegen sind in ihrem Wertebereich unbeschränkt und nicht invers, d.h. hohe Werte bedeuten eine hohe Trennkraft. Pillai's Trace ist insbesondere bei kleinem Stichprobenumfang angemessen (vgl. *Tabachnik/Fidell* (1996, S. 401)). Bei nur einer Diskriminanzfunktion ergibt sich die Pillai's Trace als $1\text{-}\Lambda$; die Werte von Roy's Greatest Root[31] und Hotelling-Lawley Trace stimmen in diesem Fall überein, so daß im folgenden nur das letztere Kriterium angegeben wird (vgl. *Huberty* (1994, S. 187)). Tabelle 5.13 faßt die Gütekriterien für die vorliegenden Diskriminanzfunktionen zusammen.

[29] Für eine detaillierte Darstellung der Methodik vgl. *Huberty* (1994), *Decker/Temme* (2000).

[30] Eine detaillierte Erläuterung dieser Gütekriterien geben u.a. *Huberty* (1994, S. 183ff.) und *Tabachnik/Fidell* (1996, S. 401).

[31] In SAS© wird Roy's Greatest Root als größter Eigenwert der Diskriminanzfunktionen angegeben.

Gruppierungsvariable	Gütekriterien	
	Wilks' Lambda	Hotelling-Lawley Trace
subjektive Selbsteinschätzung	0,514	0,947
	F=9,584; $\alpha < 0,01$	
additiver Erfolgsindex	0,805	0,242
	F=2,422; $\alpha = 0,02$	
multiplikativer Erfolgsindex	0,747	0,338
	F=3,380; $\alpha < 0,01$	
Faktorwert	0,660	0,514
	F=5,142; $\alpha < 0,01$	

Tabelle 5.13: Gütekriterien für die ermittelten Diskriminanzfunktionen

Für alle Gruppierungsvariablen erweisen sich die Gruppenunterschiede als signifikant (F-Test).[32] Die angegebenen Gütemaße weisen auf eine etwas schlechtere Trennfähigkeit der Diskriminanzfunktion auf Basis des additiven Erfolgsindex hin. Die normierten Koeffizienten der sich ergebenden Diskriminanzfunktionen sind in Tabelle 5.14 für die jeweilige Gruppierungsvariable zusammengefaßt.

Faktor	Gruppierungsvariable			
	subjektive Selbsteinschätzung	additiver Erfolgsindex	multiplikativer Erfolgsindex	Faktorwert
I	1,017	0,960	0,937	0,903
II	0,620	0,187	0,233	0,422
III	0,535	−0,015	−0,021	0,040
IV	0,351	0,035	0,159	0,077
V	−0,011	0,177	0,128	−0,037
VI	0,021	0,130	0,220	0,381
VII	0,431	0,378	0,377	0,393
VIII	0,197	0,174	0,290	0,448

Tabelle 5.14: Normierte Diskriminanzkoeffizienten der Prädiktorvariablen

Die normierten Diskriminanzkoeffizienten ermöglichen inhaltliche Aussagen bezüglich der Relevanz der einzelnen Faktoren im Hinblick auf ihre Fähigkeit, zwischen erfolgreichen und weniger erfolgreichen Stadtmarketingprojekten zu diskriminieren.[33] Je höher der Absolutbetrag des normierten Diskriminanzkoeffizi-

[32] An dieser Stelle gilt es zu beachten, daß aufgrund der fehlenden Normalverteilung diese Signifikanzaussage sehr vorsichtig zu interpretieren ist.

[33] Die standardisierten Koeffizienten entsprechen im vorliegenden Fall den normierten Koeffizienten, da die Ausgangsdaten standardisiert wurden, um eine Verzerrung aufgrund der verwendeten unterschiedlichen Skalen zu vermeiden.

enten ist, desto größer ist der Einfluß des betrachteten Faktors im Hinblick auf die Trennung der Gruppen (vgl. *Decker/Temme* (2000, S. 325)).
Die höchste diskriminatorische Bedeutung kommt dem ersten Faktor, d.h. der Handlungsorientierung im Rahmen eines Stadtmarketingprojektes, zu. Des weiteren weisen die inhaltliche Basis (II) und die Haltung der Stadtverwaltung (VII) eine hohe Gruppentrennungsfähigkeit auf. Die Situation einer Stadt (III) trägt im Falle der Verwendung der subjektiven Selbsteinschätzung als Gruppierungsvariable zur Trennung der Gruppen bei, für die übrigen Gruppierungsvariablen weisen die Koeffizienten dieses Faktors jedoch nur einen geringen Wert auf. Die Kommunikationsaktivitäten (VIII) haben bei Verwendung des Faktorwertes als Gruppierungsvariable einen hohen Stellenwert. Der Haltung des Stadtrates (IV) und der Stadtspitze (VI) sowie der Marktforschung (V) kommt eine vergleichsweise geringe diskriminatorische Bedeutung zu.
Als sinnvolle Ergänzung bei der Modellauswahl im Rahmen der Diskriminanzanalyse wird in der Literatur die Anwendung der schrittweisen Diskriminanzanalyse betrachtet (vgl. *Decker/Temme* (2000, S. 315)). Für die vorliegende Problemstellung wird zunächst eine Vorwärtsauswahl angewendet, d.h. ausgehend von einer Diskriminanzfunktion, in der kein Faktor als erklärende Variable enthalten ist, werden schrittweise Faktoren aufgenommen, solange das Signifikanzniveau des partiellen Bestimmtheitsmaßes einen vorgegebenen Grenzwert unterschreitet (F-Test; α=0,15).[34] Die Ergebnisse dieser schrittweisen Diskriminanzanalyse ausgehend von den vier Gruppierungsvariablen sind in Tabelle 5.15 zusammengestellt.
Bei Verwendung der subjektiven Selbsteinschätzung und des Faktorwertes als Gruppierungsvariable werden in der schrittweisen Diskriminanzanalyse jeweils fünf Faktoren respektive Prädiktorvariablen aufgenommen. In beiden Fällen werden die Faktoren Handlungsorientierung (I), inhaltliche Basis (II) und Haltung der Stadtverwaltung (VII) berücksichtigt. Die hohe Relevanz des Faktors Handlungsorientierung wird durch die Aufnahme als erste Prädiktorvariable in die Analyse in allen vier Fällen deutlich. Dieses Ergebnis spiegelt die Erkenntnisse, die aus den normierten Diskriminanzkoeffizienten (siehe Tabelle 5.14) gewonnen werden konnten, weitgehend wider.

[34]Dieser Grenzwert ist in SAS© als Default vorgegeben und wurde daher hier übernommen.

Gruppierungs-variable	Schritt	aufgenommene Variable	Partielles R^2	Signifikanz-niveau (α)	Wilks' Lambda
subjektive Selbstein-schätzung	1	I	0,275	0,0001	0,725
	2	II	0,091	0,0040	0,659
	3	III	0,087	0,0054	0,602
	4	VII	0,084	0,0065	0,552
	5	IV	0,052	0,0349	0,523
additiver Erfolgsindex	1	I	0,158	0,0001	0,842
multiplikativer Erfolgsindex	1	I	0,190	0,0001	0,810
	2	VII	0,027	0,1251	0,788
Faktorwert	1	I	0,221	0,0001	0,779
	2	VI	0,041	0,0596	0,747
	3	VIII	0,029	0,1158	0,726
	4	II	0,040	0,0666	0,697
	5	VII	0,050	0,0397	0,662

Tabelle 5.15: Ergebnisse der schrittweisen Diskriminanzanalysen (Vorwärtsauswahl)

Bei Anwendung einer Rückwärtsauswahl ergeben sich analoge Ergebnisse. Ausgehend von einer Diskriminanzfunktion, die alle Faktoren als erklärende Variablen enthält, werden schrittweise Faktoren eliminiert, bis das Signifikanzniveau des partiellen Bestimmtheitsmaßes einen vorgegebenen Grenzwert (F-Test; α=0,15) überschreitet. Werden Vorwärts- und Rückwärtsauswahl kombiniert, d.h. es können im Rahmen einer Vorwärtsauswahl auch Faktoren, die in einem Schritt aufgenommen worden sind, in einem späteren Schritt wieder eliminiert werden, so ergeben sich die gleichen Ergebnisse wie bei Anwendung der Vorwärtsauswahl (vgl. zur Vorgehensweise *Klecka* (1980, S. 52f.)).

Ausgehend von den bisherigen Erkenntnissen lassen sich Rangfolgen bzgl. der Wichtigkeit der Prädiktorvariablen bilden. Diese Rangfolgen können zum einen auf den Diskriminanzkoeffizienten (**a**) und zum anderen auf den Ergebnissen der schrittweisen Diskriminanzanalyse (**b**) basieren. Tabelle 5.16 zeigt die sich ergebenden Ränge der Prädiktorvariablen.

Faktor	Selbsteinschätzung		additiver Erfolgsindex		multiplikativer Erfolgsindex		Faktorwert		Summe (Rang)
	a	b	a	b	a	b	a	b	
I	1	1	1	1	1	1	1	1	8 (1)
II	2	2	3	4	4	4	3	4	26 (3)
III	3	3	8	8	8	8	7	7	52 (7)
IV	5	5	7	7	6	6	6	6	48 (6)
V	8	8	4	3	7	7	8	8	53 (8)
VI	7	7	6	6	5	5	5	2	43 (5)
VII	4	4	2	2	2	2	4	5	25 (2)
VIII	6	6	5	5	3	3	2	3	33 (4)

Tabelle 5.16: Ränge der Prädiktorvariablen

Ausgehend von den Rangsummen kommt der Handlungsorientierung (I) als Faktor mit der niedrigsten Rangsumme die höchste Bedeutung zu, gefolgt von der Haltung der Stadtverwaltung (VII), der inhaltlichen Basis (II) sowie den Kommunikationsaktivitäten (VIII).

Neben diesen diagnostischen Erkenntnissen bietet die Diskriminanzanalyse die Möglichkeit, die Gruppenzugehörigkeit von Objekten respektive Stadtmarketingprojekten zu prognostizieren, d.h. Stadtmarketingprojekte anhand der Prädiktorvariablen der Gruppe erfolgreicher oder weniger erfolgreicher Projekte zuzuordnen (vgl. *Hair et al.* (1998, S. 256)). Mittels abzuleitender linearer Klassifikationsfunktionen wird ein zu klassifizierendes Objekt respektive Stadtmarketingprojekt der Gruppe zugeordnet, für die der Wert der Klassifikationsfunktion maximal wird.[35]

Zur Beurteilung der Güte der Klassifikation kann die erreichte Trefferquote herangezogen werden. Vergleichsmaßstäbe für diese Trefferquote liefert u.a. das Proportional-Chance-Kriterium. Dies ermöglicht die Ermittlung eines Vergleichswertes auch bei unterschiedlichen Gruppengrößen. Der Vergleichswert berechnet sich durch Addition der quadrierten Anteile an Beobachtungen in den jeweiligen Gruppen und spiegelt somit die erwartete Trefferquote bei zufälliger Zuordnung der Objekte zu den Gruppen wider. Für gleich große Gruppen ergibt sich gerade eine zufällige Trefferquote von $0{,}5^2+0{,}5^2=0{,}5$. Eine Aussage darüber, ob die Klassifikation signifikant besser ist als eine zufällige Zuordnung der Objekte,

[35]Für eine mathematische Darstellung vgl. *Decker/Temme* (2000, S. 316f.).

ermöglicht die Press's Q-Statistik. Diese Teststatistik ist χ^2-verteilt mit einem Freiheitsgrad und stellt eine Beziehung zwischen der Stichprobengröße, der Anzahl korrekter Zuordnungen und der Anzahl der Gruppen her (vgl. *Hair et al.* (1998, S. 270)).

$$\text{Press's Q} = \frac{[N - nK]^2}{N(K-1)} \tag{5.1}$$

mit

N = Stichprobenumfang
n = Anzahl korrekter Zuordnungen
K = Anzahl der Gruppen

Der Wert der Press's Q-Statistik hängt stark von der Stichprobengröße ab. Je größer die Stichprobe, desto eher wird auch eine niedrigere Trefferquote als signifikant erachtet. Eine Beurteilung allein auf Basis dieses Kriteriums empfiehlt sich daher nicht (vgl. *Hair et al.* (1998, S. 270)).
Eine Kreuzvalidierung der Klassifikation erfolgt, indem jede Beobachtung aus dem Datensatz unter Verwendung der Klassifikationsfunktionen, die aus dem Datensatz unter Ausschluß der aktuell zu klassifizierenden Beobachtung berechnet worden sind, einer der Gruppen zugeordnet wird („Leave-One-Out Method"; vgl. *Hand* (1997, S. 123)). Tabelle 5.17 zeigt die Trefferquoten für die jeweiligen Klassifikationsfunktionen bei Verwendung der verschiedenen Gruppierungsvariablen.

Gruppierungs-variable	Trefferquote (Stichprobe)	Trefferquote (Kreuzvalidierung)	Proportional-Chance-Kriterium	Press's Q
subjektive Selbsteinschätzung	79,35 %	77,53 %	52,47 %	34,84
additiver Erfolgsindex	71,69 %	64,27 %	54,60 %	17,09
multiplikativer Erfolgsindex	73,69 %	68,37 %	52,78 %	18,89
Faktorwert	72,06 %	68,01 %	51,42 %	17,09

Tabelle 5.17: Ergebnisse der Klassifikation

Die im Rahmen der Kreuzvalidierung resultierenden Trefferquoten liegen in allen vier Fällen deutlich über den Vergleichswerten, die das Proportional-Chance-

Kriterium liefert. Ausgehend von der Press's Q-Statistik kann gefolgert werden, daß die Zuordnung mittels Diskriminanzanalyse signifikant besser ist als eine zufällige Zuordnung der Objekte ($\alpha < 0{,}01$). Auch in diesem Fall fallen die Ergebnisse bei Verwendung des additiven Erfolgsindex als Gruppierungsvariable etwas schlechter aus als für die übrigen Gruppierungsvariablen.

Die bisherigen Ausführungen basieren jeweils auf der isolierten Betrachtung einer der zur Verfügung stehenden Erfolgsgrößen. Die Diskriminanzkoeffizienten (siehe Tabelle 5.14) liefern für die Gruppierungsvariablen hinsichtlich der Faktoren „Handlungsorientierung" (I) und „Haltung der Stadtverwaltung" (VII) eindeutige Ergebnisse, bezüglich der übrigen Faktoren sind Diskrepanzen erkennbar. Durch eine Betrachtung der Rangsummen der Prädiktorvariablen (siehe Tabelle 5.16) ist ein erster Versuch unternommen worden, die Ergebnisse zu verknüpfen. Im folgenden werden daher die vier Erfolgsgrößen simultan betrachtet. Projekte, die nach allen vier Kriterien als erfolgreich eingestuft werden können, werden als erfolgreich charakterisiert; analog werden Projekte, die nach allen vier Kriterien als erfolglos eingestuft werden, als erfolglos charakterisiert. In Anlehnung an die unter der Bezeichnung „Fuzzy-Diskriminanzanalyse"[36] verwendete Vorgehensweise von *Wiedemann* (1999) werden die übrigen Projekte in eine „vage" Klasse (vgl. *Wiedemann* (1999, S. 108)) eingeordnet und von der weiteren Analyse ausgeschlossen. In die Auswertung mittels Diskriminanzanalyse werden somit nur diejenigen Projekte einbezogen, die anhand aller vier Kriterien gleich beurteilt werden. Tabelle 5.18 zeigt die paarweisen Übereinstimmungen bei der Gruppeneinteilung auf Basis der unterschiedlichen Erfolgsgrößen (siehe Tabelle 5.10).

[36]Zur Fuzzy-Diskriminanzanalyse vgl. auch *Lietke* (1982).

		BI		BII		C	
		BI1	BI2	BII1	BII2	C1	C2
A	A1	72	19	70	21	68	23
	A2	17	51	15	53	15	53

		BII		C	
		BII1	BII2	C1	C2
BI	BI1	83	6	76	13
	BI2	2	68	7	63

		C	
		C1	C2
BII	BII1	73	12
	BII2	10	64

Tabelle 5.18: Gruppeneinteilungen auf Basis unterschiedlicher Erfolgsgrößen

Anhand dieser paarweisen Gegenüberstellung wird z.B. erkennbar, daß zwischen den Gruppeneinteilungen auf Basis des additiven (BI) und des multiplikativen Erfolgsindex (BII) relativ große Übereinstimmungen vorhanden sind. Nur acht Projekte werden von diesen beiden Erfolgsgrößen unterschiedlich eingestuft. Betrachtet man hingegen die Einteilung auf Basis der subjektiven Selbsteinschätzung (A) im Vergleich mit den übrigen Einteilungen, so sind weniger Übereinstimmungen vorhanden.

Insgesamt werden 62 Projekte gemäß aller vier Kriterien als erfolgreich und 47 Projekte als weniger erfolgreich eingestuft. Die übrigen Projekte werden von einer der Erfolgsgrößen jeweils anders kategorisiert und fallen daher in die „vage" Klasse.[37] Die in Tabelle 5.19 zusammengestellten normierten Diskriminanzkoeffizienten basieren auf einer Diskriminanzanalyse der reduzierten Stichprobe derjenigen Projekte, die anhand der vier Kriterien eindeutig einer der Gruppen zugeordnet werden konnten.

Faktor	Diskriminanzkoeffizient	Faktor	Diskriminanzkoeffizient
I	1,178	V	−0,024
II	0,519	VI	0,200
III	0,274	VII	0,409
IV	0,262	VIII	0,477

Tabelle 5.19: Normierte Diskriminanzkoeffizienten bei Verwendung der reduzierten Stichprobe

[37]Die „vage" Klasse umfaßt 50 Stadtmarketingprojekte. Von den 176 betrachteten Projekten, die vor 1999 mit den Stadtmarketingaktivitäten begonnen haben, weisen 17 fehlende Werte bei einem der Erfolgskriterien auf.

Die resultierende Diskriminanzfunktion erweist sich gemessen an den bereits beschriebenen Gütekriterien als signifikant (F=7,970; $\alpha < 0,01$).[38] Die höchste diskriminatorische Bedeutung kommt der Handlungsorientierung (I) zu. Des weiteren weisen die inhaltliche Basis (II), die Kommunikationsaktivitäten (VIII) und die Haltung der Stadtverwaltung (VII) eine hohe Gruppentrennungsfähigkeit auf. Den übrigen Faktoren kommt eine eher untergeordnete Bedeutung zu.
Die Durchführung einer schrittweisen Diskriminanzanalyse liefert ähnliche Ergebnisse. Im Rahmen einer Vorwärtsauswahl werden in fünf Schritten zunächst der Faktor Handlungsorientierung (I) und dann die Faktoren Haltung der Stadtverwaltung (VII), inhaltliche Basis (II), Kommunikation (VIII) und Haltung des Stadtrates (IV) aufgenommen. Eine Rückwärtsauswahl führt zunächst zur Eliminierung des Faktors Marktforschung (V). In den folgenden Schritten werden die Faktoren Haltung der Stadtspitze (VI) und Situation der Stadt (III) aus der Diskriminanzfunktion herausgenommen. Hinzuweisen ist an dieser Stelle auf die weitgehende Übereinstimmung dieses Ergebnisses mit der ermittelten Rangfolge der Faktoren aus Tabelle 5.16.
Die Ergebnisse der Klassifikation der Objekte respektive Stadtmarketingprojekte sind in Tabelle 5.20 zusammengefaßt.

Trefferquote (Stichprobe)	Trefferquote (Kreuzvalidierung)	Proportional-Chance-Kriterium	Press's Q
85,91 %	83,41 %	54,21 %	34,13

Tabelle 5.20: Ergebnisse der Klassifikation der nach allen vier Kriterien eindeutig zuordnenbaren Objekte

Die Ergebnisse der Klassifikation können als sehr gut beurteilt werden. Es ergibt sich eine, auch im Vergleich zu einer zufälligen Zuordnung, sehr hohe Trefferquote. Gemäß der angegebenen Teststatistik ist die Klassifikation signifikant besser als eine zufällige Zuordnung ($\alpha < 0,01$).
Die Ergebnisse der durchgeführten Diskriminanzanalyse ermöglichen Aussagen über Einflußgrößen des Stadtmarketingerfolgs. Aufgrund der hohen diskrimina-

[38]Die Werte für die genannten Gütemaße sind: Wilks' Lambda=0,454; Hotelling-Lawley Trace=1,203.

torischen Bedeutung der Handlungsorientierung im Rahmen des Stadtmarketings (I), der inhaltlichen Basis im Sinne einer strategischen Grundrichtung und einer Festschreibung der Maßnahmen in Form eines Maßnahmenkatalogs (II), der Kommunikation (VIII) und der Haltung der Stadtverwaltung (VII) bei der Trennung der Gruppen erfolgreicher und weniger erfolgreicher Stadtmarketingprojekte können diese Faktoren als Erfolgsfaktoren des Stadtmarketings bezeichnet werden. Die Verwendung verschiedener Operationalisierungen des Stadtmarketingerfolgs respektive verschiedener Gruppierungsvariablen hat zu geringfügig unterschiedlichen Ergebnissen geführt. Die abschließende, simultane Betrachtung der vier verwendeten Gruppierungsvariablen hat die besten Resultate im Hinblick auf die Gruppentrennung und eine Klassifikation der Objekte geliefert. Die hohe Bedeutung der vier genannten Erfolgsfaktoren und die Stabilität der Ergebnisse zeigt sich in den übereinstimmenden Ergebnissen bei simultaner Betrachtung der Gruppierungsvariablen einerseits und der Verknüpfung der Erkenntnisse basierend auf den einzelnen Gruppierungsvariablen über die Rangbildung (vgl. Tabelle 5.16) andererseits. Die Frage, inwiefern der Klassifikationsaspekt der Diskriminanzanalyse auch im Rahmen einer Erfolgskontrolle im Stadtmarketing von Nutzen sein kann, stellt den Gegenstand des folgenden Abschnitts 5.3 dar.

5.3 Einsatzmöglichkeiten des Erfolgsfaktorenansatzes in der Erfolgskontrolle

Ausgehend von den Ergebnissen der Diskriminanzanalyse wird im folgenden ein Ansatz zur Klassifikation neuer Stadtmarketingprojekte vorgestellt, der eine Beurteilung des Erfolgs der Marketingaktivitäten ermöglicht.

Für die Klassifikation respektive die Beurteilung des Erfolgs der Marketingaktivitäten einer neu hinzukommenden Stadt werden zunächst einige Informationen über die Marketingaktivitäten benötigt. Für eine Zusammenstellung der entsprechenden Informationen kann eine Checkliste verwendet werden.[39] Es werden in stark komprimierter Form Teile der im ursprünglichen Fragebogen enthaltenen Aspekte einbezogen. Die Auswahl der relevanten Aspekte ergibt sich gerade aus

[39]Eine entsprechende Checkliste befindet sich in Anhang D.1.

den Ergebnissen der vorgeschalteten Analysen, so daß die entsprechende Checkliste deutlich weniger umfangreich ist als der ursprüngliche Fragebogen. Die Inhalte der Checkliste resultieren aus den in der der Diskriminanzanalyse vorgeschalteten Faktorenanalyse verwendeten Indikatoren (siehe Tabelle 5.11).

Eine Einschätzung der relevanten Aspekte kann dann entweder, wie in der vorliegenden Befragung, durch einen einzelnen Entscheidungsträger bei minimalem Erhebungsaufwand vorgenommen werden. Alternativ besteht auch die Möglichkeit, die Aspekte durch verschiedene Gruppierungen und evtl. auch durch eine neutrale Instanz vornehmen zu lassen, um dann im Rahmen von Gruppendiskussionen eine Einigung zu erzielen oder alternativ durch entsprechende Mittelwertbildung zu einer gemeinsamen Einschätzung zu kommen.

Die Klassifikation erfolgt auf Basis zweier, mittels Diskriminanzanalyse bestimmter, linearer Klassifikationsfunktionen. Um eine Klassifikation vornehmen zu können, müssen zunächst die Faktorwerte der acht Faktoren für den neuen Datenpunkt respektive die zu klassifizierende Stadt berechnet werden. Dabei kann ausgehend von den Informationen aus der Checkliste wie folgt vorgegangen werden. Der neu erhobene Datenpunkt wird an den alten Datensatz angefügt. Ausgehend von diesem modifizierten Datensatz können dann nach Standardisierung der Daten für die neu hinzugekommene Beobachtung unter Verwendung der auf Basis des Ausgangsdatensatzes berechneten Faktorladungsmatrix Faktorwerte für die acht Faktoren berechnet werden. Anschließend können diese Werte in die abgeleiteten Klassifikationsfunktionen eingesetzt werden. Verwendung finden hier die auf dem kombinierten Ansatz basierenden Klassifikationsfunktionen, da diese die höchste Trefferquote realisieren konnten (siehe Tabelle 5.20). Das neue Projekt wird dann entsprechend der Gruppe zugeordnet, die den höheren Wert der Klassifikationsfunktion aufweist (vgl. *Decker/Temme* (2000, S. 317)).

Tabelle 5.21 faßt die Werte der Klassifikationsfunktionen, die entsprechende Klassifikation sowie die subjektive Erfolgseinschätzung der Städte, die aufgrund fehlender Stadtmarketingerfahrung bislang in der Analyse nicht berücksichtigt worden sind, zusammen.[40]

[40]Berücksichtigt werden konnten allerdings nur diejenigen Städte, deren Angaben zu den relevanten Aspekten aus dem ursprünglichen Fragebogen vollständig vorlagen.

Nr.	Werte der Klassifikationsfunktionen		Klassifikation	Selbsteinschätzung (q29)
	weniger erfolgreiche Projekte	erfolgreiche Projekte		
1 (A)	**−2,2256**	**0,3219**	**erfolgreich**	**3**
2	0,3708	−1,1062	weniger erfolgreich	3
3	−3,6265	1,0924	erfolgreich	4
4	−2,9540	0,7225	erfolgreich	4
5	−2,2317	0,3252	erfolgreich	4
6	1,2378	−1,5830	weniger erfolgreich	3
7	−1,7482	0,0593	erfolgreich	3
8	−1,7891	0,0818	erfolgreich	k.A.
9	−1,3600	−0,1542	erfolgreich	3
10	−1,3812	−0,1425	erfolgreich	4
11	−1,2946	−0,1902	erfolgreich	3
12 (B)	**0,2276**	**−1,0274**	**weniger erfolgreich**	**4**
13	−1,6752	0,0192	erfolgreich	4
14 (C)	**−3,6331**	**1,0960**	**erfolgreich**	**5**
15	−1,1407	−0,2748	erfolgreich	3
16	−3,2430	0,8814	erfolgreich	k.A.
17	−0,5061	−0,6239	weniger erfolgreich	3
18	−0,3100	−0,7317	weniger erfolgreich	4

Tabelle 5.21: Klassifikation neuer Stadtmarketingprojekte

Die Vorgehensweise wird im folgenden anhand der drei Beispielprojekte A, B und C aus Tabelle 5.21 demonstriert.[41]
Für Beispielprojekt A ergibt sich ein Wert von −2,2256 für die erste und 0,3219 für die zweite Klassifikationsfunktion, d.h. Projekt A ist der Gruppe erfolgreicher Projekte zuzuordnen. Für Projekt B hingegen nimmt die erste Funktion den Wert 0,2276 und die zweite den Wert −1,0274 an, so daß dieses Projekt als weniger erfolgreich zu betrachten ist. Im vorliegenden Fall entspricht die Kategorisierung bei Beispielprojekt B nicht der subjektiven Einschätzung durch den Entscheidungsträger. Beispielprojekt C weist für die erste Funktion einen Wert von −3,6331 und für die zweite einen Wert von 1,0960 auf, so daß dieses Projekt als erfolgreich zu charakterisieren ist. Hinsichtlich der subjektiven Selbsteinschätzung hat der Entscheidungsträger in Projektstadt C seine Aktivitäten als sehr erfolgreich (Wert fünf auf der Skala) beurteilt.

[41] Die Werte der Indikatoren sind in Anhang D.2 zusammengestellt.

Neben dieser Klassifikation im Sinne einer Erfolgsbeurteilung sollte jedoch insbesondere auch im Hinblick auf die teilweise zu der Selbsteinschätzung widersprüchliche Bewertung eine Begründung der Klassifikation vorgenommen werden. Tabelle 5.22 enthält die für die drei Beispielprojekte resultierenden Faktorwerte, die die Basis für die weiteren Ausführungen darstellen.

Faktoren	Faktorwerte für die Beispielprojekte		
	A	B	C
I	0,5163	−0,3671	0,6039
II	0,1811	−0,4414	0,6345
III	−0,4567	−0,5292	−0,4507
IV	0,3881	1,1611	1,0446
V	0,0385	1,2380	0,8679
VI	0,4842	0,5043	−0,1730
VII	−0,8505	−0,7502	0,9216
VIII	0,7882	−0,3037	0,5404

Tabelle 5.22: Faktorwerte für die Beispielprojekte

In Abbildung 5.18, 5.19 und 5.20 sind die durchschnittlichen Faktorwerte erfolgreicher und weniger erfolgreicher Projekte (kategorisiert gemäß des kombinierten Ansatzes) sowie der Profilverlauf des jeweiligen Beispielprojektes ausgehend von den Angaben in Tabelle 5.22 dargestellt.

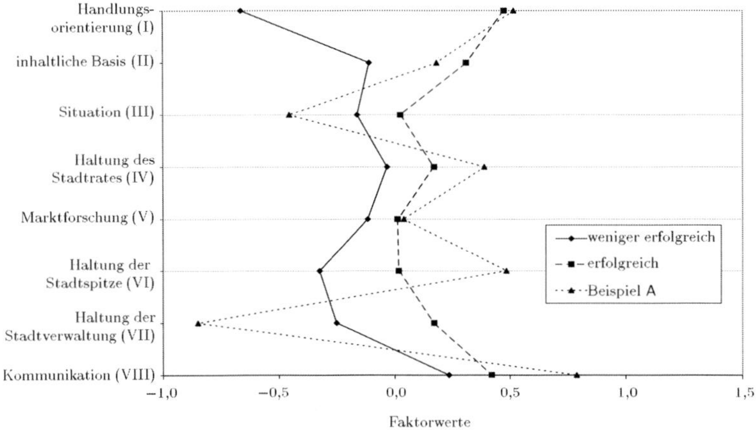

Abbildung 5.18: Profildarstellung auf Basis der Faktorwerte für Beispielprojekt A

Die Profildarstellung in Abbildung 5.18 zeigt, daß sich das Beispielprojekt A, wie auch die übrigen als erfolgreich kategorisierten Projekte, durch eine hohe Handlungsorientierung (I) auszeichnet. Des weiteren ist im Bereich der Kommunikation (VIII) wie auch bei der Haltung der Stadtspitze (VI) ein hoher Wert erzielt worden. Es wird jedoch auch deutlich, daß das Profil des Beispielprojektes A in einigen Bereichen von dem Profil der übrigen erfolgreichen Projekte nach unten abweicht. So scheint beispielsweise keine sehr starke Unterstützung durch die Mitarbeiter der Stadtverwaltung (VII) gegeben. Betrachtet man jedoch noch einmal die Ergebnisse der vorangegangenen Diskriminanzanalyse (siehe Tabelle 5.19), so haben sich die Faktoren Handlungsorientierung (I), inhaltliche Basis (II), Kommunikation (VIII) und Haltung der Stadtverwaltung (VII) als die entscheidenden Faktoren bei der Trennung zwischen erfolgreichen und weniger erfolgreichen Projekten erwiesen. Das Beispielprojekt erhält für zwei dieser Faktoren sehr positive Beurteilungen, so daß es insgesamt als erfolgreich zu klassifizieren ist. Der Profilverlauf macht jedoch auch deutlich, daß im Bereich der Haltung der Stadtverwaltung und auch hinsichtlich der inhaltlichen Basis noch Verbesserungspotentiale für dieses Beispielprojekt liegen.

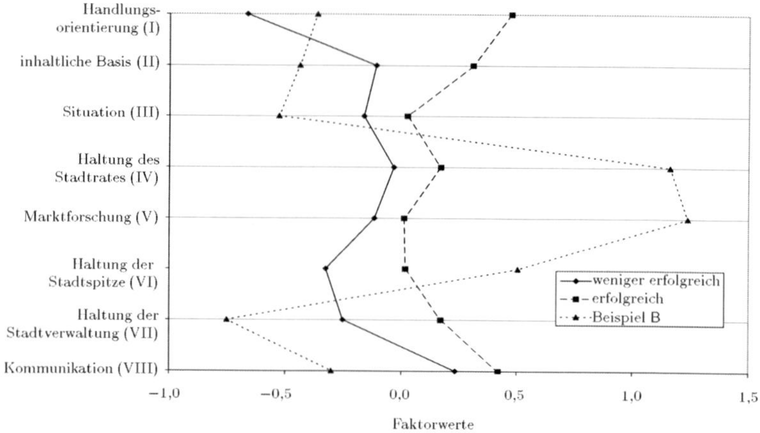

Abbildung 5.19: Profildarstellung auf Basis der Faktorwerte für Beispielprojekt B

Beispielprojekt B ist der Gruppe weniger erfolgreicher Stadtmarketingprojekte zuzuordnen. Der Profilverlauf zeigt zwar sehr positive Beurteilungen bei der Haltung des Stadtrates (IV) und der Stadtspitze (VI) sowie der Nutzung der Instrumente der Marktforschung (V), bei den wichtigsten Einflußfaktoren des Stadtmarketingerfolgs hat das Projekt jedoch deutlich schlechter abgeschnitten (siehe Abbildung 5.19). Die Handlungsorientierung (I), die inhaltliche Basis (II), die Nutzung der Instrumente der Kommunikationspolitik (VIII) und die Haltung der Stadtverwaltung (VII) sind schlecht beurteilt worden, so daß dieses Projekt entgegen der Selbsteinschätzung des Entscheidungsträgers der Gruppe weniger erfolgreicher Projekte zuzuordnen ist.

Die Diskrepanz zwischen der Einschätzung durch den Entscheidungsträger und der Beurteilung mittels des Klassifikationsansatzes läßt sich vermutlich auf unterschiedliche Bewertungsmaßstäbe zurückführen. Der Entscheidungsträger hat das Projekt bezüglich einzelner Faktoren positiv bewertet und diese Bewertungen anscheinend zu einem Gesamturteil zusammengefaßt. Der Klassifikationsansatz basiert jedoch auf den identifizierten Erfolgsfaktoren, die auch von dem Entscheidungsträger vergleichsweise schlecht beurteilt worden sind. Um ein langfristig erfolgreiches Stadtmarketing zu etablieren, gilt es, die aufgezeigten Schwachstellen auszugleichen und die Ausrichtung der Aktivitäten entsprechend anzupassen.

Die Profildarstellung für Stadtmarketingprojekt C zeigt, daß dieses Projekt bezüglich fast aller Faktoren eine sehr positive Bewertung erhalten hat (siehe Abbildung 5.20). Lediglich bei der Situation (III) und der Haltung der Stadtspitze (VI) sind Abweichungen nach unten zu erkennen. Insbesondere für die in der Diskriminanzanalyse als wichtigste Einflußfaktoren identifizierten Aspekte ist eine sehr positive Einschätzung vorgenommen worden. Diese stimmt mit der sehr positiven Selbsteinschätzung durch den Entscheidungsträger in dieser Stadt überein.

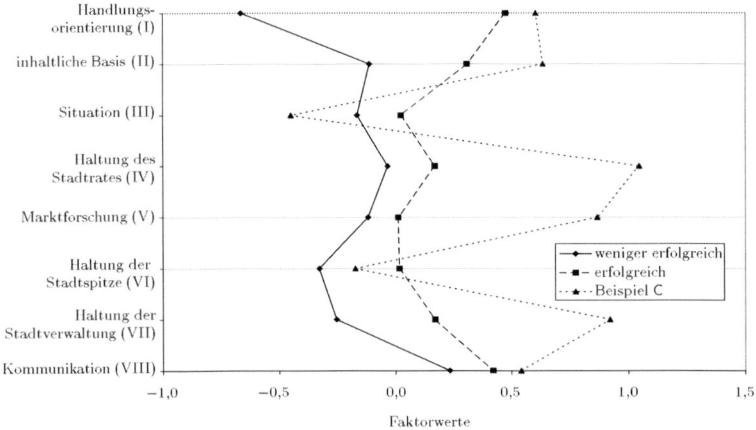

Abbildung 5.20: Profildarstellung auf Basis der Faktorwerte für Beispielprojekt C

Tabelle 5.21 zeigt, daß alle beteiligten Stadtmarketingprojekte mit weniger als zwei Jahren Stadtmarketingerfahrung ihren Erfolg mindestens durchschnittlich eingeschätzt haben (Werte von drei bis fünf bei der subjektiven Selbsteinschätzung). Als Gegenstück insbesondere zu Beispielprojekt B wäre es jedoch wünschenswert, den Profilverlauf eines Projektes, das sich selbst als wenig erfolgreich einschätzt, nach dem Klassifikationsschema jedoch als erfolgreich zu bezeichnen ist, aufzuzeigen. Das abschließende Beispielprojekt D (siehe Abbildung 5.21) stellt daher eine Stadt dar, die in der bisherigen Analyse bereits berücksichtigt worden ist, d.h. die Stadt hat mehr als zwei Jahre Marketingerfahrung.

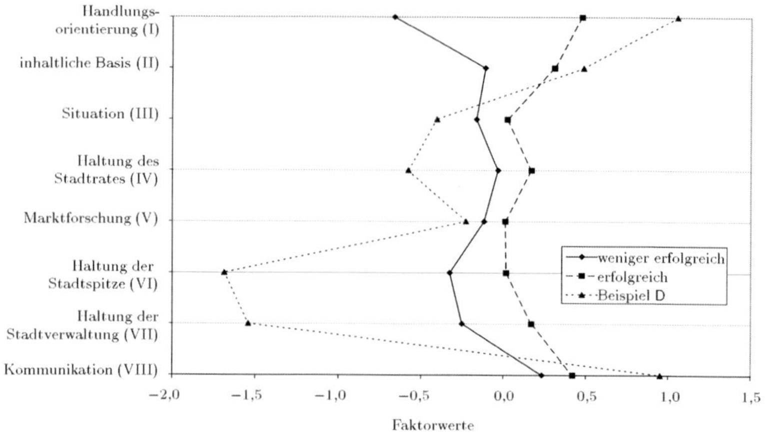

Abbildung 5.21: Profildarstellung auf Basis der Faktorwerte für Beispielprojekt D

Beispielprojekt D hat bei fast allen Faktoren eine vergleichsweise schlechte Beurteilung erhalten. Da jedoch die drei gemäß der Klassifikationsfunktion bedeutendsten Einflußfaktoren des Stadtmarketingerfolgs positiv eingeschätzt worden sind, resultiert eine Klassifikation als erfolgreich, obwohl beispielsweise die Unterstützung durch die kommunalen Akteure (Stadtrat, -spitze und -verwaltung) sehr schlecht beurteilt worden ist. Auch hier werden somit in diesem Bereich deutliche Verbesserungspotentiale für ein langfristig erfolgreiches Stadtmarketing erkennbar.

Abschließend werden in Abbildung 5.22 und 5.23 die diskutierten Beispiele noch einmal gemeinsam in Faktorräumen (sog. Perceptual Maps)(vgl. *Gaul/Baier* (1994, S. 58ff.)) dargestellt.[42] Die Dimensionen bilden jeweils die im Rahmen der Diskriminanzanalyse identifizierten Erfolgsfaktoren. In Abbildung 5.22 wer-

[42]Die Darstellung des Diskriminanzraumes ist nicht sinnvoll, da dieser im 2-Gruppenfall nur eindimensional ist (vgl. *Decker/Temme* (2000, S. 328ff.)). Die Faktorräume können für alle möglichen Kombinationen von Faktoren erstellt werden. An dieser Stelle erfolgt jedoch eine Beschränkung auf zwei Faktorräume auf Basis der vier identifizierten Erfolgsfaktoren.

den die Handlungsorientierung (I) und die inhaltliche Basis (II) und in Abbildung 5.23 die Kommunikationsaktivitäten (VIII) sowie die Haltung der Stadtverwaltung (VII) als Dimensionen verwendet.

Zusätzlich können die ursprünglichen Variablen in den abgebildeten Faktorraum integriert werden. Die Koordinaten für die Endpunkte entsprechender Vektoren ergeben sich aus den in Tabelle 5.11 zusammengestellten Faktorladungen. Durch diese Visualisierung der Stärke des Zusammenhangs zwischen den Faktoren und den Variablen wird die Interpretation der Faktoren noch einmal verdeutlicht. Die Länge der eingetragenen Merkmalsvektoren korrespondiert entsprechend mit dem Anteil der Varianz der Variable, der durch die beiden Faktoren erklärt wird (vgl. *Hammann/Erichson* (2000, S. 266)). Auf die inhaltliche Interpretation der Faktoren soll an dieser Stelle nicht noch einmal eingegangen werden, da diese bereits ausgehend von Tabelle 5.11 erfolgt ist.

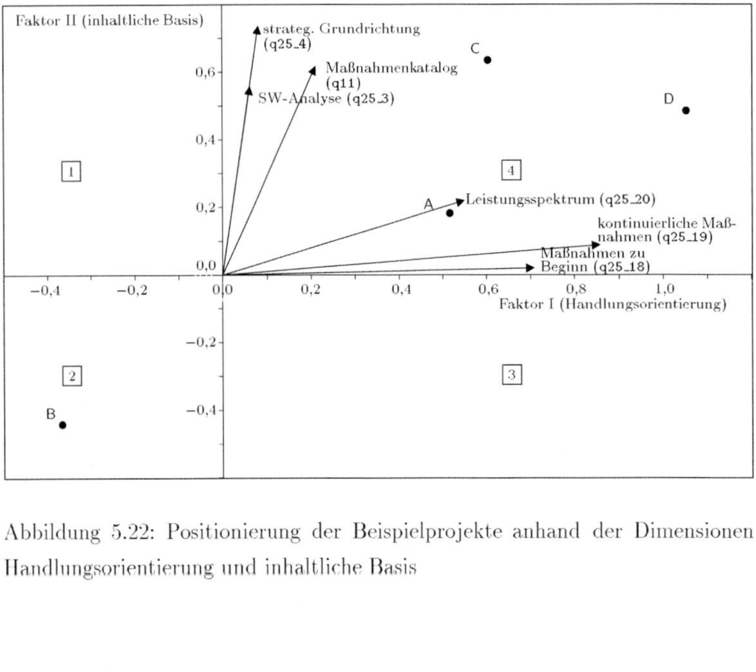

Abbildung 5.22: Positionierung der Beispielprojekte anhand der Dimensionen Handlungsorientierung und inhaltliche Basis

Die Abbildungen zeigen noch einmal, daß das Beispielprojekt C insgesamt als überaus erfolgreich zu bezeichnen ist. In beiden Faktorräumen befindet sich dieses Projekt im 4. Quadranten. Analog wird die „Erfolglosigkeit" von Beispielprojekt B erkennbar. Die Beispielprojekte A und D hingegen befinden sich weitgehend im positiven Bereich, nur hinsichtlich Faktor VII ist eine vergleichsweise schlechte Position zu erkennen.

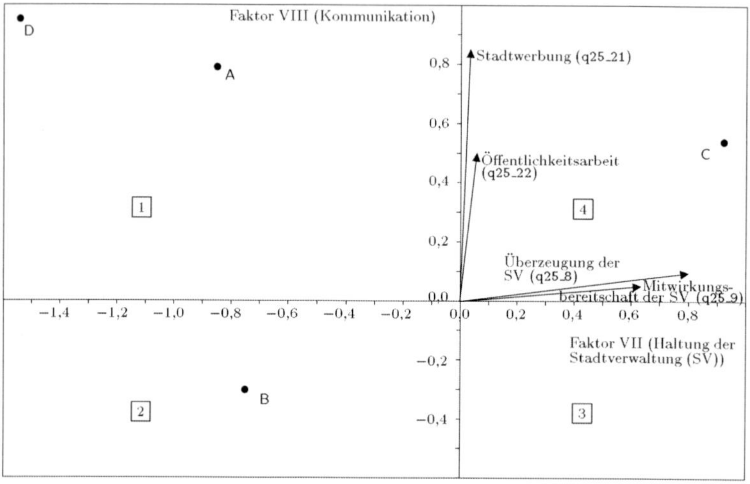

Abbildung 5.23: Positionierung der Beispielprojekte anhand der Dimensionen Kommunikation und Haltung der Stadtverwaltung

Anzustreben wäre für ein Stadtmarketingprojekt in beiden Abbildungen eine Position jeweils im 4. Quadranten. Verbesserungspotentiale können daher auch anhand dieser Darstellungsform identifiziert werden. Diese Art der Positionierungsüberlegungen kann zum einen dazu genutzt werden, die eigenen Aktivitäten im Vergleich zu den Projekten anderer Städte zu beurteilen. Des weiteren besteht die Möglichkeit, eine dynamische Betrachtung vorzunehmen und die Veränderung der eigenen Position sowie der Positionen anderer Projekte im Zeitablauf zu analysieren.

Kapitel 6

Zusammenfassung und Ausblick

Im Rahmen der vorliegenden Arbeit ist ein Kontrollinstrument für das Stadtmarketing auf Basis der Erkenntnisse der betriebswirtschaftlichen Erfolgsfaktorenforschung entwickelt worden.

Ausgehend von einer Diskussion der Übertragungsmöglichkeiten von Erkenntnissen und Instrumenten des unternehmerischen Marketing auf städtische Belange konnten deutliche Defizite im Bereich der Marketing-Erfolgskontrolle aufgezeigt werden. Die vorgenommene Zusammenstellung vielversprechender Ansätze aus der Literatur, wie z.B. die Anwendung der Conjoint-Analyse, und vielfältiger Bemühungen in der Praxis hat einen großer Nachholbedarf hinsichtlich der Analyse des Erfolgs im Sinne der Identifikation der Einflußgrößen des Stadtmarketingerfolgs und der Entwicklung handhabbarer Kontrollinstrumente aufgezeigt. Bisherige Ansätze konzentrieren sich zumeist auf spezielle Bereiche des Stadtmarketings (z.B. Tourismus oder Verwaltung) oder auf Einzelmaßnahmen (z.B. Veranstaltungen). Ein Kontrollinstrument zur Bewertung des Gesamterfolgs der Stadtmarketingaktivitäten liegt nach Kenntnis der Verfasserin jedoch bislang nicht vor. Aus diesem Defizit resultiert in der Stadtmarketingliteratur bereits die Forderung nach innovativen Ansätzen, die auch die Voraussetzungen für Erfolge im Stadtmarketing berücksichtigen.

In der vorliegenden Arbeit ist daher die betriebswirtschaftliche Erfolgsfaktorenforschung als Ansatzpunkt für die Entwicklung eines Kontrollinstrumentes gewählt worden. Auf Basis einer umfangreichen Literaturrecherche konnte eine Vielzahl relevanter empirischer Studien zur Erfolgsfaktorenforschung im

Industrie-, Handels- und Dienstleistungsbereich identifiziert und im Hinblick auf die vorliegende Problemstellung ausgewertet werden. Diese Auswertung hat zum einen inhaltliche Anregungen für mögliche Erfolgsfaktoren und Möglichkeiten der Operationalisierung des Stadtmarketingerfolgs geliefert. Zum anderen konnte ein Überblick der aktuell in der Erfolgsfaktorenforschung verwendeten Methoden gegeben werden. Eine ausführliche Diskussion möglicher Analysemethoden führte zur Auswahl der Kausal- und der Diskriminanzanalyse als geeignete Methoden für eine Erfolgsfaktorenforschung im Stadtmarketing.

Der abgeleitete neue Bezugsrahmen für die Erfolgsfaktorenforschung im Stadtmarketing basiert auf den Elementen des Stadtmarketingprozesses und den Erkenntnissen der ausgewerteten Studien zur Erfolgsfaktorenforschung im Industrie-, Handels- und Dienstleistungsbereich. Die Zusammenstellung bisher im Stadtmarketing diskutierter Erfolgsfaktoren hat gezeigt, daß die Identifikation dieser zumeist aus Erfahrungswissen von Experten und Einzelfallinterpretationen resultiert. Im Gegensatz zu diesen bisherigen Überlegungen erfordert die für die vorliegende Arbeit gewählte Vorgehensweise eine ausführliche Auseinandersetzung mit Möglichkeiten der Konkretisierung des Stadtmarketingerfolgs. Die vier in der vorliegenden Arbeit ausgewählten und begründeten Erfolgsgrößen haben sich in der Erfolgsfaktorenforschung in anderen Bereichen bereits bewährt. Auch eine Gegenüberstellung der gewählten Erfolgsgrößen mit der Entwicklung von im Stadtmarketingkontext relevanten Kennzahlen deutet darauf hin, daß mittels dieser Größen eine realistische Einschätzung des Stadtmarketingerfolgs möglich ist.

Das auf Basis des neuen Bezugsrahmens abgeleitete Hypothesensystem zu potentiellen Erfolgsfaktoren im Stadtmarketing bildete den Ausgangspunkt für die empirische Untersuchung. Das Hypothesensystem konnte in ein Kausalmodell des Stadtmarketingerfolgs überführt werden, welches einen Einblick in die Ursache-Wirkungsbeziehungen zwischen Einfluß- und Maßgrößen des Stadtmarketingerfolgs liefert. Um jedoch die Unterschiede zwischen erfolgreichen und weniger erfolgreichen Stadtmarketingprojekten herauszuarbeiten, ist als weiteres Analyseverfahren die Diskriminanzanalyse herangezogen worden. Im Rahmen der Diskriminanzanalyse sind die vier verwendeten Erfolgsgrößen nicht nur isoliert, sondern auch simultan berücksichtigt worden, so daß eine gewisse Objektivierung der Erfolgsbeurteilung erreicht werden konnte.

Als Erfolgsfaktoren des Stadtmarketings konnten anhand der Ergebnissen der Diskriminanzanalyse und unter Berücksichtigung des abgeleiteten Kausalmodells die Faktoren „Handlungsorientierung“, „inhaltliche Basis“, „Kommunikation“ und „Haltung der Stadtverwaltung“ identifiziert werden. *Trommsdorff* (1990, S. 2) merkt zu Recht an, daß die Befunde der Erfolgsfaktorenforschung in den seltensten Fällen überraschend sind. So sind auch die genannten Erfolgsfaktoren bereits in bisherigen Arbeiten zum Stadtmarketing diskutiert worden. Eine systematische quantitativ-empirische Studie zu den Ursache-Wirkungsbeziehungen zwischen Einfluß- und Maßgrößen des Stadtmarketingerfolgs ist nach Kenntnis der Verfasserin jedoch erstmals im Rahmen der vorliegenden Arbeit durchgeführt worden.

Ausgehend von den Ergebnissen der empirischen Studie ist ein Kontrollinstrument entwickelt worden. Mit Hilfe der im Rahmen der Diskriminanzanalyse abgeleiteten Klassifikationsfunktionen können Stadtmarketingprojekte anhand vorliegender Informationen mit vergleichsweise geringem Aufwand als erfolgreich oder weniger erfolgreich klassifiziert werden. Die damit erfolgende Beurteilung des Erfolgs eines Stadtmarketingprojektes beschränkt sich nicht auf einen Teilbereich oder Einzelmaßnahmen, sondern bezieht die wichtigsten Facetten des Gesamtprojektes in die Bewertung mit ein. Da die Vorgehensweise bei der Erfolgsbeurteilung für die Entscheidungsträger in vielen Fällen ggf. nicht direkt nachvollziehbar erscheint, ist in diesem Fall eine fundierte Begründung der vorgenommenen Klassifikation von besonderer Bedeutung. Für diese Begründung sind Profildarstellungen sowie Faktorräume auf Basis der identifizierten Erfolgsfaktoren herangezogen worden, die auch für den Praktiker durchaus interpretierbar erscheinen. Sie zeigen auf, in welchen Bereichen Verbesserungspotentiale für die Gestaltung eines erfolgreichen Stadtmarketings liegen bzw. begründen, warum das Stadtmarketing bereits als erfolgreich zu betrachten ist. Die Funktionsfähigkeit des entwickelten Kontrollinstrumentes konnte anhand ausgewählter Beispielprojekte, die in der vorangegangenen Analyse nicht berücksichtigt worden sind, demonstriert werden.

Im Hinblick auf eine dauerhafte Nutzbarkeit des entwickelten Kontrollansatzes gilt es zu beachten, daß die identifizierten und dem Kontrollinstrument zugrundeliegenden Erfolgsfaktoren keine unbeschränkte Gültigkeit haben müssen. Dieses

Problem stellt sich nicht nur in der vorliegenden Arbeit, sondern betrifft generell die im Rahmen empirischer Studien abgeleiteten Erfolgsfaktoren auch in anderen Bereichen. Das vorgestellte Kontrollinstrument basiert weitgehend auf Erfolgsfaktoren im organisatorischen und konzeptionellen Bereich, während die konkrete inhaltliche Ausgestaltung der Stadtmarketingaktivitäten aus den genannten Gründen vernachlässigt worden ist (siehe Abschnitt 3.3.1). Die identifizierten Erfolgsfaktoren sind daher allgemein formuliert und scheinen eine ausreichende zeitliche Stabilität aufzuweisen. Für diese Stabilität spricht auch die weitgehende Übereinstimmung der vorgestellten deskriptiven Ergebnisse mit den Ergebnissen vorangegangener Studien zum Stadtmarketing, wie z.B. die im Jahr 1995 durchgeführte Studie des Difu (siehe Abschnitt 5.1). Dennoch sollte, insbesondere im Hinblick auf die Ableitung verläßlicher Aussagen über den Erfolg oder Mißerfolg von Stadtmarketingprojekten mit Hilfe des vorgestellten Kontrollinstrumentes, eine regelmäßige Aktualisierung der dieser Arbeit zugrundeliegenden Datenbasis angedacht werden. Eine solche Aktualisierung kann zum einen durch eine Wiederholung der Erhebung und der entsprechenden Auswertung zu gegebener Zeit erreicht werden. Zum anderen besteht auch die Möglichkeit, die Datenbasis kontinuierlich zu erweitern. So sollte eine Nutzung des Kontrollinstrumentes durch eine einzelne Stadt auch die Bereitstellung aktualisierter Daten zu einem späteren Zeitpunkt implizieren. Dieser neue Datenpunkt sollte dann den vorhandenen älteren Datenpunkt der betreffenden Stadt ersetzen. Ausgehend von dieser modifizierten Datenbasis können die im Rahmen der Erfolgskontrolle verwendeten Klassifikationsfunktionen in regelmäßigen Abständen geprüft und ggf. angepaßt werden.

Die Marketingerfolgskontrolle im städtischen Bereich bietet weiterhin Raum für Forschungsaktivitäten. Auch die im Rahmen dieser Arbeit nur kurz vorgestellten Ansätze der Conjoint-Analyse scheinen hier Entwicklungsmöglichkeiten zu bieten. Die bereits eingangs erwähnte mangelnde Berücksichtigung der Methoden des eher quantitativ orientierten Marketingmanagements könnte eine Ursache für das bisherige Defizit sein. Aus diesem Bereich lassen sich viele Ansatzpunkte übertragen. Zu nennen sind hier neben der Conjoint-Analyse u.a. auch Positionierungsüberlegungen, wie sie in Abschnitt 5.5 abschließend kurz demonstriert worden sind.

Auch im Hinblick auf die Erfolgsfaktorenforschung im Stadtmarketing ist weitere Forschungsarbeit erforderlich. In der vorliegenden Arbeit konnten die genannten Erfolgsfaktoren des Stadtmarketings identifiziert werden. Für einzelne dieser Bereiche erscheint es jedoch durchaus wünschenswert, konkretere Aussagen über erfolgversprechende Vorgehensweisen abzuleiten. Denkbar wäre z.B. eine auf die Kommunikationsaktivitäten fokussierte Untersuchung, die detailliertere Handlungsempfehlungen in bezug auf die Ausgestaltung der Kommunikationspolitik liefert. Auch eine Konkretisierung im Hinblick auf erfolgversprechende Strategieoptionen erscheint erstrebenswert. Derartige, auf die Konkretisierung von Einzelaspekten ausgerichtete Studien zu Einflußgrößen des Stadtmarketingerfolgs erfordern die Betrachtung unterschiedlicher Gruppen von Stadtmarketingprojekten. Allgemeingültige Erfolgsfaktoren können auf dieser Ebene nicht mehr abgeleitet werden.
Der vorliegenden empirischen Studie liegt die Anbieterperspektive zugrunde, wie sie auch in der Erfolgsfaktorenforschung in ihren traditionellen Anwendungsbereichen noch dominiert. Daraus ergibt sich ein Forschungsbedarf im Hinblick auf nachfrageorientierte Erfolgsfaktoren. In diesem Kontext ist das in Abschnitt 3.3.2 diskutierte Problem des weitgehend fehlenden Bewußtseins der „Nachfrager" für die Existenz des Stadtmarketings bei der Gestaltung einer entsprechenden Untersuchung zu berücksichtigen. Mit dem bereits genannten abnehmenden Innovationscharakter des Stadtmarketings sollte jedoch in Zukunft auch dieses Bewußtsein für die Aktivitäten zunehmen, so daß eine solche Untersuchung weitere wichtige Anhaltspunkte für die Entscheidungsträger im Stadtmarketing liefern kann.

Literaturverzeichnis

Adamaschek, B. (1997): Interkommunaler Leistungsvergleich, Bertelsmann Stiftung, Gütersloh.

Adamaschek, B. (Hrsg.)(1998): Interkommunaler Leistungsvergleich – 100 spürbare Erfolge, Bertelsmann Stiftung, Gütersloh.

Amberger, J., G. Grandke (1995): Stadtmarketing Offenbach: Ein Praxisbericht zur Anwendung des Marketingansatzes in der Stadtentwicklung, in: *Marktforschung & Management*, 39. Jg., Nr. 4, 159–164.

Andersen, U. (1995): 10 Jahre Image-Kampagne Ruhrgebiet: Begleituntersuchung, Kommunalverband Ruhrgebiet, Essen.

Anderson, J. C., D. W. Gerbing (1988): Structural Equation Modeling in Practice: A Review and Recommended Two-Step Approach, in: *Psychological Bulletin*, Vol. 103, No. 3, 411–423.

Annacker, D. (2001): Die Berücksichtigung unbeobachtbarer Einflußgrößen in der strategischen Erfolgsfaktorenforschung, Gabler, Wiesbaden.

Ansoff, H. J. (1988): The New Corporate Strategy, Wiley, New York.

Arend, M., A. Wolf (1994): Stadtmarketing, Eigenverlag Forschungskreis Tourismus Management e.V., Trier.

Ashworth, G. J., H. Voogd (1988): Marketing the City: Concepts, Processes and Dutch Applications, in: *Town Planning Review*, Vol. 59, No. 1, 65–79.

Ashworth, G. J., H. Voogd (1990): Selling the City: Marketing Approaches in Public Sector Urban Planning, Belhaven Press, London.

ATCM (Hrsg.)(1994): The Effectiveness of Town Centre Management, Association of Town Centre Management, London.

Ave, G., F. Corsico (Hrsg.)(1994): Urban Marketing in Europe, Torino Incontra, Turin.

Backhaus, K. (1997): Industriegütermarketing, 5. Auflage, Vahlen, München.

BAG (Hrsg.)(1997): Der Druck auf den Einzelhandel hält an, Ergebnisse der BAG-Untersuchung Kundenverkehr 1996, Bundesarbeitsgemeinschaft der Mittel und Großbetriebe des Einzelhandels e.V., Köln.

Bagozzi, R. P., H. Baumgartner (1994): The Evaluation of Structural Equation Models and Hypothesis Testing, in: Bagozzi, R. P. (Ed.): Principles of Marketing Research, Blackwell, Cambridge, 386–422.

Bagozzi, R. P., L. Phillips (1982): Representing and Testing Organizational Theories: A Holistic Approach, in: *Administrative Science Quarterly*, Vol. 27, No. 3, 459–489.

Baier, D. (1999): Methoden der Conjointanalyse in der Marktforschungs- und Marketingpraxis, in: Gaul, W., M. Schader (Hrsg.): Mathematische Methoden der Wirtschaftswissenschaften, Physica, Heidelberg, 197–206.

Bain, J. S., P. D. Qualls (1987): Industrial Organization: A Treatise, Jai Press Inc., Greenwich.

Balderjahn, I. (2000): Standortmarketing, Lucius & Lucius, Stuttgart.

Baldwin, W. (2000): Information No One Else Knows: The Value of Self-Report, in: Stone, A. A., J. S. Turkkan, C. A. Bachrach, J. B. Jobe, H. S. Kurtzman, V. S. Cain (Hrsg.): The Science of Self-Report, Lawrence Erlbaum Associates, London, 3–7.

Bamberg, G., A. G. Coenenberg (2000): Betriebswirtschaftliche Entscheidungslehre, 10. Auflage, Vahlen, München.

Bankhofer, U. (1995): Unvollständige Daten- und Distanzmatrizen in der Multivariaten Datenanalyse, Eul, Bergisch Gladbach.

Baron, S., K. Harris (1995): Services Marketing, Macmillan, London.

Bass, F. M., P. Cattin, D. R. Wittink (1978): Firm Effects and Industry Effects in the Analysis of Market Structure and Profitability, in: *Journal of Marketing Research*, Vol. 15, No. 1, 3–10.

Bastian, A. (1999): Erfolgsfaktoren von Einkaufszentren – Ansätze zur kundengerichteten Profilierung, Deutscher Universitäts-Verlag, Wiesbaden.

Beaven, M. H., D. J. Scotti (1990): Service-Oriented Thinking and its Implications for the Marketing Mix, in: *Journal of Services Marketing*, Vol. 4, No. 4, 5–19.

Becker, J. (1998): Marketing-Konzeption, 6. Auflage, Vahlen, München.

Beibst, G., K. Heyne (1998): Standortbezogene Erfolgsfaktoren – Marketingorientierung von Regionen als strategischer Erfolgsfaktor für Standorte, Betriebswirtschaftliche Schriftenreihe, Band 16, Fachhochschule Jena, Jena.

Berekoven, L., W. Eckert, P. Ellenrieder (1999): Marktforschung, 8. Auflage, Gabler, Wiesbaden.

Berekoven, L., W. Eckert, F. Wimmer (1973): Gewachsene Einkaufszentren und Shopping-Center – Ein Konkurrenzvergleich, in: Falk, B. R. (Hrsg.): Shopping Center Handbuch, Gesellschaft für Wirtschaftsinformation mbH & Co. KG, München, 255–286.

Bertram, M. (1995): Marketing für Städte und Regionen – Modeerscheinung oder Schlüssel zur dauerhaften Entwicklung, in: Beyer, R., I. Kuron (Hrsg.): Stadt- und Regionalmarketing – Irrweg oder Stein der Weisen?, Verlag Irene Kuron, Bonn, 29–38.

Bertram, M. (1997): Marketing für Städte – Schlüssel zur dauerhaften Entwicklung?, in: Pfaff-Schley, H. (Hrsg.): Stadtmarketing und kommunales Audit, Springer, Berlin, 15–24.

Beyer, R. (1997): Die Institutionalisierung von Stadtmarketing, in: Pfaff-Schley, H. (Hrsg.): Stadtmarketing und kommunales Audit, Springer, Berlin, 85–93.

Bierbaum, H. (1979): Leistung und Leistungsbedingungen im Einzelhandel, Rationalisierungsgemeinschaft des Handels beim Rationalisierungskuratorium der deutschen Wirtschaft e.V., Köln.

Birnstiel, D. (1997): Möglichkeiten und Probleme des Stadtmarketings aus Sicht der Kommunen, in: Ministerium für Stadtentwicklung, Kultur und Sport des Landes NRW (Hrsg.): Stadtmarketing in Nordrhein-Westfalen, Düsseldorf, 17–26.

Bollen, K. A. (1989): Structural Equations with Latent Variables, Wiley, New York.

Bona, A. (1997): Die Institutionalisierung von Stadtmarketing, Deutsches Seminar für Städtebau und Wirtschaft, Bonn.

Bornemeyer, C., R. Decker (2001): Empirische Studie zu Einfluss- und Maßgrößen des Stadtmarketingerfolgs – Zwischenbericht, in: Frohn, J., K. Gebhardt (Hrsg.): Bielefeld 2000Plus – Forschungsprojekte zur Region, Diskussionspapier Nr. 16, Bielefeld.

Bornemeyer, C., T. Temme, R. Decker (1999): Erfolgsfaktorenforschung im Stadtmarketing unter besonderer Berücksichtigung multivariater Analysemethoden, in: Gaul, W., M. Schader (Hrsg.): Mathematische Methoden der Wirtschaftswissenschaften, Physica, Heidelberg, 207–221.

Brandner, M. (2000): Stadtmarketing – Eine Synthese geographischer und betriebswirtschaftlicher Positionen in Theorie und kommunaler Praxis, Dissertation, Nürnberg.

Brockhoff, K. (1999): Produktpolitik, 4. Auflage, Lucius & Lucius, Stuttgart.

Bruhn, M. (2001): Marketing, 5. Auflage, Gabler, Wiesbaden.

Brusis, I. (1997): Entwicklungsimpulse für die Stadtentwicklung – Public Private Partnership und Stadtmarketing aus der Sicht des Landes, in: Ministerium für Stadtentwicklung, Kultur und Sport des Landes NRW (Hrsg.): Stadtmarketing in Nordrhein-Westfalen, Düsseldorf, 5–9.

Bühler, T. (1991): City-Center – Erfolgsfaktoren innerstädtischer Einkaufszentren, Deutscher Universitäts-Verlag, Wiesbaden.

Büschken, J., C. von Thaden (2000): Clusteranalyse, in: Herrmann, A., C. Homburg (Hrsg.): Marktforschung, 2. Auflage, Gabler, Wiesbaden, 337–380.

Burmann, C. (1995): Fläche und Personalintensität als Erfolgsfaktoren im Einzelhandel, Gabler, Wiesbaden.

Buzzell, R. D., B. T. Gale (1987): The PIMS Principles, Free Press, New York.

Capon, N., J. U. Farley, S. Hoenig (1990): Determinants of Financial Performance: A Meta-Analysis, in: *Management Science*, Vol. 36, No. 10, 1143–1159.

Chadwick, B. A., H. M. Bahr, S. L. Albrecht (1984): Social Science Research Methods, Prentice Hall, Englewood Cliffs.

Chernatony, L. de, F. Dall Olmo Riley, F. Harris (1998): Criteria to Assess Brand Success, in: *Journal of Marketing Management*, Vol. 14, No. 10, 765–781.

Chrubasik, B., H.-J. Zimmermann (1987): Evaluierung der Modelle zur Bestimmung strategischer Schlüsselfaktoren, in: *Die Betriebswirtschaft*, 47. Jg., Nr. 4, 426–450.

Churchill, G. A. (1979): A Paradigm for Developing Better Measures of Marketing Constructs, in: *Journal of Marketing Research*, Vol. 16, No. 1, 64–73.

Clark, B. H. (1999): Marketing Performance Measures: History and Interrelationships, in: *Journal of Marketing Management*, Vol. 15, No. 8, 711–732.

Cooper, R. G. (1979): The Dimensions of Industrial New Product Success and Failure, in: *Journal of Marketing*, Vol. 43, No. 3, 93–103.

Corsten, H., C. May (1996): Anwendungsfelder Neuronaler Netze und ihre Umsetzung, in: Corsten, H., C. May (Hrsg.): Neuronale Netze in der Betriebswirtschaft, Gabler, Wiesbaden, 1–13.

Daniel, D. R. (1961): Management Information Crisis, in: *Harvard Business Review*, Vol. 39, No. 5, 111–121.

Daschmann, H.-A. (1994): Erfolgsfaktoren mittelständischer Unternehmen, Schäffer-Poeschel, Stuttgart.

Decker, R. (1994): Analyse und Simulation des Kaufverhaltens auf Konsumgütermärkten, Lang, Frankfurt/Main.

Decker, R., C. Bornemeyer (2001a): Erfolgskontrolle im Stadtmarketing – Ergebnisse und Implikationen einer bundesweiten Studie, in: Frohn, J., K. Gebhardt (Hrsg.): Bielefeld 2000Plus – Forschungsprojekte zur Region, Diskussionspapier Nr. 17, Bielefeld.

Decker, R., C. Bornemeyer (2001b): Medien und Stadtmarketing, Arbeitsbericht Nr. 5/01, Betriebswirtschaftslehre und Marketing, Universität Bielefeld, Bielefeld.

Decker, R., T. Temme (2000): Diskriminanzanalyse, in: Herrmann, A., C. Homburg (Hrsg.): Marktforschung, 2. Auflage, Gabler, Wiesbaden, 295–335.

Decker, R., R. Wagner, T. Temme (2000): Fehlende Werte in der Marktforschung, in: Herrmann, A., C. Homburg (Hrsg.): Marktforschung, 2. Auflage, Gabler, Wiesbaden, 79–98.

Dess, G. G., R. B. Robinson (1984): Measuring Organizational Performance in the Absence of Objective Measures: The Case of the Privately-Held Firm and Conglomerate Business Unit, in: *Strategic Management Journal*, Vol. 5, No. 3, 265–273.

Dewarrat, G. (1984): Aspects et Mesure de l'Efficience des Organisations Nonprofit, Dissertation, Zürich.

Dichtl, E., S. Müller (1986): Anspruchsinflation und Nivellierungstendenz als meßtechnische Probleme in der Absatzforschung, in: *Marketing – Zeitschrift für Forschung und Praxis*, 8. Jg., Nr. 4, 233–236.

Diegruber, J. (1991): Erfolgsfaktoren nationaler europäischer Linienluftverkehrsgesellschaften im Markt der 90er Jahre, Universitätsverlag Konstanz, Konstanz.

Döllekes, H.-E. (2000): Planungsmarketing, Lang, Frankfurt/Main.

Dohmen, F. (1996): Stadtmarketing und kommunale Wirtschaftsförderung: Theoretische Konzeptionen und Handlungsperspektiven, Arbeitsbericht, Institut für Wirtschaftswissenschaften, Rheinisch-Westfälische Technische Hochschule Aachen, Aachen.

Dreyer, A. (1974): Scoring-Modelle bei Mehrfachzielsetzungen – Eine Analyse des Entwicklungsstandes von Scoring-Modellen, in: *Zeitschrift für Betriebswirtschaft*, 44. Jg., Nr. 4, 255–274.

Düchting, M. (2001): Was haben wir eigentlich von unserer Wirtschaftsförderung?, in: *Der Standortvorteil*, www.der-standortvorteil.de/seiten/akt_thema_juli1.html, Zugriffsdatum: 24.09.2001.

Dunst, K.-H. (1989): Strategische Einflußfaktoren, in: Szyperski, N., U. Winand (Hrsg.): Handwörterbuch der Planung, Poeschel, Stuttgart, 1893–1903.

Eickhoff, M. (1997): Erfolgsforschung im Bekleidungseinzelhandel, Lang, Frankfurt/Main.

Eisele, J. (1995:) Erfolgsfaktoren des Joint Venture-Management, Gabler, Wiesbaden.

Fahrmeir, L., A. Hamerle, W. Nagl (1996): Varianz- und Kovarianzanalyse, in: Fahrmeir, L., A. Hamerle, G. Tutz (Hrsg.): Multivariate statistische Verfahren, 2. Auflage, de Gruyter, Berlin, 169–238.

Fahrmeir, L., A. Hamerle, G. Tutz (Hrsg.)(1996): Multivariate statistische Verfahren, 2. Auflage, de Gruyter, Berlin.

Falter, H. (1992): Wettbewerbsvorteile von Filialbetrieben: Das Beispiel des deutschen Non-Food Einzelhandels, Deutscher Universitäts-Verlag, Wiesbaden.

Fehn, M., K. Vossen (1999): Stadtmarketing, Deutscher Sparkassen Verlag, Stuttgart.

Fessmann, K.-D. (1980): Organisatorische Effizienz in Unternehmungen und Unternehmungsteilbereichen, Mannhold, Düsseldorf.

Fornell, C. (1982): A Second Generation of Multivariate Analysis: An Overview, in: Fornell, C. (Ed.): A Second Generation of Multivariate Analysis, Volume 1 (Methods), Praeger, New York, 1–21.

Fornell, C., D. F. Larcker (1981): Evaluating Structural Equation Models with Unobservable Variables and Measurement Error, in: *Journal of Marketing Research*, Vol. 18, No. 1, 39–50.

Forster, N. S., J. F. Rockart (1989): Critical Success Factors: An Annotated Bibliography, Center for Information Systems Research, Working Paper No. 191, Massachusetts Institute of Technology, Cambridge.

Freter, H. (1979): Interpretation und Aussagewert mehrdimensionaler Einstellungsmodelle im Marketing, in: Meffert, H., H. Steffenhagen, W. Freter (Hrsg.): Konsumverhalten und Information, Gabler, Wiesbaden, 163–184.

Freter, H. (1983): Marktsegmentierung, Kohlhammer, Stuttgart.

Fritz, W. (1990): Marketing – ein Schlüsselfaktor des Unternehmenserfolges?, in: *Marketing – Zeitschrift für Forschung und Praxis*, 12. Jg., Nr. 2, 91–110.

Fritz, W. (1995): Marketing-Management und Unternehmenserfolg, 2. Auflage, Schäffer-Poeschel, Stuttgart.

Frohn, J. (1995): Grundausbildung in Ökonometrie, 2. Auflage, de Gruyter, Berlin.

Funke, U. (1997): Vom Stadtmarketing zur Stadtkonzeption, 2. Auflage, Neue Schriften des Deutschen Städtetags, Heft 68, Kohlhammer, Köln.

Gadenne, D. (1998): Critical Success Factors for Small Business: An Inter-Industry Comparison, in: *International Small Business Journal*, Vol. 17, No. 1, 36–56.

Gaskill, F. J. (1993): Small Business Retail Success, University Microfilms, Portsmouth.

Gaul, W., D. Baier (1994): Marktforschung und Marketing Management, 2. Auflage, Oldenbourg, München.

Göttgens, O. (1996): Erfolgsfaktoren in stagnierenden und schrumpfenden Märkten, Gabler, Wiesbaden.

Gottschlich, W. (1989): Strategische Führung in mittleren Unternehmen, Lang, Frankfurt/Main.

Grabatin, G. (1981): Effizienz von Organisationen, de Gruyter, Berlin.

Grabner-Kräuter, S. (1993): Diskussionsansätze zur Erforschung von Erfolgsfaktoren, in: *Journal für Betriebswirtschaft*, 43. Jg., Nr. 6, 278–300.

Grabow, B., B. Hollbach-Grömig (1998): Stadtmarketing – Eine kritische Zwischenbilanz, Deutsches Institut für Urbanistik, Berlin.

Green, P. E., V. Srinivasan (1990): Conjoint Analysis in Marketing: New Developments with Implications for Research and Practice, in: *Journal of Marketing*, Vol. 54, No. 4, 3–19.

Green, P. E., D. S. Tull (1988): Research for Marketing Decisions, 5th Edition, Prentice Hall, Englewood Cliffs.

Grimm, U. (1983): Analyse strategischer Faktoren: Ein Beitrag zur Theorie der strategischen Unternehmensplanung, Gabler, Wiesbaden.

Grinot, A. (1997): Stadtmarketing in Sachsen-Anhalt, Exkurs, in: Lachner, J.: Der mittelständische Groß- und Einzelhandel in Sachsen-Anhalt, ifo Studien zu Handels- und Dienstleistungsfragen, Heft 53, ifo Institut für Wirtschaftsforschung e.V., München, 109–130.

Grünig, R., F. Heckner, A. Zeus (1996): Methoden zur Identifikation strategischer Erfolgsfaktoren, in: *Die Unternehmung*, 50. Jg., Nr. 1, 3–12.

Grunert, K. G., C. Ellegaard (1993): The Concept of Key Success Factors: Theory and Method, in: Baker, M. J. (Ed.): Perspectives on Marketing Management, Vol. 3, Wiley, Chichester, 245–274.

Guiltinan, J. P., G. W. Paul (1988): Marketing Management, 3rd Edition, McGraw-Hill, New York.

Haedrich, G., F. Gussek, T. Tomczak (1990): Instrumentelle Strategiemodelle als Komponenten im Marketingplanungsprozeß, in: *Die Betriebswirtschaft*, 50. Jg., Nr. 2, 205–222.

Hair, J. F., R. E. Anderson, R. L. Tatham, W. C. Black (1998): Multivariate Data Analysis, 5th Edition, Prentice Hall, Upper Saddle River.

Hammann, P. (1995): Kommunales und regionales Marketing, in: Tietz, B. (Hrsg.): Handwörterbuch des Marketing, 2. Auflage, Schäffer-Poeschel, Stuttgart, 1166–1176.

Hammann, P., B. Erichson (2000): Marktforschung, 4. Auflage, Lucius & Lucius, Stuttgart.

Hand, D. J. (1997): Construction and Assessment of Classification Rules, Wiley, Chichester.

Hand, D. J., W. E. Henley (1997): Statistical Classification Methods in Consumer Credit Scoring: A Review, in: *Journal of the Royal Statistical Society, Series A*, Vol. 160, No. 3, 523–541.

Hanold, A., S. Honert (1991): Stadtmarketing, KOMET Gesellschaft für Stadtmarketing und -entwicklung mbH, Köln.

Harrer, B., M. Zeiner, J. Maschke, S. Scherr (1995): Tagesreisen der Deutschen, Deutsches Wirtschaftswissenschaftliches Institut für Fremdenverkehr an der Universität München e.V., München.

Hartung, J. (1998): Statistik, 11. Auflage, Oldenbourg, München.

Hasitschka, W., H. Hruschka (1982): Nonprofit-Marketing, Vahlen, München.

Hatcher, L. (1998): A Step-by-Step Approach to Using the SAS System for Factor Analysis and Structural Equation Modeling, SAS Institute Inc., Cary.

Hatzfeld, U., R. Junker (1994): Grundlagen des Stadtmarketing, in: Handbuch Kommunale Politik, Raabe, Stuttgart, II/F 6.1, 1–18.

Hatzfeld, U., R. Kahnert, K. Rudowsky (1999): Magisches Management? In der Praxis des Stadtmarketing sind Wunder eher selten, in: *PlanerIn*, o.Jg., Nr. 3/99, 13–19.

Hauser, J. R., K. J. Wisniewski (1982): Application, Predictive Test and Strategy Implications for a Dynamic Model of Consumer Response, in: *Marketing Science*, Vol. 1, No. 2, 143–179.

Heinz, R. (2000): Kommunales Management: Überlegungen zu einem KGSt-Ansatz, Schäffer-Poeschel, Stuttgart.

Helbrecht, I. (1994): Stadtmarketing – Konturen einer kommunikativen Stadtentwicklungspolitik, Birkhäuser, Basel.

Henderson, B. D. (1974): Die Erfahrungskurve in der Unternehmensstrategie, Herder & Herder, Frankfurt/Main.

Herrmann, A., C. Homburg (Hrsg.)(2000): Marktforschung, 2. Auflage, Gabler, Wiesbaden.

Hildebrandt, L. (1986): Erfolgsfaktorenforschung im Handel, in: Trommsdorff, V. (Hrsg.): Handelsforschung 1986, Physica, Heidelberg, 37–52.

Hildebrandt, L. (1992): Wettbewerbssituation und Unternehmenserfolg, in: *Zeitschrift für Betriebswirtschaft*, 62. Jg., Nr. 10, 1069–1084.

Hildebrandt, L., V. Trommsdorff (1989): Anwendungen der Erfolgsfaktorenanalyse im Handel, in: Trommsdorff, V. (Hrsg.): Handelsforschung 1989, Gabler, Wiesbaden, 15–26.

Hise, R. T., J. P. Kelly, M. Gable, J. B. McDonald (1983): Factors Affecting the Performance of Individual Chain Store Units, in: *Journal of Retailing*, Vol. 59, No. 2, 22–39.

Hobbs, J. B. (1987): Corporate Staying Power, Lexington Books, Lexington.

Hörschgen, H., M. Froböse (1991): Beiträge zum regionalen Marketing, Arbeitspapier Nr. 26, Forschungsstelle für Angewandtes Marketing, Stuttgart-Hohenheim.

Hoffmann, F. (1986): Kritische Erfolgsfaktoren – Erfahrungen in großen und mittelständischen Unternehmungen, in: *Zeitschrift für betriebswirtschaftliche Forschung*, 38. Jg., Nr. 10, 831–843.

Homann, K. (1997): Stadtmarketing, Stadtmanagement und Stadtentwicklungsplanung – Versuch einer Positionsbestimmung, in: Homann, K. (Hrsg.): Stadtmarketing – Bestandsaufnahme und Entwicklungsperspektiven, Schriftenreihe der Fachhochschule für öffentliche Verwaltung NRW, Grüne Reihe, Band 9, Gelsenkirchen, 31–51.

Homburg, C. (1989): Exploratorische Ansätze der Kausalanalyse als Instrument der Marketingplanung, Lang, Frankfurt/Main.

Homburg, C. (1992): Die Kausalanalyse, in: *Wirtschaftswissenschaftliches Studium*, 21. Jg., Nr. 10, 499–508.

Homburg, C., H. Baumgartner (1995): Die Kausalanalyse als Instrument der Marketingforschung, in: *Zeitschrift für Betriebswirtschaft*, 65. Jg., Nr. 10, 1091–1108.

Homburg, C., H. Baumgartner (1998): Beurteilung von Kausalmodellen – Bestandsaufnahme und Anwendungsempfehlungen, in: Hildebrandt, L., C. Homburg (Hrsg.): Die Kausalanalyse, Schäffer-Poeschel, Stuttgart, 343–369.

Homburg, C., A. Giering (1998): Konzeptualisierung und Operationalisierung komplexer Konstrukte – Ein Leitfaden für die Marketingforschung, in: Hildebrandt, L., C. Homburg (Hrsg.): Die Kausalanalyse, Schäffer-Poeschel, Stuttgart, 111–146.

Homburg, C., A. Herrmann, C. Pflesser (2000): Methoden der Datenanalyse im Überblick, in: Herrmann, A., C. Homburg (Hrsg.): Marktforschung, 2. Auflage, Gabler, Wiesbaden, 101–125.

Homburg, C., C. Pflesser (2000a): Konfirmatorische Faktorenanalyse, in: Herrmann, A., C. Homburg (Hrsg.): Marktforschung, 2. Auflage, Gabler, Wiesbaden, 413–437.

Homburg, C., C. Pflesser (2000b): Strukturgleichungsmodelle mit latenten Variablen: Kausalanalyse, in: Herrmann, A., C. Homburg (Hrsg.): Marktforschung, 2. Auflage, Gabler, Wiesbaden, 633–659.

Homburg, C., S. Sütterlin (1990): Kausalmodelle in der Marketingforschung, in: *Marketing – Zeitschrift für Forschung und Praxis*, 12. Jg., Nr. 3, 181–192.

Honert, S. (1991): Stadtmarketing und Stadtmanagement, in: *Städte- und Gemeinderat*, 45. Jg., Nr. 4, 91–103.

Honert, S. (1993): Stolpersteine und zukünftige Ausrichtung des Stadtmarketing, in: Töpfer, A. (Hrsg.): Stadtmarketing – Herausforderung und Chance für Kommunen, Fachverlag für Büro- und Organisationstechnik, Baden-Baden, 391–403.

Honert, S. (1996): Stadtmarketing – das zukunftsfähige Instrument für die Führung des Unternehmens Stadt, in: *Städte- und Gemeinderat*, 50. Jg., Nr. 12, 423–427.

Hooley, G. J., J. E. Lynch (1985): Marketing Lessons from the UK's High-Flying Companies, in: *Journal of Marketing Management*, Vol. 1, No. 1, 65–74.

Hruschka, H. (1996): Marketing-Entscheidungen, Vahlen, München.

Hruschka, H. (2000): Neuronale Netze, in: Herrmann, A., C. Homburg (Hrsg.): Marktforschung, 2. Auflage, Gabler, Wiesbaden, 661–683.

Huberty, C. J. (1994): Applied Discriminant Analysis, Wiley, New York.

Hüttner, M., U. Schwarting (2000): Exploratorische Faktorenanalyse, in: Herrmann, A., C. Homburg (Hrsg.): Marktforschung, 2. Auflage, Gabler, Wiesbaden, 381–412.

Hurth, J. (1998): Erfolgsfaktoren im mittelständischen Einzelhandel, Deutscher Fachverlag, Frankfurt/Main.

Jacobs, S. (1991): City-Marketing: Die Anwendung der Marketing-Technologie zur Erhöhung der Einkaufsattraktivität von Innenstädten, in: *Marketing – Zeitschrift für Forschung und Praxis*, 13. Jg., Nr. 2, 121–130.

Jacobs, S. (1992): Strategische Erfolgsfaktoren der Diversifikation, Gabler, Wiesbaden.

Jacobs, S. (1995): City-Marketing: eine Marketing-Konzeption zur Erhöhung der Attraktivität von Innenstädten, in: *Marktforschung & Management*, 39. Jg., Nr. 4, 147–151.

Jenner, T. (1999): Determinanten des Unternehmenserfolges, Schäffer-Poeschel, Stuttgart.

Junker, R. (1999): Neue Besen kehren gut! Stadtmarketing, eine neue Planungsdisziplin?, in: *PlanerIn*, o.Jg., Nr. 3/99, 5–8.

Junker, R., E. Frauns, U. Schaller (1996): Stadtmarketing, Stadtplanung und Kommunalpolitik, in: *Städte- und Gemeinderat*, 50. Jg., Nr. 8, 282–287.

Junker, R., D. Wagner (1998): Erfolgskontrolle im Stadtmarketing, in: *Eildienst des Städtetags NRW*, 48. Jg., Nr. 5, 232–237.

Kaiser, C. (1996): Stadtmarketing – Eine Bestandsaufnahme in deutschen Städten, in: Difu (Hrsg.): Aktuelle Information, Deutsches Institut für Urbanistik, Berlin.

Kalka, R. (1996): Marketingerfolgsfaktoren im Facheinzelhandel, Deutscher Universitäts-Verlag, Wiesbaden.

Kamakura, W. A., M. Wedel (2000): Factor Analysis and Missing Data, in: *Journal of Marketing Research*, Vol. 37, No. 4, 490–498.

Kaplan, R. S., D. P. Norton (1997): Balanced Scorecard: Strategien erfolgreich umsetzen, Schäffer-Poeschel, Stuttgart.

Karutz, M. (1995): Stadtmarketing: Handeln statt (zer-)reden: ein optimaler Dialog zwischen den Akteuren hilft Borken (Hessen) die Strukturkrise zu überwinden, in: *Marktforschung & Management*, 39. Jg., Nr. 4, 152-157.

Kaspar, C., C. Frey (1994): Tagestourismus – Ausmaß, Effekte und wirtschaftliche Bedeutung, 2. Auflage, Institut für Tourismus und Verkehrswirtschaft, St. Gallen.

Kemming, H. (1991): Zur Gestaltung von Stadtmarketing – Orientierungen für die Praxis, in: Institut für Landes- und Stadtentwicklungsforschung des Landes NRW (Hrsg.): Stadtmarketing in der Diskussion, Düsseldorf, 7–14.

Kemper's (Hrsg.)(2000): Kemper's Frequenz Analyse 2000/01, Die 1A-City-Lage. Bewertung der Mikro-Einzelhandelslagen in 100 Städten, Kemper's, Düsseldorf.

Kim, J.-O., J. Curry (1977): The Treatment of Missing Data in Multivariate Analysis, in: *Sociological Methods & Research*, Vol. 6, No. 2, 215–240.

Klecka, W. R. (1980): Discriminant Analysis, Sage, Beverly Hills.

Kleijnen, J. P. C., W. van Groenendaal (1992): Simulation: A Statistical Perspective, Wiley, Chichester.

Kleinhückelskoten, H.-D., G. Schnetkamp (1989): Erfolgsfaktoren für Marketingstrategien, in: Bruhn, M. (Hrsg.): Handbuch des Marketing, Beck, München, 257–276.

Knyphausen-Aufseß, D. zu (1996): Theorie der strategischen Unternehmensführung, 1. Auflage, Nachdruck, Gabler, Wiesbaden.

Königs, L. (1989): Erfolgskontrolle und Evaluierung kommunaler Planung, Dortmunder Beiträge zur Raumplanung, Nr. 54, Universität Dortmund, Dortmund.

Köster, A. (1993): Stadtmarketing im Ausland, in: *RaumPlanung*, o.Jg., Nr. 62, 197–204.

Kommunalverband Ruhrgebiet (Hrsg.)(1996): Das Ruhrgebiet packt aus, Peter Pomp, Bottrop.

Konken, M. (1996): Stadtmarketing – Eine Vision wird Realität, FBV Medien, Limburgerhof.

Konken, M. (2000): Stadtmarketing – Handbuch für Städte und Gemeinden, FBV Medien, Limburgerhof.

Korpiun, M. (1998): Erfolgsfaktoren personendominanter Dienstleistungen, Lang, Frankfurt/Main.

Kotler, P., A. R. Andreasen (1987): Strategic Marketing for Nonprofit Organizations, 3rd Edition, Prentice Hall, Englewood Cliffs.

Kotler, P., F. Bliemel (1999): Marketing-Management: Analyse, Planung, Umsetzung und Steuerung, 9. Auflage, Schäffer-Poeschel, Stuttgart.

Kotler, P., D. Haider, I. Rein (1994): Standort Marketing, Econ, Düsseldorf.

Kotzbauer, N. (1992): Erfolgsfaktoren neuer Produkte, Lang, Frankfurt/Main.

Kreisky, P., D. Schossleitner (1986): Charakteristika erfolgreicher amerikanischer Konsumgüterhersteller, in: Wieselhuber, N., A. Töpfer (Hrsg.): Handbuch Strategisches Marketing, 2. Auflage, Moderne Industrie, Landsberg/Lech, 14–48.

Krüger, W. (1988): Die Erklärung von Unternehmenserfolg: Theoretischer Ansatz und empirische Ergebnisse, in: *Die Betriebswirtschaft*, 48. Jg., Nr. 1, 27–43.

Kube, C. (1991): Erfolgsfaktoren in Filialsystemen: Diagnose und Umsetzung im strategischen Controlling, Gabler, Wiesbaden.

Kutschinski-Schuster, B. (1993): Corporate Identity für Städte, Die Blaue Eule, Essen.

Lachenbruch, P. A. (1975): Discriminant Analysis, Hafner, New York.

Lackes, R. (1998): Stadtmarketing im Internet – Gestaltungsmöglichkeiten und empirische Befunde, in: *Jahrbuch der Absatz- und Verbrauchsforschung*, 44. Jg., Nr. 2, 163–189.

Lang, H. (1997): Erfolgsfaktoren privater Krankenanstalten, Eul, Lohmar.

Lang, K., M. Schmechtig (1995): Stadtbusmarketing für Lemgo und Erfolgskontrolle, in: *Der Nahverkehr*, 13. Jg., Nr. 6, 24–30.

Leeflang, P. S. H., D. R. Wittink, M. Wedel, P. A. Naert (2000): Building Models for Marketing Decisions, Kluwer, Dordrecht.

Leidecker, J. K., A. V. Bruno (1984): Identifying and Using Critical Success Factors, in: *Long Range Planning*, Vol. 17, No. 1, 23–32.

Lenort, N. J. (1960): Strukturforschung und Gemeindeplanung, Westdeutscher Verlag, Köln.

Lietke, G.-H. (1982): Fuzzy-Diskriminanzanalyse und deren Anwendung bei Klassifikationsproblemen, Dissertation, Braunschweig.

Limburg, B. van (1998): City Marketing: A Multi-Attribute Approach, in: *Tourism Management*, Vol. 19, No. 5, 475–477.

Little, R. J. A., D. B. Rubin (1987): Statistical Analysis with Missing Data, Wiley, New York.

Lockwood, J. I. (1999): The Lockwood Survey 1999, Urban Management Initiatives, Huddersfield.

Macharzina, K. (1999): Unternehmensführung, 3. Auflage, Gabler, Wiesbaden.

Malhotra, N. K. (1987): Analyzing Marketing Research Data with Incomplete Information on the Dependent Variable, in: *Journal of Marketing Research*, Vol. 24, No. 1, 74–84.

Malhotra, N. K. (1999): Marketing Research, 3rd Edition, Prentice Hall, Upper Saddle River.

Manschwetus, U. (1995): Regionalmarketing, Deutscher Universitäts-Verlag, Wiesbaden.

Mardia, K. V., T. Kent, J. M. Bibby (1979): Multivariate Analysis, Academic Press, London.

Martino, J. P. (1993): A Comparison of Two Composite Measures of Technology, in: *Technological Forecasting and Social Change*, Vol. 44, No. 2, 147–159.

MASSKS des Landes NRW (Hrsg.)(1999): Stadtmarketing in Nordrhein-Westfalen: Bilanzen und Perspektiven, Ministerium für Arbeit, Soziales und Stadtentwicklung, Kultur und Sport des Landes NRW, Düsseldorf.

Meffert, H. (1989): Städtemarketing – Pflicht oder Kür?, in: *Planung und Analyse*, 13. Jg., Nr. 8, 273–280.

Meffert, H. (1991): Regionenmarketing Münsterland – Ansatzpunkte auf der Grundlage einer empirischen Untersuchung, Münster.

Meffert, H., M. Bruhn (2000): Dienstleistungsmarketing, 3. Auflage, Gabler, Wiesbaden.

Meffert, H., H. Ostmeier, S. Frömbling, E. Werthmöller (1989): Marketing für das Münsterland – Eine Bestandsaufnahme auf der Grundlage sekundärstatistischer Analysen, Arbeitspapier Nr. 37, Institut für Marketing, Westfälische Wilhelms-Universität Münster, Münster.

Meissner, H.-G. (1992): Kommunales Marketing, in: Diller, H. (Hrsg.): Vahlens Großes Marketing Lexikon, Vahlen, München, 540–541.

Meissner, H.-G. (1995): Stadtmarketing – Eine Einführung, in: Beyer, R., I. Kuron (Hrsg.): Stadt- und Regionalmarketing – Irrweg oder Stein der Weisen?, Verlag Irene Kuron, Bonn, 21–27.

Mensing, M., T. Rahn (2000): Einführung in das Stadtmarketing, in: Zerres, M., I. Zerres (Hrsg.): Kooperatives Stadtmarketing, Kohlhammer, Stuttgart, 21–37.

Meyer, A., F. Dornach (1998): Das Deutsche Kundenbarometer – Qualität und Zufriedenheit, in: Homburg, C. (Hrsg.): Kundenzufriedenheit, 3. Auflage, Gabler, Wiesbaden, 179–200.

Meyer, J.-A. (1999): Regionalmarketing, Vahlen, München.

Monheim, R. (1999): Methodische Gesichtspunkte der Zählung und Befragung von Innenstadtbesuchern, in: Heinritz, G. (Hrsg.): Die Analyse von Standorten und Einzugsbereichen, LIS, Passau, 65–131.

Müller, S. (1991): Stadtmarketing im Trend: Ergebnisse einer Umfrage, in: Institut für Landes- und Stadtentwicklungsforschung des Landes NRW (Hrsg.): Stadtmarketing in der Diskussion, Düsseldorf, 15–17.

Müller, W.-H. (1995): Leitfaden für Stadt- und Gemeindeanalysen, in: Guggemos, P. (Hrsg.): Bürgermeister Handbuch, Kognos, Stadtbergen, 7-3.2, 1–31.

Müller-Hagedorn, L. (1998): Der Handel, Kohlhammer, Stuttgart.

Müller-Hagedorn, L., M. Greune (1992): Erfolgsfaktorenforschung und Betriebsvergleich im Handel, in: *Mitteilungen des Instituts für Handelsforschung an der Universität zu Köln*, 44. Jg., Nr. 9, 121–131.

Ohlwein, M. (2000): Das Verkaufverhalten von Konsumenten, in: *Marketing – Zeitschrift für Forschung und Praxis*, 22. Jg., Nr. 4, 297–312.

Opitz, O. (1980): Numerische Taxonomie, Gustav Fischer, Stuttgart.

o.V. (1999): Stadtmarketing steigert den Umsatz in der Innenstadt, in: *Frankfurter Allgemeine Zeitung*, o. Jg., Nr. 74, 38.

Paddison, R. (1993): City Marketing, Image Reconstruction and Urban Regeneration, in: *Urban Studies*, Vol. 30, No. 2, 339–349.

Page, S. J., R. Hardyman (1996): Place Marketing and Town Centre Management, in: *Cities*, Vol. 13, No. 3, 153–164.

Pal, J., E. Sanders (1997): Measuring the Effectiveness of Town Centre Management Schemes: An Exploratory Framework, in: *International Journal of Retail and Distribution Management*, Vol. 25, No. 2, 70–77.

Patt (1990): Strategische Erfolgsfaktoren im Einzelhandel, 2. Auflage, Lang, Frankfurt/Main

Peter, J., G. A. Churchill (1986): Relationships Among Research Design Choices and Psychometric Properties of Rating Scales: A Meta-Analysis, in: *Journal of Marketing Research*, Vol. 23, No. 1, 1–10.

Peters, T. J., R. H. Waterman (1993): Auf der Suche nach Spitzenleistungen, 15. Auflage, Moderne Industrie, Landsberg/Lech.

Pfnür, A. (1997): Großveranstaltungen als Elemente des Stadtmarketings – Effizienzmessung am Beispiel des Hamburger Kirchentages 1995, in: *Zeitschrift für Betriebswirtschaft – Ergänzungsheft*, 1/97, 45–67.

Pindyck, R. S., D. L. Rubinfeld (1998): Econometric Models and Economic Forecasts, 4th Edition, McGraw-Hill, Boston.

Polthier Marktforschung & Marketingberatung (Hrsg.)(2000): Ergebnisse einer Passantenbefragung während der Veranstaltung „Neuer Hagener Schaufensterwettbewerb" im Oktober/November 2000 in Hagen, Hagen.

Porter, M. E. (1980): Competitive Strategy, Free Press, New York.

Porter, M. E. (1981): The Contributions of Industrial Organization to Strategic Management, in: *Academy of Management Review*, Vol. 6, No. 4, 609–620.

Porter, M. E. (1999): Wettbewerbsstrategie, 10. Auflage, Campus, Frankfurt/Main.

Preiß, F. J. (1992): Strategische Erfolgsfaktoren im Software-Marketing, Lang, Frankfurt/Main.

Pümpin, C. (1986): Management strategischer Erfolgspositionen, 3. Auflage, Haupt, Bern.

Raffée, H., W. Fritz, K.-P. Wiedmann (1994): Marketing für öffentliche Betriebe, Kohlhammer, Stuttgart.

Reddy, S. K., V. Swaminathan, M. Motley (1998): Exploring the Determinants of Broadway Show Success, in: *Journal of Marketing Research*, Vol. 35, No. 3, 370–383.

Rinne, H. (1997): Taschenbuch der Statistik, 2. Auflage, Deutsch, Frankfurt/Main.

Rockart, J. F. (1979): Chief Executives Define Their Own Data Needs, in: *Harvard Business Review*, Vol. 57, No. 2, March-April, 81–93.

Saaty, T. L. (1990): The Analytic Hierarchy Process, 2nd Edition, RWS, Pittsburgh.

Sandahl, J., C. Lindh (1995): Impact of Improving the Attractiveness of Town Centres, in: *Transport Policy*, Vol. 2, No. 1, 51–56.

SAS Institute Inc. (1994): Introduction to Market Research Using the SAS System, SAS Institute Inc., Cary.

Schäfer, S. (1996): Erfolgsfaktoren von deutschen Lebensversicherungsunternehmen, Gabler, Wiesbaden.

Schäflein, S. (1994): Freizeit als Faktor der Stadtentwicklungspolitik und -planung: Stadtmarketing für mehr Lebensqualität?, Selbstverlag, Frankfurt/Main.

Schaller, U. (1993): City-Management, City-Marketing, Stadtmarketing, Allheilmittel für die Innenstadtentwicklung?, Arbeitsmaterialien zur Raumordnung und Raumplanung, Heft 129, Universität Bayreuth, Bayreuth.

Schellhase, R., B. Franken (1997): Die Conjointanalyse als Instrument des Marketing-Controlling, Wissenschaftliche Arbeitspapiere, Nr. W8, Institut für Marktorientierte Unternehmensführung, Universität Mannheim, Mannheim.

Schellhase, R., B. Franken (1998): Der Einsatz der Conjoint-Analyse im Marketing-Controlling – Das Beispiel eines öffentlichen Theaterbetriebes, in: *Controlling*, 10. Jg., Nr. 3, 166–173.

Schlegel, T. F. (1993): Stadtmarketing – Strategien und Instrumente, in: Goller, J., B. W. Müller-Hedrich, T. Schad (Hrsg.): Verwaltungsmanagement, Klett/Giesel, Stuttgart, G 1.2, 1–25.

Schlösser, S., M. Westermann (1997): Systematische Aufbereitung und Umsetzung eines Stadtmarketingprojektes (Marketinghandbuch) am Beispiel der Stadt Bergisch Gladbach, in: Pfaff-Schley, H. (Hrsg.): Stadtmarketing und kommunales Audit, Springer, Berlin, 175–187.

Schmalen, H., C. Stallmeier (1992): Erfolgsfaktoren des Kurortmanagements, Passauer Hefte für Unternehmensführung und Absatzwirtschaft, Nr. 3, Passavia Universitätsverlag, Passau.

Schmalen, H., C. Wiedemann (1999): Erfolgsdeterminanten von Neuprodukten deutscher Hochtechnologie-Unternehmen, in: *Zeitschrift für Betriebswirtschaft – Ergänzungsheft*, 1/99, 69–89.

Schmechtig, M. (1996): Stadtbus Lemgo, Begleituntersuchung zur Erfolgskontrolle, Kassel.

Schmidberger, J. (1995): Controlling für öffentliche Verwaltungen, 2. Auflage, Nachdruck, Gabler, Wiesbaden.

Schneider, U. (1993): Stadtmarketing und Großveranstaltungen, Duncker & Humblot, Berlin.

Schneider, U. (1994): Marketingorientierte Standortpolitik: theoretische und konzeptionelle Grundlagen, in: Hübl, L. (Hrsg.): Stadt- und Regionalmarketing, Vorträge im Fachbereich Wirtschaftswissenschaften, Heft 18, Universität Hannover, Hannover, 4–23.

Schnell, R. (1986): Missing-Data Probleme in der Empirischen Sozialforschung, Dissertation, Bochum.

Schröder, H. (1994): Erfolgsfaktorenforschung im Handel, in: *Marketing – Zeitschrift für Forschung und Praxis*, 16. Jg., Nr. 2, 89–105.

Schröder, H., N. Berghaus (2001): Essener Kundenbarometer, Universität Essen, Essen.

Schückhaus, U., H.-A. Graf, C. Dormeier (1993): Stadt- und Regionalmarketing, Kienbaum Unternehmensberatung GmbH, Düsseldorf.

Schürmann, U. (1993): Erfolgsfaktoren der Werbung im Produktlebenszyklus, Lang, Frankfurt/Main.

Schultes, W. (2000): Public-Private-Partnership in Projekten zur Stadtentwicklung – eine praxisorientierte Einführung, in: Zerres, M., I. Zerres (Hrsg.): Kooperatives Stadtmarketing, Kohlhammer, Stuttgart, 159–166.

Schwab, G. (1991): Fehlende Werte in der angewandten Statistik, Deutscher Universitäts-Verlag, Wiesbaden.

Seidel, M. B. (1997): Erfolgsfaktoren von Franchise-Nehmern unter besonderer Berücksichtigung der Kundenzufriedenheit, Lang, Frankfurt/Main.

Sheth, J. N. (1971): The Multivariate Revolution in Marketing Research, in: *Journal of Marketing*, Vol. 35, No. 1, 13–19.

Simon, M. (1995): Kommunales Marketing, Lisardo, Augsburg.

Skiera, B., S. Albers (2000): Regressionsanalyse, in: Herrmann, A., C. Homburg (Hrsg.): Marktforschung, 2. Auflage, Gabler, Wiesbaden, 203–236.

Small, J., M. Witherick (1990): A Modern Dictionary of Geography, 2nd Edition, Reprint, Edward Arnold, London.

Sobol, I. M. (1991): Die Monte-Carlo-Methode, Deutscher Verlag der Wissenschaften, Berlin.

Spieß, S. (1998): Marketing für Regionen, Deutscher Universitäts-Verlag, Wiesbaden.

Staehle, W. H. (1999): Management: Eine verhaltenswissenschaftliche Perspektive, 8. Auflage, Vahlen, München.

Statistisches Bundesamt (Hrsg.)(1999): Tourismus in Zahlen, Metzler-Poeschel, Stuttgart.

Staudt, E., U. Groeters, J. Hafkesbrink, H.-R. Treichel (1985): Kennzahlen und Kennzahlensysteme – Grundlagen zur Entwicklung und Anwendung, Ernst Schmidt, Berlin.

Steffenhagen, H. (1998): Erfolgsfaktorenforschung für die Werbung – Bisherige Ansätze und deren Beurteilung, in: Bruhn, M., H. Steffenhagen (Hrsg.): Marktorientierte Unternehmensführung, Gabler, Wiesbaden, 323–350.

Stone, A. A., J. S. Turkkan, C. A. Bachrach, J. B. Jobe, H. S. Kurtzman, V. S. Cain (Hrsg.)(2000): The Science of Self-Report, Lawrence Erlbaum Associates, London.

Tabachnik, B. G., L. S. Fidell (1996): Using Multivariate Statistics, 3rd Edition, Harper Collins, New York.

Tietz, B. (1981): Regional- und Kommunalmarketing, in: *Marketing – Zeitschrift für Forschung und Praxis*, 3. Jg., Nr. 2, 129–132.

Tietz, B., P. Rothhaar (1991): City Studie – Marktbearbeitung und Management für die Stadt, Moderne Industrie, Landsberg/Lech.

Tirole, J. (1995): Industrieökonomik, Oldenbourg, München.

Töpfer, A. (1986): Erfolgsfaktoren des strategischen Marketing in deutschen Unternehmen, in: Wieselhuber, N., A. Töpfer (Hrsg.): Handbuch Strategisches Marketing, 2. Auflage, Moderne Industrie, Landsberg/Lech, 49–66.

Töpfer, A. (1993a): Erfolgsfaktoren des Stadtmarketing: 10 Grundsätze, in: Töpfer, A. (Hrsg.): Stadtmarketing – Herausforderung und Chance für Kommunen, Fachverlag für Büro- und Organisationstechnik, Baden-Baden, 35–79.

Töpfer, A. (1993b): Marketing in der kommunalen Praxis: Eine Bestandsaufnahme in 151 Städten, in: Töpfer, A. (Hrsg.): Stadtmarketing – Herausforderung und Chance für Kommunen, Fachverlag für Büro- und Organisationstechnik, Baden-Baden, 81–133.

Töpfer, A. (2000): Steuerung der Verwaltung durch die Balanced Scorecard, in: Töpfer, A. (Hrsg.): Die erfolgreiche Steuerung öffentlicher Verwaltungen, Gabler, Wiesbaden, 159–174.

Töpfer, A., G. E. Braun (1989): Ansatzpunkte für Marketing im kommunalen Bereich, in: Braun, G. E., A. Töpfer (Hrsg.): Marketing im kommunalen Bereich, Bonn Aktuell, Stuttgart, 8–28.

Töpfer, A., A. Mann (1996): Kommunale Kommunikationspolitik, in: *Der Städtetag*, 49. Jg., Nr. 1, 9–16.

Tomczak, T. (1989): Situative Marketingstrategien, de Gruyter, Berlin.

Trommsdorff, V. (1975): Die Messung des Produktimages für das Marketing, Carl Heymanns, Köln.

Trommsdorff, V. (1990): Erfolgsfaktorenforschung, Produktinnovation und Schnittstelle Marketing – F & E, Diskussionspapier 143, Technische Universität Berlin, Berlin.

Trommsdorff, V. (1993): Erfolgsfaktorenforschung über Produktinnovationen, in: Meyer-Krahmer, F. (Hrsg.): Innovationsökonomie und Technologiepolitik, Physica, Heidelberg, 135–149.

Tscheulin, D. K. (2000): Analytic Hierarchy Process, in: Herrmann, A., C. Homburg (Hrsg.): Marktforschung, 2. Auflage, Gabler, Wiesbaden, 579–606.

Überla, K. (1971): Faktorenanalyse, 2. Auflage, Springer, Berlin.

Urselmann, M. (1998): Erfolgsfaktoren im Fundraising von Nonprofit-Organisationen, Deutscher Universitäts-Verlag, Wiesbaden.

Vasconcellos, J. A. S. de, D. C. Hambrick (1989): Key Success Factors: Test of a General Theory in the Mature Industrial-Product Sector, in: *Strategic Management Journal*, Vol. 10, No. 4, 367–382.

Venkatraman, N., V. Ramanujam (1986): Measurement of Business Performance in Strategy Research, in: *Academy of Management Review*, Vol. 11, No. 4, 801–814.

Volz, J. (1980): Erfolgskontrolle kommunaler Planung, Carl Heymanns, Köln.

Wagner, R., R. Decker (1997): Die Marktforschung als Hilfsmittel zur Bewältigung der Bäderkrise, in: *Heilbad und Kurort*, 49. Jg., Nr. 5, 123–127.

Wagner, R., T. Temme, R. Decker (1998): Die Behandlung fehlender Werte in der angewandten Marktforschung, in: *Jahrbuch der Absatz- und Verbrauchsforschung*, 44. Jg., Nr. 4, 395–417.

Wahle, P. (1991): Erfolgsdeterminanten im Einzelhandel, Lang, Frankfurt/Main.

Weber, A. (2000): Stadtmarketing in bayerischen Städten und Gemeinden, Arbeitsmaterialien zur Raumordnung und Raumplanung, Heft 192, Universität Bayreuth, Bayreuth.

Weber, M., J. Krahnen, A. Weber (1995): Scoring-Verfahren – häufige Anwendungsfehler und ihre Vermeidung, in: *Der Betrieb*, 48. Jg., Nr. 33, 1621–1626.

Welge, M. K. (1987): Unternehmungsführung, Band 2: Organisation, Poeschel, Stuttgart.

Welge, M. K., A. Al-Laham (1992): Planung: Prozesse – Strategien – Maßnahmen, Gabler, Wiesbaden.

Werthmöller, E. (1995): Räumliche Identität als Aufgabenfeld des Städte- und Regionenmarketing, Lang, Frankfurt/Main.

Wiechula, A. (2000): Stadtmarketing im Kontext eines New Public Management, Kohlhammer, Stuttgart.

Wiedemann, C. (1999): Neuronale Netze und Fuzzy-Logik in der Neuprodukt-Erfolgsfaktorenforschung, Deutscher Universitäts-Verlag, Wiesbaden.

Wimmer, F. (1993): Regionalmarketing – Eckpunkte und Knackpunkte, in: Landesbank Berlin, Internationales Designzentrum Berlin (Hrsg.): Stadt-CI und Regional-CI: Erfolgsstrategie Corporate Identity, Berlin, 52–56.

Wimmer, F., K. Zerr (1996): Grundlagenuntersuchung zum Selbst- und Fremdimage der Region Mainfranken, Bayerisches Staatsministerium für Landesentwicklung und Umweltfragen, München.

Wölk, A. (1991): Erfolgsfaktoren kleiner und mittlerer Unternehmen im Einzelhandel, in: Trommsdorff, V. (Hrsg.): Handelsforschung 1991, Gabler, Wiesbaden, 47–64.

Wolf, F. M. (1986): Meta-Analysis: Quantitative Methods for Research Synthesis, Sage, Beverly Hills.

Wolkenstöfer, T. (1992): Kommunales Marketing als Ansatz für eine zukunftorientierte Stadtentwicklungspolitik, Arbeitsmaterialien zur Raumordnung und Raumplanung, Heft 109, Universität Bayreuth, Bayreuth.

Zerweck, D. (1996): Umsetzung von Stadtmarketingkonzepten in Nordrhein-Westfalen, Beiträge zur Stadt- und Regionalplanung, Heft 12, Universität Dortmund, Dortmund.

Zerweck, D. (1997): Stadtmarketing – Planung, Konzept, Konkretisierung, Realisierung, in: Pfaff-Schley, H. (Hrsg.): Stadtmarketing und kommunales Audit, Springer, Berlin, 37–54.

Zollinger, H. (1995): Stadtmarketing – Mehr als ein Schlagwort?, in: *Marketing und Kommunikation*, 23. Jg., Nr. 2, 62-65.

Anhang A

Arbeiten zu Erfolgsfaktoren im Stadtmarketing

Referenz	Anmerkungen
Amberger/Grandke (1995)	Praktische Grundsätze für das Stadtmarketing basierend auf Erfahrungen der Stadt Offenbach
Arend/Wolf (1994)	Erfolgsvoraussetzungen in Anlehnung an *Töpfer/Braun* (1989)
Ashworth/Voogd (1990)	Erfolgsvoraussetzungen
Bertram (1997)	Kritische Erfolgsfaktoren basierend auf Praxiserfahrung
Beibst/Heyne (1998)	Untersuchung der Marketingorientierung als Erfolgsfaktor für Städte auf Basis einer empirischen Befragung von 56 Städten
Beyer (1997)	Zentrale Erfolgsfelder von Stadtmarketingprojekten auf Basis einer Befragung von 60 Städten mit mindestens 2-jähriger Stadtmarketingerfahrung unter dem Thema „Die Institutionalisierung von Stadtmarketing“
Fehn/Vossen (1999)	Erfolgsfaktoren für ein Stadtmarketing auf Basis von Expertenbefragungen und Literaturrecherchen
Grabow/Hollbach-Grömig (1998)	Voraussetzungen für erfolgreiches Stadtmarketing auf Basis einer Befragung in 241 Städten
Grinot (1997)	Faktoren einer erfolgreichen Gestaltung des Stadtmarketingprozesses in Sachsen-Anhalt auf Basis von Expertengesprächen
Hanold/Honert (1991)	Zentrale Bedingungen für erzielte Erfolge insbesondere im Einzelhandelsbereich und Erfolgskriterien für das Stadtmarketing basierend auf Expertengesprächen in 8 ausgewählten Städten
Fortsetzung auf der nächsten Seite	

Referenz	Anmerkungen
Hatzfeld/Junker (1994)	Praktische Hinweise für die Durchführung von Stadtmarketing auf Basis einer Auswertung praktischer Erfahrung
Honert (1991)	Erfolgskriterien (entnommen aus *Hanold/ Honert* (1991))
Honert (1993)	Thesen für erfolgreiches Stadtmarketing auf Basis von Praxiserfahrung
Honert (1996)	Kritische Erfolgsfaktoren auf Basis von Praxiserfahrung und Literaturrecherchen
Junker et al. (1996)	Grundanforderungen an ein Stadtmarketing auf Basis von Literaturrecherchen
Karutz (1995)	Leitthesen für erfolgreiches Stadtmarketing auf Basis von Erfahrungen der Stadt Borken
Kemming (1991)	Grundsätze für ein Stadtmarketing auf Basis eines Erfahrungsaustausches im Rahmen eines Forums des Instituts für Landes- und Stadtentwicklungsforschung des Landes NRW zum Stadtmarketing sowie Literaturrecherchen
Konken (1996)	Grundsätze für erfolgreiches Stadtmarketing (entnommen aus *Töpfer* (1993a))
Mensing/Rahn (2000)	Erfolgsfaktoren von Stadtmarketing
Schaller (1993)	Wichtige Erfolgsvoraussetzungen auf Basis der Ergebnisse einer Untersuchung von 8 ausgewählten Modellprojekten
Schlösser/Westermann (1997)	Schritte auf dem Weg zum Erfolg auf Basis von Erfahrungen aus dem Stadtmarketingprojekt Bergisch Gladbach
Schmalen/Stallmeier (1992)	Erfolgsfaktoren auf Basis einer Befragung von 137 Kurorten
Töpfer (1993a)	Grundsätze für erfolgreiches Stadtmarketing auf Basis von Literaturrecherchen und Praxiserfahrung
Töpfer/Braun (1989)	Anforderungen an ein erfolgreiches Stadtmarketing auf Basis von Literaturrecherchen und Praxiserfahrung
Zollinger (1995)	Grundsätze für ein erfolgreiches Stadtmarketing auf Basis von Fallbeispielen

Tabelle A.1: Arbeiten zu Erfolgsfaktoren im Stadtmarketing

Anhang B

Materialien für die Expertengespräche

B.1 Leitfaden für die Expertengespräche

Gesprächspartner:
Ort:
Datum:

1. Welche der Hypothesen zu Erfolgsfaktoren des Stadtmarketings würden Sie unterstützen, welche halten Sie für irrelevant oder falsch?

2. Welchen der Stadtmarketingziele messen Sie eine hohe Bedeutung zu, welche halten Sie für weniger relevant?

3. Gibt es andere Stadtmarketingziele, die Ihrer Ansicht nach von besonderer Bedeutung sein könnten?

4. Gibt es Ihrer Meinung nach Möglichkeiten, die Erreichung der relevanten Stadtmarketingziele anhand von Zahlenwerten zu erfassen? Können diese Zahlenwerte die Zielerreichung vollständig oder nur teilweise erfassen? Glauben Sie, daß diese denkbaren Zahlenwerte in den Städten verfügbar sind?

5. Gibt es Stadtmarketingprojekte in Deutschland, die Sie für besonders erfolgreich halten?

   Worauf basiert diese Einschätzung?

6. Dürfte ich Ihnen den unter Berücksichtigung Ihrer Anregungen erstellten Fragebogen im Rahmen der Hauptuntersuchung zusenden?

Bemerkungen:

B.2 Zielkatalog im Stadtmarketing

Bitte geben Sie in dem nachfolgenden Zielkatalog an, wie wichtig Ihrer Meinung nach die Erreichung des jeweiligen Zieles im Hinblick auf die Gesamtbeurteilung des Stadtmarketingerfolgs ist. Zur Beurteilung der Bedeutung der Zielsetzungen stehen Ihnen 100 Punkte zur Verfügung. Abgesehen von den vorgegebenen Zielen in Abschnitt A der folgenden Tabelle betrachten Sie als Experte unter Umständen noch weitere Zielsetzungen als bedeutend. Bitte geben Sie diese in Abschnitt B der folgenden Tabelle zusätzlich an und nehmen Sie eine Beurteilung wie in Abschnitt A vor. Sollte eine Zielsetzung aus Abschnitt A Ihrer Meinung nach nicht relevant sein, so tragen Sie bitte in der Spalte „Bedeutung" eine „0" ein.

Beispiel: Betrachten Sie ein Stadtmarketingprojekt genau dann als erfolgreich, wenn der finanzielle Handlungsspielraum der Stadt gesteigert wurde, auch wenn keines der anderen Ziele erreicht wurde, so sollten Sie bei dem Ziel „Steigerung des finanziellen Handlungsspielraumes der Stadt" eine „100" eintragen und bei allen anderen Zielen eine „0". Glauben Sie hingegen, daß zusätzlich auch die Erreichung der Ziele „Erhöhung der Attraktivität der Stadt als Wohnort" und die „Erhaltung/Steigerung der Einwohnerzahl" eine gewisse, aber deutlich geringere Bedeutung hat, so könnten Sie Ihre Punkte beispielsweise wie folgt verteilen:

Steigerung des finanziellen Handlungsspielraumes der Stadt	80
Erhöhung der Attraktivität der Stadt als Wohnort	10
Erhaltung/Steigerung der Einwohnerzahl	10

Bei den übrigen Zielen wäre dann eine „0" einzutragen.

Abschnitt A: Stadtmarketingziele	Bedeutung
1. Erhöhung der Attraktivität der Stadt als Wirtschaftsstandort	
2. Erhöhung der Attraktivität der Stadt als Wohnort	
3. Erhöhung der Attraktivität der Stadt als Einkaufsort	
4. Erhöhung der Attraktivität der Stadt als touristischer Anziehungspunkt	
5. Aufbau, Korrektur und Pflege eines Stadtimages	
6. Steigerung der Wettbewerbsfähigkeit der Stadt	
7. Steigerung des finanziellen Handlungsspielraumes der Stadt	
8. Ausrichtung der städtischen Leistungen auf den Bürger	
9. Erhöhung bzw. Schaffung eines überregionalen Bekanntheitsgrades	
10. Verbesserung der Identifikation der Bürger mit ihrer Stadt	
11. Verbesserung der Zufriedenheit unterschiedlicher Anspruchsgruppen mit der Stadt	
12. Förderung der Zusammenarbeit wichtiger Handlungsträger in der Stadt	
13. Erhaltung/Steigerung der Einwohnerzahl	
14. Verminderung der Probleme durch ruhenden und/oder fließenden Verkehr	
Abschnitt B: weitere Stadtmarketingziele	**Bedeutung**
15.	
16.	
17.	
18.	
Summe:	100 Pkte.

B.3 Bewertung der Zielindikatoren

Die Erreichung der in dem Ihnen vorliegenden Katalog aufgeführten Ziele kann zum einen über eine subjektive Einschätzung erfaßt werden. Zum anderen können aber auch verschiedene Indikatoren, d.h. zahlenmäßig erfaßbare Werte, zur Messung der Zielerreichung verwendet werden. Solche Maßzahlen werden bislang nur für einige der oben genannten Ziele diskutiert. Diese Indikatoren sind in der folgenden Übersicht, geordnet nach Zielen, zusammengestellt.[1] Selbstverständlich können Sie gerne weitere, Ihrer Meinung nach relevante Maßzahlen ergänzen. Zur Beurteilung dieser Indikatoren ist zum einen ihre Relevanz im Hinblick auf das übergeordnete Ziel von Interesse. Zum zweiten stellt sich die Frage nach der Verfügbarkeit der entsprechenden Maßzahlen in den Städten. Anmerkungen zu diesen beiden Aspekten nehmen Sie bitte in den jeweiligen Spalten vor.

1. Erhöhung der Attraktivität der Stadt als Wirtschaftsstandort:

Zielindikator	Relevanz	Verfügbarkeit
Arbeitskräfteangebot		
Gewerbesteuerhebesatz		
Geschäftsraummieten		

2. Erhöhung der Attraktivität der Stadt als Wohnort:

Zielindikator	Relevanz	Verfügbarkeit
Umfang des Versorgungsangebotes in den Nebenzentren		
Anzahl kultureller Veranstaltungen		
Besucherzahlen kultureller Veranstaltungen		
Anzahl der angebotenen städtischen Dienstleistungen		
Inanspruchnahme städtischer Dienstleistungen		

[1]Zu beachten ist, daß im Hinblick auf die Erreichung der genannten Ziele in den meisten Fällen der Wert eines Zielindikators (z.B. „Übernachtungszahlen") weniger aussagekräftig ist als die Entwicklung des jeweiligen Indikators im Zeitablauf.

3. Erhöhung der Attraktivität der Stadt als Einkaufsort:

Zielindikator	Relevanz	Verfügbarkeit
Filialisierungsgrad		
Einzelhandelsumsatz		
Branchenmix		
Leerstände in der Innenstadt		
Ausmaß der Fluktuation der Geschäfte in der Innenstadt		
Kundenfrequenzen in der Innenstadt		
Budget für Reinigungskräfte in der Innenstadt		
Budget für Sicherheitskräfte in der Innenstadt		
Grad der Kaufkraftbindung		
Höhe der Parkgebühren		
Anzahl verfügbarer Parkplätze		
Parkplatzauslastung		
Anzahl ÖPNV-Haltestellen in der Innenstadt		
Taktfrequenz der wichtigsten ÖPNV-Verbindungen		

4. Erhöhung der Attraktivität der Stadt als touristischer Anziehungspunkt:

Zielindikator	Relevanz	Verfügbarkeit
Übernachtungszahlen		
Verweildauer der Gäste		
Hotelkapazitäten		
Anteil ausländischer Gäste		
Besucherzahlen zentraler Sehenswürdigkeiten		

5. Steigerung des finanziellen Handlungsspielraumes der Stadt:

Zielindikator	Relevanz	Verfügbarkeit
Anteil der kostendeckend erbrachten Leistungen im Stadtmarketing		
Anteil der gewinnbringend erbrachten Leistungen im Stadtmarketing		
Anteil der privaten Mittel an den Finanzmitteln für das Stadtmarketing		

6. Erhöhung bzw. Schaffung eines überregionalen Bekanntheitsgrades:

Zielindikator	Relevanz	Verfügbarkeit
Bekanntheitsgrad		

7. Förderung der Zusammenarbeit wichtiger Akteure im Stadtmarketing:

Zielindikator	Relevanz	Verfügbarkeit
Anteil von Vertretern verschiedener Interessengruppen (Wirtschaft, Stadtverwaltung, wissenschaftliche Einrichtungen, Bürger etc.) in den Stadtmarketinggremien		

8. Erhaltung/Steigerung der Einwohnerzahlen:

Zielindikator	Relevanz	Verfügbarkeit
Einwohnerzahlen		

9. Verminderung der Probleme durch ruhenden/fließenden Verkehr:

Zielindikator	Relevanz	Verfügbarkeit
Verkehrsbelastung		
Parkplatzauslastung		
Anzahl verfügbarer Parkplätze		
Anzahl ÖPNV-Haltestellen in der Innenstadt		
Taktfrequenz der wichtigsten ÖPNV-Verbindungen		

Anhang C

Materialien für die empirische Studie

C.1 Fragebogen

Für **Rückfragen** stehen wir gerne zur Verfügung: Tel.: 0521/106-4883, email: cbornemeyer@wiwi.uni-bielefeld.de

1. *Gibt es in der von Ihnen betreuten Stadt Aktivitäten, die unter der Bezeichnung „Stadtmarketing" (alternativ: „City-Marketing", „City-Management", „Standortmarketing" o.ä.) zusammengefaßt werden können?*

☐Ja. *Bitte geben Sie die konkrete Bezeichnung an und fahren Sie dann mit* **Frage 3** *fort!*

____

☐Nein. *Bitte fahren Sie mit* **Frage 2** *fort!*

2. *Warum finden in der von Ihnen betreuten Stadt keine Aktivitäten im Sinne von Stadtmarketing statt? Bitte beschränken Sie sich auf eine kurze stichwortartige Nennung der Gründe. Herzlichen Dank für Ihre Mitarbeit!*

____

____

____

____

____

Umfang und Inhalte des Stadtmarketings

3. *Auf welchen geographischen Raum beziehen sich die im Rahmen des Stadtmarketings durchgeführten Aktivitäten* **schwerpunktmäßig***:*

☐gesamte Region
☐Stadt und ihr direktes Umland
☐unmittelbares Stadtgebiet
☐einzelne Stadtbezirke
☐Innenstadt
☐Sonstige: ________________
☐keine Aussage möglich

4. *Welche der folgenden Aktivitäten wurden im Rahmen des von ihnen betreuten Stadtmarketingprojektes bereits durchgeführt, welche Aktivitäten werden momentan durchgeführt, welche sind geplant und welche sind nicht vorgesehen? (Bitte machen Sie* **pro Zeile genau ein Kreuz***!)*

	bereits durchgeführt	momentane Aktivitäten	geplant	nicht vorgesehen	keine Aussage möglich
Initiierung des Stadtmarketings	☐	☐	☐	☐	☐
Situationsanalyse	☐	☐	☐	☐	☐
Philosophie-/Leitbildentwicklung	☐	☐	☐	☐	☐
Zielbestimmung	☐	☐	☐	☐	☐
Strategieplanung	☐	☐	☐	☐	☐
Maßnahmenplanung	☐	☐	☐	☐	☐
Umsetzung konkreter Maßnahmen	☐	☐	☐	☐	☐
Erfolgskontrolle	☐	☐	☐	☐	☐

5. *Welche Zielgruppen werden im Rahmen des Stadtmarketings angesprochen bzw. sollen angesprochen werden? (Mehrfachnennungen möglich!)*

☐ eigene Bürger[1]
☐ Besucher/Touristen
☐ Mitarbeiter der Stadtverwaltung
☐ potentielle neue Bürger
☐ ortsansässige Unternehmen/Institutionen
☐ auswärtige Unternehmen/Institutionen
☐ Sonstige ________________
☐ keine Aussage möglich

[1] Bei den in dieser und den folgenden Fragen genannten Personenkreisen wurde aus Gründen der Übersichtlichkeit jeweils auf die Nennung der weiblichen Form verzichtet. Die Bezeichnung bezieht sich daher immer sowohl auf männliche als auch weibliche Vertreter der jeweiligen Personengruppe.

6. *Falls im Rahmen der Stadtmarketingaktivitäten in der von Ihnen betreuten Stadt die Zielgruppen Besucher/Touristen oder auswärtige Unternehmen/Institutionen angesprochen werden, gibt es für diese Bereiche noch detailliertere Zielgruppendefinitionen?*

☐ Ja. *Bitte fahren Sie mit* **Frage 7** *fort!*
☐ Nein. *Bitte fahren Sie mit* **Frage 8** *fort!*

7. *Welche Zielgruppen sollen in den folgenden Bereichen im einzelnen angesprochen werden? (Mehrfachnennungen möglich!)*

Besucher/Touristen:
☐ Tagesgäste
☐ Messegäste
☐ Urlaubsreisende
☐ Familien
☐ Singles
☐ Kinder
☐ Senioren
☐ Sonstige: ____________

Auswärtige Unternehmen/Institutionen:
☐ Industrieunternehmen wichtiger Branchen
☐ Einzelhandelsunternehmen
☐ Hotellerie-/Gastronomieunternehmen
☐ Sonstige Dienstleistungsunternehmen
☐ Sonstige: ____________
____

8. *Welche Themenfelder werden im Rahmen des Stadtmarketings in der von Ihnen betreuten Stadt bearbeitet? (Mehrfachnennungen möglich!)*

☐ Wirtschaft allgemein
☐ Einzelhandel
☐ Gastronomie und Hotellerie
☐ Tourismus
☐ Stadtwerbung und Öffentlichkeitsarbeit
☐ Messen und Kongresse
☐ Verwaltung
☐ Stadtgestaltung und Städtebau
☐ Wissenschaft und Forschung
☐ Freizeit und Sport
☐ Kultur
☐ Wohnen und Wohnumfeld
☐ Sicherheit
☐ Verkehr
☐ Umwelt
☐ Bildung
☐ Soziales
☐ Sonstiges: ____________

9. *Gibt es ein oder mehrere Merkmale, durch die sich die von Ihnen betreute Stadt deutlich von anderen Städten abhebt (sogenannte „Alleinstellungsmerkmale")?*

☐ Ja. *Bitte geben Sie diese kurz stichwortartig an:* ____________
____

☐ Nein. *Bitte fahren Sie mit* **Frage 11** *fort!*

10. *Wie intensiv werden diese Alleinstellungsmerkmale bisher insgesamt im Rahmen des Stadtmarketings zur Profilierung der Stadt genutzt?*

sehr intensive Nutzung ◯ ◯ ◯ ○ ○ sehr geringe Nutzung

Maßnahmen und Instrumente

11. *Gibt es einen Katalog, der die Verantwortlichkeiten, die konkrete Ausgestaltung der Maßnahmen sowie den Zeitrahmen zusammenfaßt?*

☐ Ja, es liegt ein schriftlich fixierter Maßnahmenkatalog vor, der alle diese Aspekte umfaßt.
☐ Ja, es liegt ein schriftlich fixierter Maßnahmenkatalog vor, der einige dieser Aspekte umfaßt.
☐ Ja, aber nur teilweise in schriftlicher Form.
☐ Nein, nur gedanklich („in den Köpfen der Beteiligten").
☐ Nein, gar nicht.
☐ Keine Aussage möglich.

12. *Wie intensiv werden die folgenden Möglichkeiten der Bürgerbeteiligung im Rahmen des von Ihnen betreuten Stadtmarketingprojektes genutzt? Bitte nehmen Sie eine Beurteilung anhand der angegebenen Skala vor!*

	sehr intensive Nutzung				sehr geringe Nutzung	keine Nutzung
Bürgerbefragungen	◯	◯	◯	○	○	☐
öffentliche Informationsveranstaltungen	◯	◯	◯	○	○	☐
Bereitstellung von Informationsmaterialien	◯	◯	◯	○	○	☐
Presse- und Medienarbeit	◯	◯	◯	○	○	☐
Möglichkeit der Teilnahme an projektbezogenen Arbeitsgruppen	◯	◯	◯	○	○	☐
Durchführung von Zukunftswerkstätten	◯	◯	◯	○	○	☐
Sonstiges: ____________	◯	◯	◯	○	○	
____________	◯	◯	◯	○	○	

13. *Die folgenden Kennzahlen beziehen sich auf den Einsatz ausgewählter Instrumente zur Positionierung der von Ihnen betreuten Stadt. Bitte tragen Sie die für Ihre Stadt gültigen Werte ein! Wenn Sie das entsprechende Instrument nicht nutzen, so tragen Sie bitte eine 0 ein!*

Anteil des Werbebudgets am Gesamtjahresbudget für Stadtmarketing	ca.	☐	%
Anzahl der Messepräsenzen der Stadt pro Jahr	ca.	☐	Messe(n)
Anzahl der überregional veröffentlichten Presseberichte zu den Stadtmarketingaktivitäten pro Jahr	ca.	☐	Pressebericht(e)
Anzahl der regional veröffentlichten Presseberichte zu den Stadtmarketingaktivitäten pro Jahr	ca.	☐	Pressebericht(e)
Anzahl der im Rahmen des Stadtmarketings etablierten und auch zukünftig regelmäßig stattfindenden Veranstaltungen (z.B. Stadtfeste)	ca.	☐	Veranstaltung(en)

Beteiligte Akteure und Organisation

14. *Welche Akteure kooperieren im Rahmen des Stadtmarketings in der von Ihnen betreuten Stadt? (Mehrfachnennungen möglich!)*

- ☐(Ober-)Bürgermeister/(Ober-)Stadtdirektor
- ☐Stadtverwaltung
- ☐Stadtrat
- ☐IHK
- ☐Handwerkskammer
- ☐Industrieunternehmen
- ☐externe(r) Berater
- ☐Sportvereine
- ☐Hotellerie/Gastronomie
- ☐Einzelhandelsverband
- ☐Einzelhandelsunternehmen
- ☐sonstige Dienstleistungsunternehmen
- ☐Bürgerinitiativen
- ☐einzelne Bürger
- ☐Sonstige: ____________

15. *Wer gab in der von Ihnen betreuten Stadt den Anstoß für Stadtmarketingaktivitäten? (Mehrfachnennungen möglich!)*

- ☐(Ober-)Bürgermeister/(Ober-)Stadtdirektor
- ☐Stadtverwaltung
- ☐Stadtrat
- ☐IHK
- ☐Handwerkskammer
- ☐Industrieunternehmen
- ☐externe(r) Berater
- ☐Sportvereine
- ☐Hotellerie/Gastronomie
- ☐Einzelhandelsverband
- ☐Einzelhandelsunternehmen
- ☐sonstige Dienstleistungsunternehmen
- ☐Bürgerinitiativen
- ☐einzelne Bürger
- ☐Ministerium
- ☐Sonstige: ____________
- ☐keine Aussage möglich

16. *In welcher Organisationsform wird Stadtmarketing zum aktuellen Zeitpunkt in der von Ihnen betreuten Stadt betrieben?*

- ☐BGB-Gesellschaft
- ☐GmbH
- ☐eingetragener Verein
- ☐GmbH & Co. KG
- ☐Arbeitskreis
- ☐Teil eines Amtes innerhalb der Stadtverwaltung
- ☐Amt innerhalb der Stadtverwaltung
- ☐Sonstige: ____________

17. *Welche Qualifikation(en) bringt die für das Stadtmarketing hauptverantwortliche Person mit? (Mehrfachnennungen möglich!)*

- ☐Ausbildung in der Verwaltung
- ☐kaufmännische Ausbildung
- ☐Studienabschluß Universität (Fachrichtung: ____________)
- ☐Studienabschluß Fachhochschule/Berufsakademie (Fachrichtung: ____________)
- ☐Berufserfahrung in der Verwaltung
- ☐Berufserfahrung in der Wirtschaft
- ☐Sonstige: ____________

18. *Wie viele Personen sind in Ihrer Stadt momentan hauptamtlich im Bereich Stadtmarketing tätig?*

☐ Personen (Vollzeitbeschäftigte), ☐ Personen (Teilzeitbeschäftigte)

19. *Wie viele dieser Personen sind bereits seit Beginn der Aktivitäten am Stadtmarketing beteiligt?*

☐ Personen

20. *Wie lange sind die momentan hauptamtlich im Bereich Stadtmarketing tätigen Personen bereits durchschnittlich für das Stadtmarketing tätig?*

Durchschnittlich ca. ☐ Jahr(e).

21. *Wird im Rahmen des Stadtmarketings ein sogenannter Stadt- oder City-Manager eingesetzt?*

☐Ja.
☐Nein, der Einsatz eines City-Managers ist aber geplant.
☐Nein, und der Einsatz eines City-Managers ist auch nicht geplant.

22. *Gibt es im Rahmen der Stadtmarketingaktivitäten bereits einen Aufgabenbereich „Erfolgskontrolle", der für die Kontrolle der Ergebnisse des Stadtmarketings und die Beurteilung der gewählten Vorgehensweise zuständig ist?*

☐Ja, einen solchen Aufgabenbereich gibt es bei uns bereits.
☐Nein, einen solchen Aufgabenbereich gibt es bei uns nicht, aber ich erachte die Einrichtung eines solchen Aufgabenbereichs für sinnvoll.
☐Nein, einen solchen Aufgabenbereich gibt es bei uns nicht, und ich erachte die Einrichtung eines solchen Aufgabenbereichs auch nicht für sinnvoll.
☐Keine Aussage möglich.

23. *In welchem Kontext wird im Rahmen der Stadtmarketingaktivitäten auf eine externe Beratung zurückgegriffen? (Mehrfachnennungen möglich!)*

☐Kontinuierliche Begleitung der Stadtmarketingaktivitäten
☐Planung und/oder Durchführung konkreter Teilprojekte
☐Erarbeitung des Stadtmarketingkonzeptes
☐Durchführung von Datenerhebungen und -auswertungen
☐Moderation von Arbeitskreissitzungen und/oder Workshops
☐kein Rückgriff auf externe Beratung *(Fahren Sie dann bitte mit* **Frage 25** *fort!)*
☐Sonstiges: ____________________

24. *Welche Art von Berater wurde im Rahmen der Stadtmarketingaktivitäten bisher in Anspruch genommen? (Mehrfachnennungen möglich!)*

☐Vertreter einer Universität/Fachhochschule aus dem Bereich Wirtschaftswissenschaften
☐Vertreter einer Universität/Fachhochschule aus dem Bereich Geographie
☐Vertreter einer Universität/Fachhochschule aus dem Bereich Raumplanung
☐Vertreter einer Universität/Fachhochschule aus dem Bereich Architektur
☐Vertreter einer Universität/Fachhochschule aus dem Bereich ____________________
☐Vertreter einer auf Stadtmarketingfragen spezialisierten Unternehmensberatung
☐Vertreter einer Unternehmensberatung mit betriebswirtschaftlicher Fokussierung
☐Sonstige: ____________________

Charakterisierung der Stadtmarketingaktivitäten

25. *Im folgenden sind einige Aussagen zur Charakterisierung der Stadtmarketingaktivitäten in der von Ihnen betreuten Stadt zusammengestellt. Nehmen Sie zu diesen Aussagen bitte anhand der vorgegebenen Skala Stellung! (Bitte machen Sie* **pro Zeile genau ein Kreuz**!*)*

Ausrichtung des Stadtmarketings	voll und ganz zutreffend				keinesfalls zutreffend	keine Aussage möglich
Unsere Stadtmarketingaktivitäten sind langfristig ausgerichtet.	◯	◯	○	○	○	☐
Unsere Stadtmarketingaktivitäten zeichnen sich durch eine hohe Handlungsorientierung aus.	◯	◯	○	○	○	☐
Der Analyse von Stärken und Schwächen unserer Stadt wird im Rahmen des Stadtmarketings große Bedeutung beigemessen.	◯	◯	○	○	○	☐
Unseren Stadtmarketingaktivitäten liegt eine auf den Ergebnissen einer umfassenden Situationsanalyse basierende strategische Grundrichtung zugrunde.	◯	◯	○	○	○	☐

Organisation und Finanzierung	voll und ganz zutreffend				keinesfalls zutreffend	keine Aussage möglich
Unsere Stadtmarketingaktivitäten stehen auf einer langfristig gesicherten finanziellen Basis.	○	○	○	○	○	□
Für unsere Stadtmarketingaktivitäten war/ist die Schaffung einer oder mehrerer neuer Stellen erforderlich.	○	○	○	○	○	□

Zielgruppen und beteiligte Akteure						
Die Akzeptanz unserer Stadtmarketingaktivitäten in der Öffentlichkeit ist sehr hoch.	○	○	○	○	○	□
Die Mitarbeiter der Stadtverwaltung sind von der Leistungsfähigkeit des Stadtmarketings überzeugt.	○	○	○	○	○	□
Bei den Mitarbeitern der Stadtverwaltung ist eine hohe Bereitschaft zur Mitwirkung an den Stadtmarketingaktivitäten vorhanden.	○	○	○	○	○	□
Der Stadtrat ist von der Leistungsfähigkeit des Stadtmarketings überzeugt.	○	○	○	○	○	□
Im Stadtrat ist eine hohe Bereitschaft zur Mitwirkung an den Stadtmarketingaktivitäten vorhanden.	○	○	○	○	○	□
Der Stadtrat ist von Beginn an in den Stadtmarketingprozeß einbezogen worden.	○	○	○	○	○	□
Die Stadtspitze ((Ober-)Bürgermeister/(Ober-)Stadtdirektor) ist von der Leistungsfähigkeit des Stadtmarketings überzeugt.	○	○	○	○	○	□
Bei der Stadtspitze ((Ober-)Bürgermeister/(Ober-)Stadtdirektor) ist eine hohe Bereitschaft zur Mitwirkung an den Stadtmarketingaktivitäten vorhanden.	○	○	○	○	○	□

Maßnahmen und Instrumente						
Die Ergebnisse von Zielgruppenbefragungen im Rahmen des Stadtmarketings liefern wichtige Impulse für unsere Aktivitäten.	○	○	○	○	○	□
Die Auswertung von bereits in anderem Kontext erhobenen stadtbezogenen Daten hat nützliche Anregungen für unsere Stadtmarketingaktivitäten geliefert.	○	○	○	○	○	□
Die Einbeziehung der Erfahrungen anderer Städte mit dem Stadtmarketing hat nützliche Anregungen für unsere eigenen Aktivitäten geliefert.	○	○	○	○	○	□
Bereits zu Beginn unserer Stadtmarketingaktivitäten wurden konkrete Maßnahmen durchgeführt.	○	○	○	○	○	□
Im Verlauf unserer Stadtmarketingaktivitäten werden kontinuierlich konkrete Maßnahmen durchgeführt.	○	○	○	○	○	□
Das städtische Leistungsangebot konnte infolge unserer Stadtmarketingaktivitäten wesentlich erweitert werden.	○	○	○	○	○	□
Die Stadtwerbung stellt ein wichtiges Teilelement unserer Stadtmarketingaktivitäten dar.	○	○	○	○	○	□
Einer breiten Öffentlichkeitsarbeit wird im Rahmen unserer Stadtmarketingaktivitäten hohe Bedeutung beigemessen.	○	○	○	○	○	□

Finanzierung der Stadtmarketingaktivitäten

26. *Wie werden die in der von Ihnen betreuten Stadt ergriffenen Stadtmarketingaktivitäten finanziert? (Mehrfachnennungen möglich!)*

	aktuell	in der Vergangenheit	zukünftig
Fördermittel des Landes	☐	☐	☐
Fördermittel des Bundes	☐	☐	☐
Vereinsbeiträge	☐	☐	☐
kommunale Zuschüsse	☐	☐	☐
Zuschüsse ortsansässiger Unternehmen	☐	☐	☐
Zuschüsse anderer Institutionen *(Bitte geben Sie die betreffenden Institutionen ggf. an)*:			
______________________	☐	☐	☐
______________________	☐	☐	☐
Übernahme und gewinnorientiertes Angebot kommunaler Dienstleistungen	☐	☐	☐
Eigenwirtschaftliche Tätigkeiten (Angebot von Serviceleistungen gegen Entgelt)	☐	☐	☐
Einnahmen aus Veranstaltungen	☐	☐	☐
projektbezogenes Sponsoring	☐	☐	☐
Sonstiges:			
______________________	☐	☐	☐
______________________	☐	☐	☐
______________________	☐	☐	☐

Ziele der Stadtmarketingaktivitäten

27. *Bitte beurteilen Sie die* **Bedeutung der folgenden Zielsetzungen** *im Rahmen des Stadtmarketings für die von Ihnen betreute Stadt. Für diese Beurteilung stehen Ihnen* **20 Punkte** *zur Verfügung. Bitte verteilen Sie diese* **vollständig** *auf die vorgegebenen Zielsetzungen gemäß der von Ihnen empfundenen Wichtigkeit. Je wichtiger Ihnen eine Zielsetzung erscheint, desto mehr Punkte sollten Sie ihr geben.*

Steigerung der Attraktivität der Stadt als Wirtschaftsstandort	________
Steigerung der Attraktivität der Stadt als Wohnort	________
Steigerung der Attraktivität der Stadt als Einkaufsort	________
Steigerung der Attraktivität der Stadt als touristischer Anziehungspunkt	________
Förderung der Zusammenarbeit wichtiger Handlungsträger in der Stadt	________
Verankerung des Marketinggedankens im Bewußtsein der kommunalen Akteure	________

Summe = 20 Punkte

28. *Inwiefern Sind die oben genannten* **Ziele** *Ihrer Meinung nach* **bisher erreicht** *worden? Bitte nehmen Sie eine entsprechende Einschätzung anhand der angegebenen Skala vor!*

	in sehr hohem Maße erreicht				bisher nicht erreicht
Steigerung der Attraktivität der Stadt als Wirtschaftsstandort	○	○	○	○	○
Steigerung der Attraktivität der Stadt als Wohnort	○	○	○	○	○
Steigerung der Attraktivität der Stadt als Einkaufsort	○	○	○	○	○
Steigerung der Attraktivität der Stadt als touristischer Anziehungspunkt	○	○	○	○	○
Förderung der Zusammenarbeit wichtiger Handlungsträger in der Stadt	○	○	○	○	○
Verankerung des Marketinggedankens im Bewußtsein der kommunalen Akteure	○	○	○	○	○

29. *Nehmen Sie bitte eine Einschätzung des* **Gesamterfolges der bisherigen Stadtmarketingaktivitäten** *in der von Ihnen betreuten Stadt (auch im Vergleich zu anderen, Ihnen bekannten Stadtmarketingprojekten) anhand der folgenden Skala vor:*

sehr erfolgreich ◯ ◯ ○ ◯ ◯ völlig erfolglos

30. *An welchen Faktoren läßt sich obige Erfolgsbeurteilung in erster Linie festmachen? (Bitte beschränken Sie sich auf eine kurze stichwortartige Nennung dieser Faktoren.)*

____

____

____

____

Allgemeine Daten zu Ihrer Stadt

31. *In welchem Bundesland liegt die von Ihnen betreute Stadt?*

☐Baden-Würtemberg
☐Bayern
☐Berlin
☐Brandenburg
☐Bremen
☐Hamburg
☐Hessen
☐Mecklenburg-Vorpommern
☐Niedersachsen
☐Nordrhein-Westfalen
☐Rheinland-Pfalz
☐Saarland
☐Sachsen
☐Sachsen-Anhalt
☐Schleswig-Holstein
☐Thüringen

32. *Wie würden Sie die momentanen Mehrheitsverhältnisse (soweit vorhanden) im Rat der von Ihnen betreuten Stadt einschätzen?*

sehr stabile Mehrheitsverhältnisse ◯ ◯ ○ ◯ ◯ sehr instabile Mehrheitsverhältnisse

33. *Hat es seit Beginn der Stadtmarketingaktivitäten einen politischen Wechsel im Stadt-/Gemeinderat gegeben?*

☐Ja, und zwar genau einmal.
☐Ja, und zwar mehr als einmal.
☐Nein.

34. *Liegt die von Ihnen betreute Stadt in einem Ballungsgebiet oder würden Sie sie eher als Solitärstadt bezeichnen? Nehmen Sie bitte eine Einschätzung anhand der folgenden Skala vor:*

Stadt im Ballungsgebiet ◯ ◯ ○ ◯ ◯ Solitärstadt

35. *Bitte ordnen Sie die von Ihnen betreute Stadt einer der folgenden Kategorien zu:*

☐Oberzentrum
☐Mittelzentrum
☐Unterzentrum
☐Kleinzentrum

36. *Seit wann wird in der von Ihnen betreuten Stadt Stadtmarketing betrieben?*

Etwa seit dem Jahr (__________).

37. *Bitte geben Sie in der nachfolgenden Auflistung die Werte der genannten Kennzahlen für Ihre Stadt im Jahr 1999 (soweit Sie Ihnen zur Verfügung stehen) an und nehmen Sie bitte anhand der angegebenen Skala eine Einschätzung der* **Entwicklung** *der Kennzahl* **seit Beginn der Stadtmarketingaktivitäten** *vor!*

		1999	stark gestiegen	gestiegen	unverändert geblieben	gefallen	stark gefallen
Allgemeine Kennzahlen:							
Anzahl der Einwohner	ca.	☐	ⓘ↑	↗	→	↘	↓
verfügbares Stadtmarketingbudget [in DM]	ca.	☐	↑	↗	→	↘	↓
Touristische Kennzahlen:							
Anzahl der Gästeübernachtungen	ca.	☐	↑	↗	→	↘	↓
Anteil ausländischer Gäste [in %]	ca.	☐	↑	↗	→	↘	↓
durchschnittliche Verweildauer der Gäste [in Tagen]	ca.	☐	↑	↗	→	↘	↓
Hotelkapazitäten [Anzahl verfügbarer Betten]	ca.	☐	↑	↗	→	↘	↓
Einzelhandelsrelevante Kennzahlen:							
Einzelhandelsumsatz [in DM pro Einwohner]	ca.	☐	↑	↗	→	↘	↓
Einzelhandelsrelevante Kaufkraft [in DM pro Einwohner]	ca.	☐	↑	↗	→	↘	↓
Anzahl der Stellplätze in öffentlichen Parkhäusern	ca.	☐	↑	↗	→	↘	↓
Anzahl der Neuansiedlungen von Einzelhandelsunternehmen							
– im Stadtzentrum („Innenstadt“)	ca.	☐	↑	↗	→	↘	↓
– in den Randbereichen („Nebenzentren“)	ca.	☐	↑	↗	→	↘	↓
– außerhalb des unmittelbaren Stadtgebietes („Grüne Wiese“)	ca.	☐	↑	↗	→	↘	↓
Sonstige wirtschaftliche Kennzahlen:							
Gewerbesteuerhebesatz [in %]	ca.	☐	↑	↗	→	↘	↓
durchschnittliche Geschäftsraummieten [in DM pro m^2]	ca.	☐	↑	↗	→	↘	↓
Anzahl der Neuansiedlungen von Industrieunternehmen	ca.	☐	↑	↗	→	↘	↓

38. *Welche Funktion üben Sie selbst in der von Ihnen betreuten Stadt hauptsächlich aus?*

____

39. *Bei den vorangegangenen Fragen wurden vielleicht manche Ihnen persönlich wichtig erscheinende Aspekte vernachlässigt oder nur unzureichend behandelt. Sollten Sie weitere Anmerkungen oder Anregungen im Hinblick auf Einfluß- und Maßgrößen des Stadtmarketingerfolges haben, so können Sie diese hier stichwortartig aufführen:*

____

____

____

____

Herzlichen Dank für Ihre Mitarbeit!

C.2 Anschreiben

Universität Bielefeld

Fakultät für Wirtschaftswissenschaften
Betriebswirtschaftslehre und Marketing
Prof. Dr. Reinhold Decker
Dipl.-Kffr. Claudia Bornemeyer

Prof. Dr. R. Decker, Dipl.-Kffr. C.Bornemeyer ■ Universität Bielefeld ■
Fakultät für Wirtschaftswissenschaften ■ Postfach 10 01 31 ■ 33501 Bielefeld

Telefon: (0521) 106 - 4883
Telefax: (0521) 106 - 6456

E-Mail: cbornemeyer@wiwi.uni-bielefeld.de
mheidemann@wiwi.uni-bielefeld.de

«Rechtsform» «Name»
z.Hd. «Anrede» «Titel» «AkademischerGrad» «Vorname»
«Nachname»
«Position»
«Straße»
«PLZ» «Ort»

Bielefeld, 27. Juni 2000

Forschungsprojekt zur Erfolgskontrolle im Stadtmarketing

«Briefanrede» «Titel» «AkademischerGrad» «Nachname»,

wie Ihnen sicherlich bekannt ist betreibt eine zunehmende Zahl von Städten Aktivitäten im Rahmen eines Stadtmarketings. Während zu vielen Aufgabenbereichen des Stadtmarketings somit bereits heute umfassende Erfahrungen und Erkenntnisse vorliegen, besteht insbesondere im Bereich der **Erfolgskontrolle** noch ein deutlicher Nachholbedarf.

Im Rahmen eines **Förderprojektes des Landes Nordrhein-Westfalen** führen wir aus diesem Grund eine Studie zu möglichen Einfluß- und Maßgrößen des Stadtmarketingerfolgs durch.

Ein erfolgreicher Abschluss dieser Studie ist jedoch nur mit **Ihrer Unterstützung** möglich. Wir möchten Sie daher zunächst bitten, den beiliegenden Fragebogen an die für Stadtmarketingaktivitäten verantwortliche Stelle weiterzuleiten. Sollten Sie selbst für den Bereich Stadtmarketing zuständig sein, so möchten wir Sie bitten, den Fragebogen möglichst vollständig auszufüllen und an uns zurückzuschicken. Das Ausfüllen des Fragebogens wird etwa 30 Minuten in Anspruch nehmen. Die Fragestellungen sind in der Regel ohne größeren Aufwand durch das Ankreuzen einer oder gegebenenfalls mehrerer Antwortalternativen zu bearbeiten.

Die von Ihnen gemachten Angaben werden selbstverständlich vertraulich behandelt und nicht an Dritte weitergegeben!

Als **Dankeschön für Ihre Mitwirkung** an der Studie bieten wir Ihnen gerne ein **Exemplar des Berichtes** über die Ergebnisse der Studie an. Zur Anforderung dieses Berichtes füllen Sie bitte den beiliegenden Gutschein mit Ihrem Namen und Ihrer Anschrift aus und senden ihn zusammen mit dem ausgefüllten Fragebogen möglichst bis zum **17.07.2000** zurück. Nach Abschluß der Studie werden wir Ihnen den Bericht dann umgehend **kostenlos** zusenden.

Für Rückfragen und weitere Informationen über die Studie stehen wir Ihnen jederzeit gerne zur Verfügung: ☎ 0521/106-4883
Fax 0521/106-6456
@ cbornemeyer@wiwi.uni-bielefeld.de

Herzlichen Dank für Ihre Mitarbeit!

Mit freundlichen Grüßen

Prof. Dr. Reinhold Decker   Dipl.-Kffr. Claudia Bornemeyer

Dienstgebäude: Universität Bielefeld, Universitätsstr. 25, 33615 Bielefeld
Öffentliche Verkehrsmittel: Stadtbahnlinie 4 ab Jahnplatz und ab Hauptbahnhof

C.3 Variablenliste

Variable	Zugrundeliegende Frage	Variable	Zugrundeliegende Frage
q11	Frage 11	q25_19	Frage 25, Item 19
q25_1	Frage 25, Item 1	q25_20	Frage 25, Item 20
q25_2	Frage 25, Item 2	q25_21	Frage 25, Item 21
q25_3	Frage 25, Item 3	q25_22	Frage 25, Item 22
q25_4	Frage 25, Item 4	q28_1	Frage 28, Item 1
q25_5	Frage 25, Item 5	q28_2	Frage 28, Item 2
q25_6	Frage 25, Item 6	q28_3	Frage 28, Item 3
q25_7	Frage 25, Item 7	q28_4	Frage 28, Item 4
q25_8	Frage 25, Item 8	q28_5	Frage 28, Item 5
q25_9	Frage 25, Item 9	q28_6	Frage 28, Item 6
q25_10	Frage 25, Item 10	q29	Frage 29
q25_11	Frage 25, Item 11	q32	Frage 32
q25_12	Frage 25, Item 12	q34	Frage 34
q25_13	Frage 25, Item 13	q35	Frage 35
q25_14	Frage 25, Item 14	q37_1_1	Frage 37, Item 1.1
q25_15	Frage 25, Item 15	q37_3_1	Frage 37, Item 3.1
q25_16	Frage 25, Item 16	q37_7_1	Frage 37, Item 7.1
q25_17	Frage 25, Item 17	q37_8_1	Frage 37, Item 8.1
q25_18	Frage 25, Item 18		

Variable	Zugrundeliegende Frage
raum	Frage 3, Größe des Bezugsraumes der Aktivitäten
prozess	Frage 4, Anzahl berücksichtigter Prozeßphasen als Summe aus den bereits durchgeführten, den momentanen und den geplanten Phasen
themen	Frage 8, Anzahl der bearbeiteten Themenfelder als Summe der angekreuzten Themenfelder
grbbet	Frage 12, durchschnittliche Intensität der Nutzung der Instrumente der Bürgerbeteiligung über die genannten Instrumente
brbbet	Frage 12, Anzahl genutzter Instrumente der Bürgerbeteiligung als Summe der Instrumente, die sehr gering bis sehr intensiv genutzt wurden
akteure	Frage 14, Anzahl der beteiligten Akteure als Summe der angekreuzten Akteursgruppen
brfinakt	Frage 26, Anzahl der aktuell genutzten Finanzierungsquellen als Summe über die angekreuzten Instrumente
jahre	Frage 36, Jahr der Erhebung (2000) abzüglich des Anfangsjahres der Stadtmarketingaktivitäten

Tabelle C.1: Liste der in der multivariaten Datenanalyse verwendeten Variablen

Anhang D

Datengrundlagen für die Klassifikation

D.1 Checkliste zur Beurteilung von Stadtmarketingprojekten

Die in der vorliegenden Checkliste abgefragten Informationen zu den Marketingaktivitäten in Ihrer Stadt ermöglichen eine Beurteilung des Erfolgs der Aktivitäten sowie die Herausarbeitung einer Begründung für die erfolgte Beurteilung. Um eine Auswertung der Daten vornehmen zu können, müssen die Daten vollständig vorliegen. Wir möchten Sie daher bitten, alle folgenden Fragen zu beantworten. Für Rückfragen stehen wir jederzeit gerne zur Verfügung!

1. *Welche der folgenden Aktivitäten wurden im Rahmen des von ihnen betreuten Stadtmarketingprojektes bereits durchgeführt, welche Aktivitäten werden momentan durchgeführt, welche sind geplant und welche sind nicht vorgesehen? (Bitte machen Sie* **pro Zeile genau ein Kreuz**!*)*

	bereits durchgeführt	momentane Aktivitäten	geplant	nicht vorgesehen
Initiierung des Stadtmarketings	☐	☐	☐	☐
Situationsanalyse	☐	☐	☐	☐
Philosophie-/Leitbildentwicklung	☐	☐	☐	☐
Zielbestimmung	☐	☐	☐	☐
Strategieplanung	☐	☐	☐	☐
Maßnahmenplanung	☐	☐	☐	☐
Umsetzung konkreter Maßnahmen	☐	☐	☐	☐
Erfolgskontrolle	☐	☐	☐	☐

2. *Welche der im folgenden genannten Themenfelder werden im Rahmen des Stadtmarketings bearbeitet? (Mehrfachnennungen möglich!)*

☐ Wirtschaft allgemein
☐ Einzelhandel
☐ Gastronomie und Hotellerie
☐ Tourismus
☐ Stadtwerbung und Öffentlichkeitsarbeit
☐ Messen und Kongresse
☐ Verwaltung
☐ Stadtgestaltung und Städtebau
☐ Wissenschaft und Forschung
☐ Freizeit und Sport
☐ Kultur
☐ Wohnen und Wohnumfeld
☐ Sicherheit
☐ Verkehr
☐ Umwelt
☐ Bildung
☐ Soziales
☐ Sonstiges: ____________________

3. *Welche Akteure kooperieren im Rahmen des Stadtmarketings in der von Ihnen betreuten Stadt? (Mehrfachnennungen möglich!)*

☐ (Ober-)Bürgermeister/(Ober-)Stadtdirektor
☐ Stadtverwaltung
☐ Stadtrat
☐ IHK
☐ Handwerkskammer
☐ Industrieunternehmen
☐ externe(r) Berater
☐ Sportvereine
☐ Hotellerie/Gastronomie
☐ Einzelhandelsverband
☐ Einzelhandelsunternehmen
☐ sonstige Dienstleistungsunternehmen
☐ Bürgerinitiativen
☐ einzelne Bürger
☐ Sonstige: ____________________

4. *Gibt es einen Katalog, der die Verantwortlichkeiten, die konkrete Ausgestaltung der Maßnahmen sowie den Zeitrahmen zusammenfaßt?*

☐ Ja, es liegt ein schriftlich fixierter Maßnahmenkatalog vor, der alle diese Aspekte umfaßt.
☐ Ja, es liegt ein schriftlich fixierter Maßnahmenkatalog vor, der einige dieser Aspekte umfaßt.
☐ Ja, aber nur teilweise in schriftlicher Form.
☐ Nein, nur gedanklich („in den Köpfen der Beteiligten").
☐ Nein, gar nicht.

5. *Im folgenden sind einige Aussagen zur Charakterisierung der Stadtmarketingaktivitäten in der von Ihnen betreuten Stadt zusammengestellt. Nehmen Sie zu diesen Aussagen bitte anhand der vorgegebenen Skala Stellung! (Bitte machen Sie* **pro Zeile genau ein Kreuz**!*)*

	voll und ganz zutreffend				keinesfalls zutreffend
Ausrichtung des Stadtmarketings					
Unsere Stadtmarketingaktivitäten sind langfristig ausgerichtet.	○	○	○	○	○
Unsere Stadtmarketingaktivitäten zeichnen sich durch eine hohe Handlungsorientierung aus.	○	○	○	○	○
Der Analyse von Stärken und Schwächen unserer Stadt wird im Rahmen des Stadtmarketings große Bedeutung beigemessen.	○	○	○	○	○
Unseren Stadtmarketingaktivitäten liegt eine auf den Ergebnissen einer umfassenden Situationsanalyse basierende strategische Grundrichtung zugrunde.	○	○	○	○	○
Organisation und Finanzierung					
Unsere Stadtmarketingaktivitäten stehen auf einer langfristig gesicherten finanziellen Basis.	○	○	○	○	○
Für unsere Stadtmarketingaktivitäten war/ist die Schaffung einer oder mehrerer neuer Stellen erforderlich.	○	○	○	○	○
Zielgruppen und beteiligte Akteure					
Die Akzeptanz unserer Stadtmarketingaktivitäten in der Öffentlichkeit ist sehr hoch.	○	○	○	○	○
Die Mitarbeiter der Stadtverwaltung sind von der Leistungsfähigkeit des Stadtmarketings überzeugt.	○	○	○	○	○
Bei den Mitarbeitern der Stadtverwaltung ist eine hohe Bereitschaft zur Mitwirkung an den Stadtmarketingaktivitäten vorhanden.	○	○	○	○	○
Der Stadtrat ist von der Leistungsfähigkeit des Stadtmarketings überzeugt.	○	○	○	○	○
Im Stadtrat ist eine hohe Bereitschaft zur Mitwirkung an den Stadtmarketingaktivitäten vorhanden.	○	○	○	○	○
Der Stadtrat ist von Beginn an in den Stadtmarketingprozeß einbezogen worden.	○	○	○	○	○
Die Stadtspitze ((Ober-)Bürgermeister/(Ober-)Stadtdirektor) ist von der Leistungsfähigkeit des Stadtmarketings überzeugt.	○	○	○	○	○
Bei der Stadtspitze ((Ober-)Bürgermeister/(Ober-)Stadtdirektor) ist eine hohe Bereitschaft zur Mitwirkung an den Stadtmarketingaktivitäten vorhanden.	○	○	○	○	○
Maßnahmen und Instrumente					
Die Ergebnisse von Zielgruppenbefragungen im Rahmen des Stadtmarketings liefern wichtige Impulse für unsere Aktivitäten.	○	○	○	○	○
Die Auswertung von bereits in anderem Kontext erhobenen stadtbezogenen Daten hat nützliche Anregungen für unsere Stadtmarketingaktivitäten geliefert.	○	○	○	○	○
Die Einbeziehung der Erfahrungen anderer Städte mit dem Stadtmarketing hat nützliche Anregungen für unsere eigenen Aktivitäten geliefert.	○	○	○	○	○
Bereits zu Beginn unserer Stadtmarketingaktivitäten wurden konkrete Maßnahmen durchgeführt.	○	○	○	○	○
Im Verlauf unserer Stadtmarketingaktivitäten werden kontinuierlich konkrete Maßnahmen durchgeführt.	○	○	○	○	○
Das städtische Leistungsangebot konnte infolge unserer Stadtmarketingaktivitäten wesentlich erweitert werden.	○	○	○	○	○
Die Stadtwerbung stellt ein wichtiges Teilelement unserer Stadtmarketingaktivitäten dar.	○	○	○	○	○
Einer breiten Öffentlichkeitsarbeit wird im Rahmen unserer Stadtmarketingaktivitäten hohe Bedeutung beigemessen.	○	○	○	○	○

6. *Wie intensiv werden die folgenden Möglichkeiten der Bürgerbeteiligung im Rahmen des von Ihnen betreuten Stadtmarketingprojektes genutzt? Bitte nehmen Sie eine Beurteilung anhand der angegebenen Skala vor!*

	sehr intensive Nutzung				sehr geringe Nutzung	keine Nutzung
Bürgerbefragungen	○	○	○	○	○	☐
öffentliche Informationsveranstaltungen	○	○	○	○	○	☐
Bereitstellung von Informationsmaterialien	○	○	○	○	○	☐
Presse- und Medienarbeit	○	○	○	○	○	☐
Möglichkeit der Teilnahme an projektbezogenen Arbeitsgruppen	○	○	○	○	○	☐
Durchführung von Zukunftswerkstätten	○	○	○	○	○	☐
Sonstiges: ______________________	○	○	○	○	○	
______________________	○	○	○	○	○	

7. *Wie werden die in der von Ihnen betreuten Stadt ergriffenen Stadtmarketingaktivitäten* _momentan_ *finanziert? (Mehrfachnennungen möglich!)*

- ☐ Fördermittel des Landes
- ☐ Fördermittel des Bundes
- ☐ Vereinsbeiträge
- ☐ kommunale Zuschüsse
- ☐ Zuschüsse ortsansässiger Unternehmen
- ☐ Zuschüsse anderer Institutionen
  (Bitte die Institutionen ggf. angeben):
  ____
  ____
- ☐ Übernahme und gewinnorientiertes Angebot kommunaler Dienstleistungen
- ☐ Eigenwirtschaftliche Tätigkeiten (Angebot von Serviceleistungen gegen Entgelt)
- ☐ Einnahmen aus Veranstaltungen
- ☐ projektbezogenes Sponsoring
- ☐ Sonstiges:
  ____
  ____

8. *Seit wann wird in der von Ihnen betreuten Stadt Stadtmarketing betrieben?*

Seit dem Jahr (   ).

9. *Liegt die von Ihnen betreute Stadt in einem Ballungsgebiet oder würden Sie sie eher als Solitärstadt bezeichnen? Nehmen Sie bitte eine Einschätzung anhand der folgenden Skala vor:*

Stadt im Ballungsgebiet ○ ○ ○ ○ ○ Solitärstadt

10. *Bitte ordnen Sie die von Ihnen betreute Stadt einer der folgenden Kategorien zu:*

- ☐ Oberzentrum
- ☐ Mittelzentrum
- ☐ Unterzentrum
- ☐ Kleinzentrum

11. *Wie würden Sie die momentanen Mehrheitsverhältnisse im Rat der von Ihnen betreuten Stadt einschätzen?*

sehr stabile Mehrheitsverhältnisse ○ ○ ○ ○ ○ sehr instabile Mehrheitsverhältnisse

12. *Bitte geben Sie die folgenden Kennzahlen aus dem Jahr 1999 für Ihre Stadt an!*

Einwohnerzahlen ca. (   )

Anzahl Gästeübernachtungen ca. (   )

Einzelhandelsumsatz ca. (   )

D.2 Beispielprojekte zur Erfolgsbeurteilung

Indikator	Stadt			
	A	B	C	D
Langfristigkeit (q25_1)	5	4	5	5
Handlungsorientierung (q25_2)	4	2	5	4
Stärken-Schwächen-Analyse (q25_3)	4	4	5	3
strategische Grundrichtung (q25_4)	5	4	5	5
gesicherte finanzielle Basis (q25_5)	3	1	4	4
Schaffung neuer Stellen (q25_6)	4	4	1	1
Akzeptanz (q25_7)	3	5	5	3
Überzeugung Stadtverwaltung (q25_8)	3	3	5	2
Mitwirkung Stadtverwaltung (q25_9)	3	3	5	2
Überzeugung Stadtrat (q25_10)	4	5	5	3
Mitwirkung Stadtrat (q25_11)	4	4	5	3
Einbeziehung Stadtrat (q25_12)	4	5	5	5
Überzeugung Stadtspitze (q25_13)	5	5	5	4
Mitwirkung Stadtspitze (q25_14)	5	5	5	3
Zielgruppenbefragungen (q25_15)	3	5	5	5
Sekundärdatenanalyse (q25_16)	4	5	5	2
Konkurrenzanalyse (q25_17)	4	5	4	4
Maßnahmen zu Beginn (q25_18)	4	3	5	5
kontinuierliche Maßnahmen (q25_19)	5	4	5	5
Leistungsspektrum (q25_20)	5	3	3	4
Stadtwerbung (q25_21)	5	3	5	5
Öffentlichkeitsarbeit (q25_22)	5	5	5	5
Maßnahmenkatalog (q11)	3	5	4	5
Mehrheitsverhältnisse (q32)	4	4	5	3
Wettbewerbssituation (q34)	3	2	3	1
Stellung in der Region (q35)	3	3	3	3
Einwohnerzahl (q37_1_1)	−0,29	−0,28	−0,29	−0,29
Übernachtungszahlen (q37_3_1)	−0,26	−0,31	−0,07	−0,27
Einzelhandelsumsatz (q37_7_1)	0,38	−1,20	−0,99	−0,18
Anzahl beteiligter Akteure (akteure)	7	8	13	11
Breite der Bürgerbeteiligung (brbbet)	5	5	6	2
Breite der finanzielle Basis (brfinakt)	3	2	5	1
Grad der Bürgerbeteiligung (grbbet)	3,2	3,5	5	4
Stadtmarketingerfahrung (jahre)	1	1	1	2
Prozeßelemente (prozess)	8	6	8	8
Anzahl Themenfelder (themen)	10	7	12	8

Tabelle D.1: Beispielprojekte zur Erfolgsbeurteilung

Anmerkung: Zur Wahrung der Anonymität der Städte sind die Einwohner- und Übernachtungszahlen sowie der Einzelhandelsumsatz ausgehend von der Gesamtstichprobe standardisiert worden. Die übrigen Werte wurden nicht standardisiert, um die leichte Interpretierbarkeit der Werte zu erhalten.

JOSEF EUL VERLAG

Ausgewählte Veröffentlichungen

MARKETING

Herausgegeben von Prof. Dr. Heribert Gierl, Augsburg, und Prof. Dr. Roland Helm, Jena

Band 1
Roland Helm
Internationale Markteintrittsstrategien – Einflußfaktoren auf die Wahl der optimalen Form des Markteintritts in Exportmärkte
Lohmar – Köln 1997 • 276 S. • € 37,- (D) • ISBN 3-89012-552-2

Band 2
Armin Stich
Herkunftszeichen als Qualitätssignal – Eine Erklärung der Nutzung eines extrinsischen Produktmerkmals als Qualitätssignal durch Konsumenten am Beispiel von Herkunftszeichen
Lohmar – Köln 1997 • 280 S. • € 39,- (D) • ISBN 3-89012-573-5

Band 3
Tanja Marlen Schulz
Klassifikation und Typologisierung von Fernsehwerbespots – Theoretisch fundierte Modellbildung und empirische Anwendung
Lohmar – Köln 1998 • 340 S. • € 43,- (D) • ISBN 3-89012-592-1

Band 4
Henric Hahne
Category Management aus Herstellersicht – Ein Konzept des Vertikalen Marketing und dessen organisatorische Implikationen
Lohmar – Köln 1998 • 316 S. • € 45,- (D) • ISBN 3-89012-620-0

Band 5
Andreas Böhme
Die Ausgestaltung von Abnehmer-Zulieferer-Beziehungen – Eine theoretische und empirische Untersuchung unter besonderer Berücksichtigung der Opportunismusneigung des Abnehmers
Lohmar – Köln 1999 • 228 S. • € 38,- (D) • ISBN 3-89012-661-8

Band 6
Achim Jaßmeier
Marketingstrategien für deutsche Investitionsgüter in den Schwellenländern Ost- und Südostasiens
Lohmar – Köln 1999 • 416 S. • € 49,- (D) • ISBN 3-89012-671-5

Band 7
Markus Groß-Engelmann
Kundenzufriedenheit als psychologisches Konstrukt – Bestandsaufnahme und emotionstheoretische Erweiterung bestehender Erklärungs- und Meßmodelle
Lohmar – Köln 1999 • 356 S. • € 48,- (D) • ISBN 3-89012-675-8

Band 8
Andreas Erdmann
Verminderung des Produkteinführungsrisikos durch Virtual Reality-unterstützte Konzepttests
Lohmar – Köln 1999 • 188 S. • € 38,- (D) • ISBN 3-89012-682-0

Band 9
Myriam Roth
Die Analyse der Markenentwicklung auf der Grundlage der Systemtheorie
Lohmar – Köln 1999 • 344 S. • € 45,- (D) • ISBN 3-89012-686-3

Band 10
Heribert Gierl
Übungsaufgaben Marketing
2., überarbeitete Auflage
Lohmar – Köln 2000 • 336 S. • € 18,- (D) • ISBN 3-89012-770-3

Band 11
Daniel Hoch
Dynamische Einstellungsmessung – Eine methodenorientierte Analyse von Einstellungsänderungen mit empirischer Anwendung
Lohmar – Köln 2000 • 276 S. • € 42,- (D) • ISBN 3-89012-738-X

Band 12
Anne Christin Kemper
Strategische Markenpolitik im Investitionsgüterbereich
Lohmar – Köln 2000 • 496 S. • € 54,- (D) • ISBN 3-89012-793-2

Band 13
Stefan Stumpp
Ersatzkaufverhalten bei langlebigen Konsumgütern – Eine verhaltenswissenschaftliche Erklärung der Entstehung und anbieterbezogene Möglichkeiten zur Beeinflussung der Ersatzkaufabsicht
Lohmar – Köln 2000 • 272 S. • € 42,- (D) • ISBN 3-89012-802-5

Band 14
Marcus Meyer
Emerging Markets – Markteintrittsstrategien für den Mittelstand – Das Beispiel Lateinamerika
Lohmar – Köln 2000 • 516 S. • € 53,- (D) • ISBN 3-89012-808-4

Band 15
Sabine Winkler
Der Aufbau von Qualitätssignalen durch Werbung – Eine empirische Studie am Beispiel eines neuen Gütezeichens
Lohmar – Köln 2000 • 280 S. • € 43,- (D) • ISBN 3-89012-819-X

Band 16
Stefan Schwanenberg
Neuronale Netze als Segmentierungsverfahren für die Marktforschung – Ein Vergleich mit traditionellen Segmentierungsansätzen auf der Basis von Daten aus Monte-Carlo-Simulationen
Lohmar – Köln 2001 • 204 S. • € 39,- (D) • ISBN 3-89012-838-6

Band 17
Michael Liebert
Methodische Entscheidungsunterstützung in der strategischen Marketingplanung – Ein systemdynamischer Ansatz am Beispiel der Automobilindustrie
Lohmar – Köln 2001 • 256 S. • € 42,- (D) • ISBN 3-89012-877-7

Band 18
Michaela Satzinger
Aktivierung von Normen durch Werbeappelle – Möglichkeiten der Aufwertung von Fast-Moving-Consumergoods durch die Kommunikation sozialer Zusatznutzen
Lohmar – Köln 2001 • 382 S. • € 49,- (D) • ISBN 3-89012-892-0

Band 19
Boris Bartikowski
Kundenzufriedenheit – Verfahren zur Messung der Indifferenzzone
Lohmar – Köln 2002 • 206 S. • € 39,- (D) • ISBN 3-89012-942-0

Band 20
Claudia Bornemeyer
Erfolgskontrolle im Stadtmarketing
Lohmar – Köln 2002 • 292 S. • € 44,- (D) • ISBN 3-89012-964-1

PLANUNG, ORGANISATION UND UNTERNEHMUNGSFÜHRUNG

Herausgegeben von Prof. Dr. Dr. h. c. Norbert Szyperski, Köln, Prof. Dr. Winfried Matthes, Wuppertal, Prof. Dr. Udo Winand, Kassel, Prof. Dr. Joachim Griese, Bern, Dr. Harald F. O. von Kortzfleisch, Köln, PD Dr. Ludwig Theuvsen, Cottbus, und Dr. Andreas Al-Laham, Dortmund

Band 73
Hajo Hippner
Wissensmanagement in der Langfristprognostik
Lohmar – Köln 2001 • 388 S. • € 49,- (D) • ISBN 3-89012-869-6

Band 74
Birgit Block
Gestaltung und Steuerung einer Hersteller-Händler-Kooperation in der Lebensmittelbranche
Lohmar – Köln 2001• 406 S. • € 49,- (D) • ISBN 3-89012-876-9

Band 75
Markus A. Happel
Wertorientiertes Controlling in der Praxis – Eine empirische Überprüfung
Lohmar – Köln 2001 • 296 S. • € 44,- (D) • ISBN 3-89012-909-9

Band 76
Martin Kupp
Kooperationen zwischen Umweltschutzorganisationen und Unternehmen
Lohmar – Köln 2001 • 200 S. • € 38,- (D) • ISBN 3-89012-914-5

Band 77
Andreas Lasar
Dezentrale Organisation in der Kommunalverwaltung
Lohmar – Köln 2001 • 308 S. • € 45,- (D) • ISBN 3-89012-920-X

Band 78
Mathias Luhn
Flexible Prozeßrechnung für ein Geschäftsprozeßmanagement
Lohmar – Köln 2002 • 350 S. • € 48,- (D) • ISBN 3-89012-927-7

Band 79
Martin Hermesch
Die Gestaltung von Interorganisationsbeziehungen – Theoretische sowie empirische Analysen und Erklärungen
Lohmar – Köln 2002 • 322 S. • € 46,- (D) • ISBN 3-89012-928-5

Band 80
Achim Korten
Wirkung kompetenzorientierter Strategien auf den Unternehmenswert – Eine simulationsbasierte Analyse mit System Dynamics
Lohmar – Köln 2002 • 334 S. • € 47,- (D) • ISBN 3-89012-937-4

Band 81
Thorsten Peske
Eignung des Realoptionsansatzes für die Unternehmensführung
Lohmar – Köln 2002 • 278 S. • € 43,- (D) • ISBN 3-89012-941-2

Band 82
Clemens Odendahl
Cooperation Resource Planning – Planung und Steuerung dynamischer Kooperationsnetzwerke
Lohmar – Köln 2002 • 228 S. • € 41,- (D) • ISBN 3-89012-962-5

TELEKOMMUNIKATION @ MEDIENWIRTSCHAFT

Herausgegeben von Prof. Dr. Dr. h. c. Norbert Szyperski, Köln, Prof. Dr. Udo Winand, Kassel, Prof. Dr. Dietrich Seibt, Köln, Prof. Dr. Rainer Kuhlen, Konstanz, Dr. Rudolf Pospischil, Bonn, Prof. Dr. Claudia Löbbecke, Köln, und Prof. Dr. Christoph Zacharias, Köln

Band 11
Martin Engelien/Jens Homann (Hrsg.)
Virtuelle Organisation und Neue Medien 2001 – Workshop GeNeMe2001 – Gemeinschaften in Neuen Medien – TU Dresden, 27. und 28. September 2001
Lohmar – Köln 2001 • 546 S. • € 55,- (D) • ISBN 3-89012-891-2

Band 12
Ingo Markgraf
Hörfunkforschung im internationalen Vergleich
Lohmar – Köln 2001 • 312 S. • € 45,- (D) • ISBN 3-89012-906-4

Band 13
Anette Köcher
Controlling der werbefinanzierten Medienunternehmung
Lohmar – Köln 2002 • 294 S. • € 44,- (D) • ISBN 3-89012-948-X

ELECTRONIC COMMERCE
Herausgegeben von Prof. Dr. Dr. h. c. Norbert Szyperski, Köln, Prof. Dr. Beat F. Schmid, St. Gallen, Prof. Dr. Dr. h. c. August-Wilhelm Scheer, Saarbrücken, Prof. Dr. Günther Pernul, Essen, und Prof. Dr. Stefan Klein, Münster

Band 6
Olaf Wenzel
Webdesign, Informationssuche und Flow – Nutzerverhalten auf unterschiedlich strukturierten Websites
Lohmar – Köln 2001 • 362 S. • € 49,- (D) • ISBN 3-89012-871-8

Band 7
Patrick Stähler
Geschäftsmodelle in der digitalen Ökonomie – Merkmale, Strategien und Auswirkungen
Lohmar – Köln 2001 • 364 S. • € 49,- (D) • ISBN 3-89012-888-2

Band 8
Volker Herwig
E-Government – Distribution von Leistungen öffentlicher Institutionen über das Internet
Lohmar – Köln 2001 • 340 S. • € 48,- (D) • ISBN 3-89012-889-0

Band 9
Jana Buchwalter
Elektronische Ausschreibungen in der Beschaffung – Referenzprozeßmodell und prototypische Realisierung
Lohmar – Köln 2001 • 252 S. • € 42,- (D) • ISBN 3-89012-922-6

Band 10
Torsten Költzsch
Geschlossene Public-Key-Infrastruktur-Lösungen
Lohmar – Köln 2002 • 242 S. • € 42,- (D) • ISBN 3-89012-923-4

Band 11
Emanuel Marti
Electronic Commerce im Reisemarkt – Handlungsempfehlungen für den Reisemittler
Lohmar – Köln 2002 • 408 S. • € 49,- (D) • ISBN 3-89012-930-7

Band 12
Horst Tripp
Electronic Procurement Services
Lohmar – Köln 2002 • 394 S. • € 49,- (D) • ISBN 3-89012-935-8

Band 13
Elmar-Marius Licharz
Vertrauen in B2C
Lohmar – Köln 2002 • 294 S. • € 44,- (D) • ISBN 3-89012-945-5

WIRTSCHAFTSINFORMATIK

Herausgegeben von Prof. Dr. Dietrich Seibt, Köln, und Prof. Dr. Hans-Georg Kemper Stuttgart

Band 32
Martin Schindler
Wissensmanagement in der Projektabwicklung – Grundlagen, Determinanten und Gestaltungskonzepte eines ganzheitlichen Projektwissensmanagements
2., durchgesehene Auflage
Lohmar – Köln 2001 • 404 S. • € 51,- (D) • ISBN 3-89012-849-1

Band 34
Olaf Coenen
E-Learning-Architektur für universitäre Lehr- und Lernprozesse
2. Auflage
Lohmar – Köln 2002 • 540 S. • € 55,- (D) • ISBN 3-89012-934-X

Band 35
Frank Teuteberg
Agentenbasierte Informationserschließung im World Wide Web unter Einsatz von Künstlichen Neuronalen Netzen und Fuzzy-Logik
Lohmar – Köln 2001 • 368 S. • € 49,- (D) • ISBN 3-89012-873-4

Band 36
Jens Hunstock
Integration konzeptioneller Datenbankschemata
Lohmar – Köln 2001 • 274 S. • € 43,- (D) • ISBN 3-89012-897-1

Band 37
Gerald Kromer
Integration der Informationsverarbeitung in Mergers & Acquisitions – Eine empirische Untersuchung
Lohmar – Köln 2001 • 314 S. • € 45,- (D) • ISBN 3-89012-904-8

Band 38
Stefan Schäfer
Einführung von E-Business-Systemen in deutschen Unternehmen – Fallstudien, Expertenbefragung und DAX100-Umfrage
Lohmar – Köln 2002 • 492 S. • € 53,- (D) • ISBN 3-89012-949-8

Weitere Schriftenreihen:

UNIVERSITÄTS-SCHRIFTEN

- Reihe: Steuer, Wirtschaft und Recht
Herausgegeben von vBP StB Prof. Dr. Johannes Georg Bischoff, Wuppertal, Dr. Alfred Kellermann, Vorsitzender Richter (a. D.) am BGH, Karlsruhe, Prof. (em.) Dr. Günter Sieben, Köln, und WP StB Prof. Dr. Norbert Herzig, Köln

- Reihe: E-Learning
Herausgegeben von Prof. Dr. Dietrich Seibt, Köln, Prof. Dr. Freimut Bodendorf, Nürnberg, Prof. Dr. Dieter Euler, St. Gallen, und Prof. Dr. Udo Winand, Kassel

- Reihe: FGF Entrepreneurship-Research Monographien
Herausgegeben von Prof. Dr. Heinz Klandt, Oestrich-Winkel, Prof. Dr. Dr. h. c. Norbert Szyperski, Köln, Prof. Dr. Michael Frese, Gießen, Prof. Dr. Josef Brüderl, Mannheim, Prof. Dr. Rolf Sternberg, Köln, und Prof. Dr. Ulrich Braukmann, Wuppertal

- Reihe: Gründung, Innovation und Beratung
Herausgegeben von Prof. Dr. Dr. h. c. Norbert Szyperski, Köln, vBP StB Prof. Dr. Johannes Georg Bischoff, Wuppertal, und Prof. Dr. Heinz Klandt, Oestrich-Winkel

- Reihe: Kleine und mittlere Unternehmen
Herausgegeben von Prof. Dr. Jörn-Axel Meyer, Flensburg

- Reihe: Wissenschafts- und Hochschulmanagement
Herausgegeben von Prof. Dr. Detlef Müller-Böling, Gütersloh, und Dr. Reinhard Schulte, Dortmund

- Reihe: Personal-Management
Herausgegeben von Prof. Dr. Fred G. Becker, Bielefeld, und Prof. Dr. Jürgen Berthel, Siegen

- Reihe: Finanzierung, Kapitalmarkt und Banken
Herausgegeben von Prof. Dr. Hermann Locarek-Junge, Dresden, Prof. Dr. Klaus Röder, Münster, und Prof. Dr. Mark Wahrenburg, Frankfurt

- Reihe: Produktionswirtschaft und Industriebetriebslehre
Herausgegeben von Prof. Dr. Jörg Schlüchtermann, Bayreuth

- Reihe: Europäische Wirtschaft
Herausgegeben von Prof. Dr. Winfried Matthes, Wuppertal

- Reihe: Quantitative Ökonomie
Herausgegeben von Prof. Dr. Eckart Bomsdorf, Köln, Prof. Dr. Wim Kösters, Bochum, und Prof. Dr. Winfried Matthes, Wuppertal

- Reihe: Internationale Wirtschaft
Herausgegeben von Prof. Dr. Manfred Borchert, Münster, Prof. Dr. Gustav Dieckheuer, Münster, und Prof. Dr. Paul J. J. Welfens, Potsdam

- Reihe: Studien zur Dynamik der Wirtschaftsstruktur
Herausgegeben von Prof. Dr. Heinz Grossekettler, Münster

- Reihe: Versicherungswirtschaft
Herausgegeben von Prof. (em.) Dr. Dieter Farny, Köln

- Reihe: Wirtschaftsgeographie und Wirtschaftsgeschichte
Herausgegeben von Prof. Dr. Ewald Gläßer, Köln, Prof. Dr. Josef Nipper, Köln, Dr. Martin W. Schmied, Köln, und Prof. Dr. Günther Schulz, Bonn

- Reihe: Wirtschafts- und Sozialordnung: FRANZ-BÖHM-KOLLEG – Vorträge und Essays
Herausgegeben von Prof. Dr. Bodo B. Gemper, Siegen

- Reihe: WISO-Studientexte
Herausgegeben von Prof. Dr. Eckart Bomsdorf, Köln, und Prof. (em.) Dr. Dr. h. c. Dr. h. c. Josef Kloock, Köln

- Reihe: Kunstgeschichte
Herausgegeben von Prof. Dr. Norbert Werner, Gießen

- Einzelschriften

FACHHOCHSCHUL-SCHRIFTEN

- Reihe: Institut für betriebliche Datenverarbeitung (IBD) e. V. im Forschungsschwerpunkt Informationsmanagement für KMU
Herausgegeben von Prof. Dr. Felicitas Albers, Düsseldorf

- Reihe: FH-Schriften zu Marketing und IT
Herausgegeben von Prof. Dr. Doris Kortus-Schultes, Mönchengladbach, und Prof. Dr. Frank Victor, Gummersbach

- Reihe: Controlling-Forum – Wege zum Erfolg
Herausgegeben von Prof. Dr. Jochem Müller, Ansbach

PRAKTIKER-SCHRIFTEN

- Reihe: Transparenz im Versicherungsmarkt
Herausgegeben von *ASSEKURATA* GmbH, Köln

- Reihe: Betriebliche Praxis
Herausgegeben von vBP StB Prof. Dr. Johannes Georg Bischoff, Wuppertal